초보 창업자도 쉽게 작성하는

예비창업패키지 사업계획서

홍일성 · 박세훈

박영사

아이템 기획, 기술 기획, 연구개발, 시제품 제작, 비즈니스모델 수립, 정부지원사업 프로젝트 운영, 지식재산권 관리 등과 같은 일을 하면서 많은 예비창업자 또는 초기창업자들을 만날 수 있었다. 창업자마다 보유역량과 창업아이템이 다르기 때문에 애로사항도, 니즈도 다르다. 예를 들어 엔지니어링 기반의 창업자는 제품 개발을 잘 할 수 있지만 비즈니스 모델 수립과 마케팅, 홍보가 어려우며, 경영 기반의 창업자는 비즈니스 모델과 판매 전략은 잘 수립하였으나 제품 개발이 어렵다고 한다. 창업자는 이러한 문제를 해결하기 위해서는 전문가에게 컨설팅을 받거나, 외주에 개발을 의뢰하기도 한다. 하지만 예상보다 많은 비용이 수반되며, 창업자금이 부족한 예비창업자에게는 그림의 떡이 되기도 한다.

나는 창업자들에게 창업자금을 확보할 수 있는 방법으로 창업지원사업을 추천한다. 창업지원사업은 투자나 융자에 비해 작은 부담으로 창업자금을 획득할 수 있다. 창업지원사업에 선정되기 위해서는 사업계획서 작성뿐만 아니라 창업지원사업에 대한 전반적인 이해가 필요하다. 하지만 좋은 아이템과 훌륭한 비즈니스 모델을 가지고도 사업계획서 작성이 미흡하거나 창업지원사업에 대한 이해 부족으로 인해 미선정되는 안타까운 경우를 종종 보았다. 이러한 고민을 하고 있는 예비창업자에게 필요한 것이 무엇일까? 내가 무엇을 도와줄 수 있을까? 고민하던 중 예비창업자들이 가장 많이 도전하는 예비창업패키지에 대한 책을 써보기로 했다.

이 책이 다른 사업계획서 작성법 관련 책과 차별화된 부분은 다음과 같다. 첫째, 이론적인 부분에 중점을 두고 방법론 중심으로 사업계획서 작성법을 설명하는 것이 아니라 실제로 창업지원사업 사업계획서를 처음 작성하거나 자주 접해보지 못한 작성자의 관점에서 공고문의 분석과 사업계획서 양식 분석을 통해 현실적인 작성법을 제시한다. 둘째, 최근 사업계획서 등 문서작성에 많이 활용되는 생성형 인공지능인 ChatGPT, New Bing, Bard 등을 활용하여 실제 사업계획서 작성을 위한 프롬프트를 제시하고 보다 쉽게 사업계획서를 작성할 수 있는 방법을 알려준다. 셋째, 실제로 작성된 사업계획서와 대면평가 발표 자료에 대한 예시를 제시함으로써 사업계획서 작성 및 발표 자료에 대한 이해도를 높여준다.

이 책의 구성은 다음과 같다. 1장에서는 창업지원사업에 대한 이해와 준비사항, 그리고 최신 예비창업패키지 공고문을 분석함으로써 지원사업의 이해도를 높이고 궁금증을 해결해 준다. 2장에서는 예비창업패키지 사업계획서의 P-S-S-T[Problem(문제 인식)-Solution(실현 가능성)-Scale-up(성장전략)-Team(팀 구성)]에 대한 이해와 사업계획서 목차별 작성 팁에 대해 설명해준다. 3장에서는 생성형 인공지능인 ChatGPT, New Bing, Bard 등을 활용하여 실제 사업계획서 작성을 위한 프롬프트와 이를 활용한 사업계획서 작성방법에 대해 알려준다. 4장에서는 예비창업패키지 사업계획서와 발표 자료에 대한 예시를 보여준다.

예비창업자에게 사업계획서 작성은 사업에 선정되어 창업자금을 획득하는 것 이외에 또 다른 중요한 의미를 가진다. 사업계획서의 작성을 통해 창업 준비 상태를 확인해 볼 수 있다. 즉, 사업계획서에 작성할 내용이 부족하거나 없다면, 그만큼 창업 준비가 미흡하다는 것이다. 따라서 사업계획서 작성을 통해 창업에 대한 전반적인 진행사항 점검과 세부 계획을 수립함과 동시에 미흡한 부분을 파악하고 이에 대한 보완을 할 수 있다.

이 책에서 설명하는 예비창업패키지의 룰과 노하우를 알아두면 이와 유사한 사업화 지원을 하는 정부지원사업을 수행하는 데 많은 도움이 될 것이다. 대부분의 정부지원사업은 유사한 형태로 진행되기 때문이다. 이 책을 읽는 예비창업자들에게 사업의 성공을 기원하며 사업을 기획하고, 창업을 준비하고, 자금을 확보하는 데 조금이나마 도움이 되길 바란다.

2024년 1월
홍일성, 박세훈

추천사

본서는 홍일성 박사와 박세훈 박사가 좋은 아이템과 훌륭한 비즈니스 모델을 가지고도 사업계획서 작성이 미흡하거나 창업지원사원에 대한 이해 부족으로 창업지원사업에 선정되지 못한 창업자들에게 도움이 되고자 집필한 예비창업패키지 작성 매뉴얼이다.

본서의 가장 큰 특징은 첫째, 작성자의 관점에서 공고문 및 사업계획서 양식을 분석한 현실적인 작성법이라는 점이며 둘째, 최근 사업계획서 작성에도 많이 활용되는 생성형 인공지능을 활용하여 실제 사업계획서 작성을 위한 프롬프트를 제시하고 있다는 점이다.

창업의 가장 큰 어려움 중의 하나인 창업자금을 확보할 수 있는 예비창업패키지에 선정되기 위해서는 읽어봐야 할 필독서이다.

에코프로파트너스 대표이사, 전 한국테크노파크진흥회 회장 이재훈

누구나 때로는 마음속에 꿈꾸지만 선뜻 시작하기 힘든 창업에 대한 실전 지침서이다. 기업가를 꿈꾸는 예비창업자들의 시작과 초기창업자들의 여정에 '창업지원사업'과 'AI 에이전트'라는 전략적 도구의 효과적인 활용법을 제공하며 그들의 성공을 앞당길 것이다.

부경대학교 기업가및창업정신교육센터장 천동필 교수

차례

Ⅲ 생성형 인공지능을 활용해 사업계획서 초안 만들기

부록 예비창업패키지 사업계획서 / 발표 자료 사례

I

창업지원사업의 이해

I

창업지원사업의 이해

1. 창업지원사업의 목적 및 준비사항

매년 정부에서는 창업자에게 다양한 지원을 한다. 그중에서 창업지원사업은 기술창업의 활성화를 통한 경제발전과 기술 경쟁력 강화를 위해 국가 차원에서 창업자 또는 창업기업에 사업화 자금 등을 지원하는 사업이다. 창업자의 관점에서 볼 때 사업화 자금을 지원받을 수 있는 것이 가장 큰 이점이지만 그 외에 창업아이템의 사업화를 위한

그림 1 ▎창업지원사업의 목적

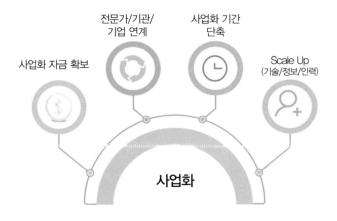

전문가, 전문 기관 또는 기업 연계를 통한 사업화 기간 단축, 기술과 정보 및 인력의 스케일－업(Scale-up) 등 다양한 지원을 받을 수 있다.

따라서 창업지원사업을 잘 활용하면 사업화 자금 확보를 넘어서 창업기업의 혁신과 성장, 투자금 유치 등에도 많은 도움이 된다.

그림 2 ▮ 아이디어 성공 확률

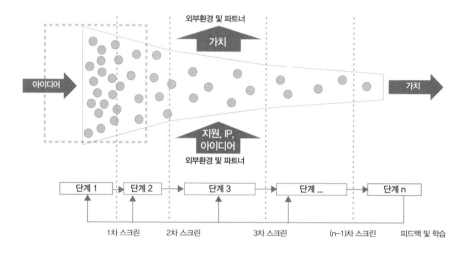

기술창업은 하나의 아이디어에서부터 시작한다. <그림 2>에서 보는 바와 같이 수많은 아이디어 중에서 성공적으로 개발되어 사업화까지 이어지는 아이디어는 극소수에 불과(통상적으로 약 3,000여개 중 1개하고 한다.)하며, 실제로 아이디어가 기술로 실현되고 사업화되어 소비자에게 전달되기까지 여러 단계의 절차를 거친다.

"나의 창업아이템은 지금 어느 단계에 있는가?"

기술을 사업화하는 과정은 매우 복잡하고 어려운 프로세스를 거친다. 기술 및 산업 분야마다 사업화 단계별 프로세스는 차이가 있으나 통상적으로 제조 기반 기술창업의 경우 아래 <그림 3>과 같은 사업화 프로세스를 거친다.

그림 3 ▮ 제조 기반 기술 창업 관점의 사업화 진행 프로세스

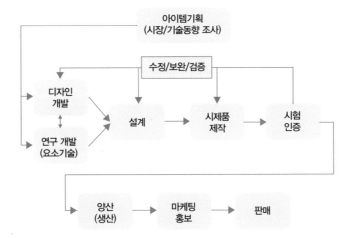

초기 아이디어 도출 단계에서 시장 및 기술 동향 조사를 통해 아이템을 기획하고 이를 구현하기 위해 디자인 및 연구개발을 수행하게 된다. 디자인 및 연구개발 결과물을 바탕으로 설계, 시제품 제작, 시험인증의 단계를 거치는데 각각의 단계를 지날 때마다 검증을 통한 수정 및 보완 작업이 반복될 수 있다. 최종적으로 시험 및 인증을 거쳐 개발을 완료하게 되면 양산하고 마케팅, 홍보를 통해 제품을 판매하게 된다.

창업지원사업을 신청하기 위해서 창업자는 본인의 아이템이 사업화 진행 프로세스에서 어느 단계에 도달해있으며 다음 단계가 무엇인지에 대하여 반드시 알아야 한다.

"예비창업패키지와 창업지원사업 절차에 대하여"

매년 정부에서 지원하는 다양한 지원사업 중에서 예비창업자들이 가장 많이 신청하는 사업 중 하나인 "예비창업패키지"지원사업에 대해 설명하고자 한다. 예비창업패키지란 혁신적인 기술창업 아이디어를 보유한 예비창업자들의 성공을 위하여 사업화를 지원하는 창업지원사업이다. 예비창업패키지는 매년 공고일 기준 사업자등록증이 없는 자를 대상으로 약 8개월 동안 사업화 자금(최대 1억 원, 평균 0.5억 원)을 지원한다. 자세한 내용은 다음 장부터 설명할 것이다. 예비창업패키지와 같은 사업화 지원사업에

대해 잘 알고 있으면 타 창업지원사업 신청 시 유사한 점이 많으니 도움이 될 것이다.

창업지원사업을 신청하기 위해서는 창업지원사업의 절차부터 알아야 한다. 창업자의 관점에서 보면 창업지원사업의 절차는 <그림 4>와 같다.

그림 4 ▮ 창업지원사업의 절차_예비창업패키지 기준 예시

사업공고	K-StartUp 홈페이지 공고
사업계획서 신청 · 접수	사업계획서 작성/ K-StartUp 홈페이지 접수
선정평가	요건검토 및 선정평가(서면평가 및 대면평가)
지원대상 선정	K-StartUp 홈페이지에 지원대상 선정 공지
협약 준비	수정사업계획서 및 협약 증빙 서류 제출
협약체결 및 사업비 지급	창업진흥원-주관기관-예비창업자 협약체결
사업수행	사업계획서에 근거하여 사업수행/협약 및 규정 준수
중간(수시)보고 및 점검	사업수행사항 중간 보고 및 점검_주관기관-예비창업자
최종보고 및 점검	최종 보고 및 점검_창업진흥원-주관기관-예비창업자

창업지원사업의 절차를 보면 가장 먼저 사업공고를 확인해야 하는데 이는 K-Startup 홈페이지에서 확인할 수 있다. 사업공고는 공고문, 사업계획서 양식, 작성 방법 등이 첨부되어 있으며 반드시 꼼꼼하게 확인해야 한다.

그림 5 ▮ K-startup.go.kr 창업지원사업[예비창업패키지] 공고

사업공고문 확인 후 첨부된 사업계획서 양식에 창업아이템과 비즈니스 모델에 대한 사업화 현황 및 계획을 기준으로 양식을 작성한 후 K-Startup 홈페이지를 통해 접수한다. 사업계획서 접수가 완료되면 요건검토 및 선정평가가 진행되며, 사업계획서를 평가하는 서면 평가와 발표 및 질의응답으로 평가하는 대면 평가로 진행된다.

평가 완료 후 지원 대상이 선정되면 K-Startup 홈페이지를 통해 공지된다. 선정된 기업은 수정사업계획서 제출 및 협약 준비를 해야 한다. 이때 수정사업계획서는 평가

에 참여한 평가위원들의 의견을 반영하고, 사업 선정 시 조정된 사업비 등을 수정해야 한다.

협약체결이 완료되면 사업비가 지급되고 사업계획서에 근거하여 시제품 제작, 홍보 및 마케팅, 물품구매, 창업교육, 멘토링 등 창업지원사업을 수행할 수 있다. 이때 중요한 것은 반드시 협약서 및 창업지원사업 통합 관리지침 등을 숙지하고 따르는 것이다. 특히, 사업수행 중 협약서, 사업계획서에서 변경되는 사항이 있으면 규정에 따라 협약 변경 후 사업을 수행해야 한다.

규정에 따라 사업수행 기간 중 중간보고 및 점검이 진행되며 창업자는 성실하게 보고해야 할 의무가 있다. 사업 종료 후 사용한 사업비에 대하여 회계 정산 절차를 거치며 사업수행 결과물을 바탕으로 최종보고 및 점검을 진행해야 한다.

최종보고 및 점검이 끝나고 나면 사업이 종료된다. 하지만 완전히 끝난 것이 아니다. 사업 종료 후 5년간 수행되는 성과조사에 성실히 임해야 할 의무가 있다.

2. (아무나 잘 알려주지 않는) 창업지원사업 실전 팁 3가지

1) TIP 1: "정부지원사업의 R&D와 비R&D 이해와 구분"

정부에서 기업의 사업화를 지원하는 정책적 사업은 크게 R&D지원사업과 비R&D지

그림 6 ┃ R&D지원사업과 비R&D지원사업의 범위와 구분

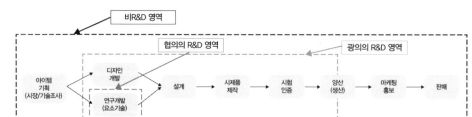

원사업으로 구분할 수 있다. R&D지원사업과 비R&D지원사업은 앞의 <그림 6>에서 보는 바와 같이 구분된다.

R&D지원사업은 요소기술의 연구와 개발을 수행하는 것(협의의 R&D)이며 사업화 각 단계 또는 영역의 다양한 활동과 결합(광의의 R&D)하여 수행되기도 한다. 예를 들어 디자인 개발과 결합하여 R&D를 수행하거나, 신뢰성 시험과 결합하여 R&D를 수행하기도 하며, 제조공정 개선 및 공정혁신과 결합하여 제조환경개선, 원가절감, 품질향상 등을 목적으로 R&D를 수행하기도 한다. 이처럼 연구개발 활동을 지원하는 것을 R&D 지원사업이라고 한다.

비R&D지원사업은 위 <그림 6>에서 굵은 테두리의 협의의 R&D부분을 제외한 다른 부분은 모두 비R&D지원사업이다. 즉, 협의의 R&D영역을 제외한 아이템 기획, 디자인, 설계, 시제품제작, 시험인증, 초도품 양산, 마케팅, 홍보, 판매를 지원하는 사업은 모두 비R&D지원사업에 포함된다.

정부지원사업을 구분하는 이유는 R&D와 비R&D지원사업 특성의 차이점 때문이며, 기획하는 과정과 사업계획서 양식, 지원 내용, 지원 금액 등 많은 부분에서 다르다. 따라서 창업자의 사업화 니즈에 따라서 R&D지원사업을 신청해야 할지, 비R&D지원사업을 신청해야 할지 결정해야 한다. 즉, 아이템 사업화 단계에서 연구개발에 대한 지원이 필요한 경우 창업성장기술개발사업, 중소기업기술혁신개발사업 등과 같은 R&D지원사업에 신청해야 하며, R&D가 아닌 기획, 디자인, 설계, 시제품제작, 시험인증, 지식재산권, 초도품 양산, 마케팅, 홍보, 판매, 기타 기업운영 등에 지원이 필요한 경우 해당 분야를 지원해주는 비R&D지원사업에 신청해야 한다. 따라서 지원사업 기획 시 연구개발에 대한 니즈가 있는지, 없는지를 판단하고 연구개발에 대한 니즈가 있다면 R&D, 다른 분야에 니즈가 있다면 비R&D로 구분하여 지원사업의 목적에 맞도록 신청해야 한다. 이 책에서 설명하는 예비창업패키지지원사업은 비R&D지원사업에 해당된다. 만약, R&D와 비R&D에 대한 지원이 동시에 필요하다면 R&D부분을 분리해서 R&D와 비R&D지원사업에 각각 신청해야 한다. R&D지원사업과 비R&D지원사업은 동시수행이 가능하다. 예를 들어 예비창업패키지지원사업이나 초기창업패키지지원사업에 선정되어 수행하고 있는 도중에 창업성장기술개발 디딤돌 사업에 신청할 수 있다.

R&D지원사업 신청 시 가장 먼저 해야 할 것은 기업에서 수행하고자 하는 R&D를 정의하는 것이다. R&D에 익숙하지 않은 창업자 또는 기업은 수행하고자 하는 R&D를 정의하는 것에 어려움을 느끼며, R&D가 아님에도 불구하고 R&D로 오해하는 경우가 종종 있다. R&D를 정의하기 위해서는 아래<그림 7>의 질문에 대해 답을 해보아야 한다.

그림 7 ▍R&D 정의를 위한 질문

핵심 요소 기술을 정의할 수 있는가?

단순 제작이나 구매가 가능한가?

연구개발에 대한 결과물이 있는가?

실험 또는 시험이 가능한가?

실험 또는 시험 결과가 정량적인가?

기술의 난이도가 높은가?

사업화 가능한가?

기업에서 수행하고자 하는 R&D를 정의하기 위해서는 첫째, R&D의 핵심이 되는 요소기술을 정의해야한다. 예를 들면, 머신러닝 기술, 빅데이터 마이닝 기술, 전력변환 기술, 무선전력전송 기술, 소성가공 기술, 사출성형 기술 등으로 정의되어야 한다.

둘째, 개발하고자 하는 기술 또는 제품이 단순제작이나 구매가 가능한지 검토해보아야 한다. 간혹 단순한 시제품 제작을 R&D로 오해하는 경우가 있다. 예를 들어, 단순 기능을 하는 모바일 APP이나 WEB을 제작하거나, 데이터 수집을 위한 서버 등을 구축하는 것은 R&D가 아니라 시제품 제작 또는 외주 구매를 통해 쉽게 해결할 수 있다.

셋째, R&D를 하기 위해서는 요소기술의 R&D 결과물이 있어야하며, 요소기술에 대한 실험 또는 시험이 반드시 수반되어야 하고, 실험 또는 시험의 결과가 정략적이어야 한다.

넷째, 기술의 난이도가 높아야 한다. 단순설계 변경이나 업계 종사자가 누구나 쉽게 개발할 수 있는 정도의 난이도의 R&D는 정부지원사업으로 지원받기 어렵다. R&D지원사업의 수혜를 받기 위해서는 해당되는 요소기술의 국내외 최고 수준이나 상위 레벨의 기술과 비교하여 대등하거나 조금 부족한 수준의 R&D과제가 선정 확률이 높다. 왜냐하면 해당 기술에 대한 수준이 타기업이나 타기관에서 이미 개발되었거나, 쉽게 구현 가능한 기술은 R&D를 지원해주는 정부부처의 관점에서 볼 때 이미 개발이 완료된 중복된 기술이기 때문이다. 물론 타 국가에서 개발 된 기술을 국산화 개발이나 수입 대체의 관점에서 개발하는 것은 매우 좋다.

다섯째, R&D로 개발된 기술은 반드시 사업화가 가능해야 한다. R&D지원사업 또한 "기술성", "시장성", "사업성" 세 가지 관점에서 평가한다. 기술성은 매우 좋지만 소재의 수급, 제조 공정 투자, 시장 환경, 높은 제조원가 등의 문제로 인해 기술의 사업화가 어렵거나 불가능 한 경우가 있다. 이런 경우 R&D지원사업에 선정되기 어렵다. 따라서 기업에 지원되는 R&D사업의 범위는 아래 <그림 8>과 같이 Pilot Scale에서, Mass Production으로 사업화가 가능할 때 지원된다.

그림 8 ┃ 기업 R&D 지원 사업의 범위

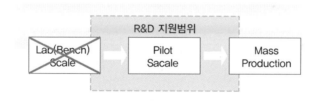

Lab Scale 단계는 선행연구를 통해 사전 검증하는 단계로 R&D지원사업 신청 전에 반드시 자체적으로 수행해야 한다. 기업은 선행연구를 통해 R&D성공 가능성을 확인하고, 핵심성과지표(KPI)를 설정해야 한다. R&D에서 핵심성과지표란 R&D의 전략적 목표 달성을 위해 R&D 결과 또는 성과에 대한 성공 여부를 측정하고, 평가하는 핵심적인 기준이나 척도를 의미한다. 많은 중소기업이 선행연구 단계 없이 R&D를 기획하지만 이런 경우, R&D의 성공 가능성을 확인할 수 없고, 핵심성과지표 선정이 어렵다. 올바른 R&D기획과 수행을 위해 선행연구를 통한 R&D 성공 가능성과 핵심성과지표 설정은 매우 중요하다. 요약하자면, 기업이 정부 R&D지원사업을 수행하기 위해서는 Lab Scale 단계에서 선행연구를 수행한 후 Pilot Scale에서, Mass Production으로 사업화 실현이 가능할 때 지원된다.

일반적으로 R&D는 <그림 9>와 같이 조사/분석 → 연구 → 개발 → 시제품 제작 → 시험 → 검증/인증의 순으로 진행된다.

그림 9 ▍ R&D수행 절차

R&D과제 기획 시 중요한 것은 기업이 핵심요소기술에 대한 R&D를 수행할 역량을 보유하고 있는지 체크해야 한다. R&D역량이란 앞서 얘기한 선행연구 경험과 R&D수행을 위한 연구인력, 시설, 장비 등을 의미한다. R&D수행 범위와 내용, 목표를 달성하기 위해 보유하고 있는 R&D역량을 확인하고, 부족한 역량은 공동연구개발기관, 위탁연구개발기관 등과 같은 산학연 컨소시엄을 구성하여 R&D기획을 해야 한다. R&D지원사업에 대한 보다 자세한 설명은 다음 시리즈 책(R&D편)을 통해 설명할 예정이니 참고하기 바란다. 이 책에서 R&D와 비R&D지원사업에 대하여 설명하고 있는 이유는 예비창업패키지지원사업이 비R&D지원사업이기 때문에 R&D지원사업과 비R&D지원사업의 목적과 특성을 이해하고 예비창업패키지지원사업에 맞도록 준비해야 한다. 비R&D지원사업과 R&D지원사업은 사업의 구성, 지원 내용, 사업비 지원 금액과 비목 등 많은 부분에서 차이가 있다. 따라서 R&D에 대한 니즈가 있는 창업자나 기업은 예비창업패키지지원사업 신청 후 별도의 R&D기획을 진행하여 중소벤처기업부에서 지원하는 창업성장기술개발 디딤돌 사업에 신청할 것을 권장한다.

2) TIP 2: "평가에 대한 이해(부제: 평가하는 사람은 누구인가?)"

정부지원사업의 선정률을 높이기 위해서는 정부지원사업 평가에 대한 이해도가 높아야 한다. 평가는 사업계획서라는 도구를 통해 평가위원을 설득하는 과정이다. 누군가를 설득하고자 하면 설득할 대상이 누군지 명확히 알아야 한다. 창업지원사업의 평가위원은 매년 창업진흥원에서 평가위원 후보단 모집 공고 후 선발되며 창업지원사업의 평가위원 신청 기준은 아래 <그림 10>과 같다.

그림 10 ▎창업지원사업 평가위원 신청 자격 요건

○ **(신청자격)** 아래 자격요건 등에 1개 이상 해당하는 자

구분	자격요건	예시
산업계	☞ 박사학위 소지자, 석사학위 소지자 중 해당 분야 5년 이상 경력자, 학사학위 소지자로 해당 분야 7년 이상 경력자 등	일반 기업 재직자, 투자자(VC, AC) 등
학계	☞ 해당 분야에 전문지식이 있는 조교수 이상의 대학 교수	대학 교수 등
연구계	☞ 박사학위 소지자, 석사학위 소지자 중 해당 분야 5년 이상 경력자, 학사학위 소지자로 해당 분야 7년 이상 경력자 등	공공기관, 유관기관 직원, 연구원 등
공무원 경력자	☞ 5급 또는 이에 상당하는 공무원으로 해당 분야 5년 이상 경력자	-
기술·경영전문가	☞ 기술사, 변리사, 기술지도사, 회계사, 세무사 등 전문가	-
기타	☞ 그 밖에 해당 분야에 10년 이상 실무 경험이 있거나, 사업의 특성을 반영하여 위촉할 필요가 있다고 인정되는 자	-

평가위원 후보단 신청요건은 산업계의 경우 박사학위, 석사학위 소지자로 해당 분야 5년 이상 경력자, 학사학위 소지자로 해당 분야 7년 이상 경력자이며, 학계의 경우 해당 분야의 조교수 이상의 대학 교수이다. 연구계는 박사학위, 석사학위 소지자로 해당 분야 5년 이상 경력자, 학사학위 소지자로 해당 분야 7년 이상 경력자이며, 공무원의 경우 5급 이상 또는 이에 상당하는 공무원으로 해당 분야 5년 이상 경력자이다. 기술경영 전문가는 기술사, 변리사, 기술지도사, 회계사, 세무사 등의 전문가이며, 기타로 해당 분야의 10년 이상 실무경험 및 사업의 특성을 반영하여 위촉할 필요가 있다고 인정되는 자는 평가위원 후보단 신청이 가능하다. 위 조건을 만족한다고 무조건 창업지원사업 평가위원이 되는 것은 아니며, 창업진흥원의 심사를 통해 최종 선정된다.

창업지원사업 평가를 수행하다 보면 평가위원에게 주어진 시간은 많지 않다. 서면평가의 경우 지원자가 매우 많고, 평가 일정은 길지 않기 때문에, 짧은 시간에 많은 분

량의 사업계획서를 평가해야 한다. 따라서 사업계획서 작성자에게 매우 중요한 것은 "가독성"을 높이는 것이다.

대면 평가의 경우 발표자에게 짧게 주어지는 발표와 질의응답 시간 내 평가위원을 설득하는 것이 중요하며, 이를 위해 "스토리라인"을 논리적으로 잘 구성해야 한다. 질의응답은 평가위원의 전문 분야와 특성, 평가지표 등을 고려하여 준비하는 것이 좋다. 평가위원에 대한 구체적인 정보를 얻을 수 없지만, 평가위원 자격 요건에서 대략적으로 유추해 볼 수 있다. 예상 질문의 범위는 창업의 동기, 문제의 제기와 해결방안에 대한 방법과 구체적인 내용, 어떻게 아이템의 사업화를 실현할 것인지, 현재까지 진행된 사항과 향후 실현 계획, 생산 계획, 비즈니스 모델 및 수익 실현 방안, 시장진입 전략과 마케팅 홍보 방안, A/S 방법, 창업 대표자와 팀 구성원의 능력 등 다양하게 생각해 볼 수 있다. 실제로 사업계획서를 작성하고 대면 평가를 준비해보면 평가위원이 어떠한 사람들로 구성되는지 알고 하는 것이 훨씬 유리하다.

3) TIP 3: "사업계획서의 가독성을 높여라~!!"

"사업계획서 양식이나 글자체와 크기를 마음대로 바꾸지 마라!!"

사업계획서의 서면 평가를 진행하다 보면 사업계획서 양식을 바꾸거나 글씨체 또는 글씨 크기 등을 작성자 마음대로 바꾸는 경우를 종종 본다. 작성자가 본인의 아이템을 표현하기 편하게 양식을 수정하여 작성할 때도 있고, 특히 예비창업패키지의 사업계획서는 페이지 제한이 있기 때문에 제한된 페이지에 많은 양의 내용을 담기 위해서 글자 크기나 글씨체를 매우 작게 변경하여 작성하기도 한다. 이런 경우 평가위원의 관점에서는 사업계획서 가독성과 이해도가 낮아지기 때문에 평가에 나쁜 영향을 끼친다. 특히 창업지원사업의 경우 지원자가 매우 많고 평가시간은 짧기 때문에 양식이 변경되거나 글자 크기가 작으면 가독성과 이해도가 떨어져 평가에 방해가 된다. 물론 정해진 양식 내에서 특정 내용을 강조하여 차별화하거나 추가할 수 있다. 하지만 정해진 양식을 신청자 마음대로 변경해서는 안된다.

"이미지와 도표를 적극적으로 활용하라"

사업계획서는 특정한 목적을 가지고 누군가를 설득하기 위해 작성하는 문서이다. 특히 창업지원사업의 경우 창업아이템에 대한 기술성, 시장성, 사업성이 우수하다는 것을 평가위원에게 설득하여 정부지원을 받는 것이 목적이다.

사업계획서의 가독성을 높이는 가장 좋은 방법은 이미지와 도표를 적극적으로 활용하는 것이다. 아무리 글을 잘 적더라도 이미지나 도표만큼 가독성이 좋을 수 없다. 특히 창업아이템의 소개, 구성요소 및 구현방법, 문제점 및 해결방안, 시장현황, 비즈니스 모델, 사업화 방안 및 성장전략 등 글로 설명하기 복잡한 부분에 대하여 논리적으로 표현하고 적절하게 설명할 수 있는 그림이나 사진, 도표 등을 활용한다면 짧은 평가시간에 평가위원을 설득시키는 데 매우 유리하다. 사업계획서를 작성할 때 단순히 글로만 작성하는 것은 좋지 않다. 따라서 누군가가 처음 볼 수 있는 창업아이템이나 비즈니스 모델, 사업화 진행사항 등을 쉽게 이해시킬 수 있는 이미지나 도표를 만들어 적극적으로 활용해야 한다. 또한 외부이미지나 도표, 그래프 등을 사업계획서에 적용할 때에는 반드시 출처를 밝혀야하며 시장자료나 통계자료 등을 활용할 때는 신뢰성 있는 기관의 최신자료를 활용하는 것이 좋다.

"문장의 핵심과 비핵심을 구분하라!!"

사업계획서의 가독성을 높이기 위해서는 문장을 간결하게, 핵심만 요약하여 작성하는 것이 좋다. 이를 위해서는 첫 번째, 내용을 이해하기 쉽게 문단을 구분해야 한다. 간혹 제한된 페이지에 많은 내용을 담기 위해서 문단 구분 없이 모든 문장을 연결하여 작성하는 경우가 있다. 이 경우 사업계획서의 가독성은 매우 떨어진다. 주의해야 할 점은 사업계획서 내용이 많다고 선정되는 것이 아니다.

두 번째, 문장은 간결하게 핵심만 요약하여 작성해야 하며, 이를 위한 저자의 노하우를 알려주고자 한다. 이해하기 쉬운 문장을 위해서는 문장의 핵심과 비핵심을 구분해야 한다. 아래 <그림 11>은 문장의 핵심과 비핵심 구분을 통한 문장 수정 예시이다.

그림 11 ▌ 문장의 핵심과 비핵심 구분을 통한 문장 수정 예시

본 과제를 통해 현재 무선 헤어아이론에 주로 사용되고 있는 리튬이온배터리 방식의 전력공급을 수퍼커패시터 기술과 결합하여 리튬이온배터리의 용량 및 방전특성(낮은 전력 밀도)의 한계로 인해 야기되는 열 발생의 문제 및 짧은 사용시간과 예열에 긴 시간이 소요된다는 소비자들의 불만사항을 해결하고자 함.

본 과제를 통해 현재 무선 헤어아이론에 주로 사용되고 있는 리튬이온배터리 방식의 전력공급을 수퍼커패시터 기술과 결합하여 리튬이온배터리의 용량 및 방전특성(낮은 전력 밀도)의 한계로 인해 야기되는 열 발생의 문제 및 짧은 사용시간과 예열에 긴 시간이 소요된다는 소비자들의 불만사항을 해결하고자 함.

무선 헤어아이론에 사용되는 리튬이온배터리 방식 전력공급을 수퍼커패시터 기술과 결합하여 배터리 용량 및 낮은 전력 밀도로 인한 열 발생, 짧은 사용시간, 긴 예열 시간이 소요되는 소비자 불만사항을 해결하고자 함.

위와 같이 문장에서 핵심 단어와 비핵심 단어를 구분하고 비핵심 단어를 제외한 핵심 단어 간 재구성을 통해 문장을 간결하고 이해하기 쉽게 만들 수 있다.

세 번째, 중요한 단어 또는 문장을 강조하는 것이다. 문장을 간결하게 만들었음에도 평가위원에게 반드시 알리고 싶은 내용이 있다면 특정 단어 또는 문장을 진하게 하거나 밑줄을 적용하여 강조할 수 있다. 아래 <그림 12>는 특정 문장에 진하게 및 밑줄을 적용한 예시이다.

그림 12 ▮ 특정 문장에 진하게 및 밑줄을 적용한 예시

코로나19 재 확산으로 인해 오프라인 마케팅 및 제품판매(영업) 활동이 매우
제한적인 반면, 소비 트렌드 변화 및 코로나19 반사 이익과 맞물려 인터넷 및
모바일 등 온라인 매체를 활용한 마케팅의 시장성과 효율성이 크게 증가함.

코로나19 재 확산으로 인해 오프라인 마케팅 및 제품판매(영업) 활동이 매우
제한적인 반면, 소비 트렌드 변화 및 코로나19 반사 이익과 맞물려 인터넷 및
모바일 등 온라인 매체를 활용한 마케팅의 시장성과 효율성이 크게 증가함.

지금까지 사업계획서 가독성을 높이는 세 가지 방법을 알아보았다. 누군가 나에게
사업계획서를 잘 작성할 수 있는 방법을 묻는다면 가장 먼저 가독성에 대해 얘기할 것
이다. 물론 창업아이템의 기술성, 시장성, 사업성이 우선적으로 좋아야 하지만 이를 사
업계획서로 표현하여 평가위원을 설득하기 위해 가독성을 높이는 것은 매우 중요하다.
따라서 사업계획서 작성자는 정해진 양식 내에서 수단과 방법을 가리지 말고 가독성
을 높이는 방법을 찾아야 한다.

3. 창업지원사업 공고문 분석

"공고문에 정답이 있다. 공고문이 주는 TIP~!!"

창업자의 관점에서 사업의 시작은 지원기관 사이트에서 공고 확인 후 공고문을 보
고 분석하는 것이다. 매년 정책의 방향에 의해 지침이나 규정이 변경될 수 있으며 이
에 따라 공고문의 내용도 조금씩 바뀔 수 있다. 따라서 창업지원사업에 익숙하더라도
공고문은 반드시 세심하게 살펴보아야 한다.

공고문 분석이 필요한 이유는 첫째, 정부지원사업 경험도에 의해 공고문의 이해도가

사람마다 다르다. 특히, 정부지원사업을 처음 접하거나 경험도가 낮은 예비창업자 또는 창업자의 관점에서 공고문의 이해도를 높여야 정부지원사업의 선정률이 높아진다.

둘째, 창업지원사업의 신청을 위해 공고문을 꼼꼼하게 보고 분석하는 것이 당연한 일이다. 하지만 생각보다 많은 사람이 공고문을 대충 훑어보거나 부분적으로 중요한 부분만 읽기 때문에 중요한 사항들을 놓치거나 준비가 미흡한 경우가 많다.

본 장에서는 최근 공고된 예비창업패키지 공고문을 직접 보고 분석하여 중요한 사항을 체크함으로써 공고문 분석의 중요성을 강조하고 공고문에 숨겨져 있는 세부적인 내용에 대한 이해도를 높이고자 한다.

공고문 분석을 실습해보기 위해 '23년 예비창업패키지 지원사업 공고문을 분석해보고자 한다.

1) 예비창업패키지 예비창업자 모집 공고 및 사업개요

<그림 13>은 '23년 예비창업패키지 지원사업의 사업개요이다. 대부분 지원사업의 공고문에는 사업개요가 가장 먼저 명시되어 있다.

그림 13 ▌예비창업패키지 지원사업의 사업개요

중소벤처기업부 공고 제2023 - 128호

2023년도 예비창업패키지 예비창업자 모집 공고

혁신적인 기술창업 아이디어를 보유한 예비창업자를 육성하는 「2023년 예비창업패키지」에 참여할 예비창업자를 다음과 같이 모집합니다.

2023년 2월 23일
중소벤처기업부 장관

> ※ **K-Startup 누리집 가입 시 <u>서울신용평가정보 (SCI)를 통한 실명인증이</u> 필요합니다.**
> **실명정보가 서울신용평가정보에 등록되어 있지 않은 경우 (개명인, 외국인,**
> **미성년자 등 인터넷 실명확인 불가능자)에는 <u>사전에 SIREN24를 통해 실명 등록 및</u>**
> **<u>적용을</u> 요청하여 주시기 바랍니다. (실명 등록에 최대 3일까지 소요될 수 있음)**
> • K-Startup 누리집 - 고객센터 - 온라인매뉴얼 - 일반매뉴얼 - K-Startup 창업기업 실명등록 매뉴얼 참고

1 사업개요

☐ **사업목적** : 혁신 기술창업 아이디어를 보유한 예비창업자의 성공 창업을 지원하여 양질의 일자리를 창출

☐ **지원대상** : 예비창업자*

   * 신청자격은 동 공고 '2. 신청자격 및 요건' 참조

☐ **지원내용** : 사업화 자금 (최대 1억원, 평균 0.5억원), 창업프로그램 등

사업화 자금		창업프로그램*		전담·전문 멘토링
시제품 제작, 마케팅, 지식재산권 출원·등록 등에 소요되는 사업화 비용 지원	⊕	BM 고도화, MVP 제작 등 주관기관별 창업프로그램 운영	⊕	예비창업자의 경영·기술 자문을 위한 전담·전문멘토링 지원 (총 10회, 회당 3시간)

   * 주관기관별 창업프로그램은 '[별첨 2] 주관기관별 소개자료' 참고

☐ **협약기간** : 협약시작일로부터 **8개월** 이내 ('23. 5월 ~ '23. 12월 예정)

☐ **선정규모** : 총 **992명** 내외 (일반분야 792명, 특화분야 200명 내외)

   * 분야·주관기관별 선정규모는 신청·접수 결과 등에 따라 변동될 수 있음

예비창업패키지의 신청 및 접수는 K-Startup 누리집 사이트에서 진행된다. 따라서 K-Startup 누리집 사이트의 회원가입이 필요하며, 서울신용평가정보(SCI)를 통한 실명인증이 필요하다. 서울신용평가정보에 등록되지 않은 개명인, 외국인, 미성년자 등 인터넷 실명 확인이 불가능한 경우 사전에 SIREN24를 통해 실명 등록 및 적용을 요청해야 한다. 실명 등록에 최대 3일까지 소요될 수 있으니 해당자는 신청 마감일까지 미루지 말고 미리 진행해야 한다.

사업개요에는 가장 먼저 사업목적이 기재되어 있다. 공고문에서 가장 중요한 부분이며 지원사업의 근간이 되는 부분으로 지원하는 창업자는 반드시 공고문에 기재된 사업의 목적에 부합하는지 확인해야 한다. 특히 사업계획서 평가에서 사업목적에 부합하지 않는 과제는 반드시 탈락하게 된다.

그리고 지원 대상에서 신청 자격 및 요건을 반드시 확인해야 한다. 훌륭한 창업아이템과 비즈니스 모델로 예비창업패키지에 신청하더라도 신청 자격 및 요건에 해당되지 않으면 지원을 받을 수 없다.

예비창업패키지의 지원내용은 사업화 자금과 창업프로그램, 전담·전문 멘토링 등으로 창업아이템 사업화에 맞추어 기획하고 준비해야 한다. 협약기간은 '23. 05월부터 '23. 12월까지 8개월이다. 즉, 예비창업패키지의 운영 기간은 8개월이며 사업계획서 작성 시 전반적인 사업의 개요, 사업 기간 내 목표와 내용, 사업비 사용 등에 대한 세부 내용 기획 및 작성 시 고려해야 한다.

'23년 예비창업패키지 지원사업의 선정 규모는 총 992명으로 일반분야 792명, 특화분야 200명으로 선정 인원이 정해져 있기 때문에 향후 신청 인원 대비 경쟁률을 나타내기도 한다. 특히, 창업하고자 하는 분야가 일반분야인지, 특화분야인지에 따라 경쟁률이 달라질 수 있다. 그럼 신청 자격 및 요건부터 자세히 살펴보자.

2) 신청자격 및 요건

<그림 14>는 '23년 예비창업패키지 지원사업의 신청자격 및 요건이다. 아래 공고문의 내용을 잘 읽어보고 본인이 신청자격에 해당되는지 반드시 확인해야 한다.

그림 14 ▌예비창업패키지 지원사업의 신청자격 및 요건

2 │ 신청자격 및 요건

☐ **신청자격**

○ 공고일 ('23.2.23.) 기준 신청자 명의의 사업자 등록(개인, 법인)이 없는 자

- 단, 2022년 예비창업패키지 창업프리스쿨 완료기업 대표, 부동산 임대업만을 영위하는 창업기업(개인사업자) 대표는 아래의 '기창업자 신청자격 세부 조건'을 충족하는 경우에 한하여 신청 가능

< 기창업자 신청자격 세부 조건 >

▶ **2022년 예비창업패키지 창업프리스쿨 완료기업 대표**

• 2022년 예비창업패키지 창업프리스쿨 예비창업자 모집공고(창업진흥원 공고 제2022-55호)에 참여하여 수행완료 판정을 받은 창업기업 대표는 신청 가능

  * 단, 창업프리스쿨에서 완료판정을 받은 아이템과 핵심요소가 같아야 함

▶ **부동산임대업 영위기업 대표**

• 공고일('23.2.23.) 기준 직원을 고용하지 않고 부동산임대업만을 영위*하는 개인사업자(법인 불가)로, 협약종료일 2개월 이전까지 이종업종 제품 및 서비스를 영위하는 법인사업자로 창업이 가능한 경우에 한하여 신청 가능

  * 사업자등록증 상에 부동산임대업 이외에 타 업종을 복수로 영위하고 있는 경우 신청 불가

○ 사업공고일로부터 최근 3년간 폐업한 경험이 있는 자는 폐업한 기업에서 영위한 업종(주업종, 부업종)과 이종업종 제품 및 서비스로 창업할 예정인 경우에 한하여 신청 가능

- 단, 폐업한 기업에서 영위한 업종과 동종업종 제품 및 서비스로 창업할 예정인 경우에는 폐업 후 3년(부도·파산으로 인한 폐업 시 2년)을 초과한 자에 한하여 참여 가능

  * 동종업종 제품 및 서비스 재창업 여부 확인을 위해 총사업자등록내역, 폐업사실 증명원 등의 서류제출을 요청할 수 있음 (해당자 별도 안내)

◆ 이종·동종업종 판단은 한국표준산업분류 코드의 세세분류(5자리)를 기준으로 함
(세세분류 일치 시 : 동종업종으로 판단 / 세세분류 불일치 시 : 이종업종으로 판단)

◆ 통계청 통계분류포털(kssc.kostat.go.kr) - 경제부문 - 표준분류 - 한국표준산업분류(KSIC) - 자료실 - 최신개정 - 제10차 한국표준산업분류표 참조

예비창업패키지의 기본적인 신청자격은 공고일 기준 신청자 명의의 사업자등록증이 없는 자이다. 만약 사업자등록증이 있다면 기창업자 신청자격 세부 조건 등 공고문을 꼼꼼히 살펴보아야 한다. 예비창업패키지 창업프리스쿨 완료기업의 경우 창업프리스쿨에서 완료 판정을 받은 아이템과 핵심 요소가 같아야 한다. 부동산임대업을 영위하고 있는 대표의 경우 법인사업자는 불가능하며, 직원을 고용하지 않고 부동산임대업만 영위하는 개인사업자로, 사업자등록증 상에 부동산임대업 외 타 업종을 복수로 영위하지 않아야 신청 가능하다.

최근 3년간 폐업한 경험이 있는 창업자는 반드시 이종·동종업종 판단 및 한국산업표준분류 등을 확인해야 한다. 이종·동종업종 판단은 한국표준산업분류 코드의 세세분류(5자리) 일치 여부를 기준으로 하고 있으며 '세세분류 → 일치 시 동종업종', '세세분류 → 불일치 시 이종업종'으로 판단하고 있다.

한국표준산업분류코드는 "통계청 통계분류 포털(kssc.kostat.go.kr)"에서 확인이 가능하며, 주업종코드는 "국세청 MY홈텍스(hometax.go.kr)"에서 확인이 가능하다. 아래 <그림 15>는 한국표준산업분류코드 및 주업종코드 확인 경로이다.

그림 15 ┃ 한국표준산업분류코드 및 주업종코드 확인 경로

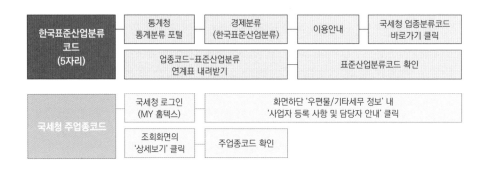

기창업자의 자격요건에 해당하는 자는 기업인증을 해야 하는데 이는 기업의 개인사업자 번호와 상호명의 일치 여부를 확인하는 절차이다. 신청기업은 공동/금융인증서

인증, SCI 기업 실명인증, 국세청 사업자 확인, 금융인증서 인증 중 1개의 방법을 택하여 사업 전 반드시 인증해야 한다.

앞서 설명했듯이 SCI 기업 실명인증의 경우 등록에 최대 3일까지 소요될 수 있으므로 접수 마감일 이전에 완료될 수 있도록 미리 진행해야 한다.

그림 16 ▌SCI 기업 실명인증 방법

< SCI 기업 실명인증 방법 >

① 사이렌24(www.siren24.com) 접속 후, 회원가입
  * **(기업 실명등록 안내)** 고객지원센터(상단 우측) - 실명등록센터(좌측) - '기업 실명등록 안내' 페이지 참조
② 구비서류(사업자등록증, 기업정보 업데이트 요청서') 각 1부 준비
  * **(기업정보 업데이트 요청서)** 고객지원센터 – 실명등록센터 – 기업 실명등록 안내 페이지의 '기업정보업데이트 요청서' 배너를 선택하여 다운로드 가능
③ 02-3279-6600으로 FAX 발송
  * **(등록센터 운영시간)** 09:00~18:00(월~금), 토·일·공휴일 휴무
  ** **(등록센터 문의번호)** ☎ 1577 – 1006 (서울신용평가정보 고객센터)

기창업자 기업인증 시 개인 공인인증서가 아닌 기업 공동인증서로만 인증할 수 있기 때문에 신청접수 마감일 전 미리 기업용 공동인증서를 발급받아야 한다.

금융인증서 인증이 실패할 경우, 먼저 PMS에 등록된 기업의 사업자 정보를 확인해봐야 한다. 기업정보 일치 여부 확인 후에도 인증 실패 할 경우 중소기업통합콜센터 1357로 문의해야 한다.

기창업자의 사업자번호는 그대로인데 기업명만 변경된 경우, K-Startup 누리집 접속 후 우측 상단 My버튼 → 기관(기업) 정보관리에서 기업명 변경이 가능하다. 이때 국세청에 등록된 기업명, 사업자번호, 설립 일자, 대표자가 모두 일치해야 기업명 인증이 가능하며 인증 성공 후 국세청 사업자 인증 일시가 갱신된다.

그림 17 ┃ 기업명 변경 절차 및 경로

사업자번호, 법인번호 등을 잘못 등록하여 수정이 필요한 경우가 있다. 사업자번호, 법인번호는 비활성화 항목으로 시스템 등록 후 임의 변경이 불가능하며, 이때 중소기업통합콜센터 1357로 연결하여 수정할 정보를 알려주고 변경을 요청해야 한다.

외국인도 사업 신청이 가능하다. 법무부 출입국, 외국인 정책본부에서 발급받은 신분증(외국인 등록증, 재외국민거소증 등)에 기재된 외국인등록번호와 성명 입력 시 실명인증이 가능하다. 단 거주지가 외국일 경우 사업 완료를 위해 필요한 의무사항 이행 가능 여부를 반드시 확인 후 신청해야 한다.

<그림 18>은 '23년 예비창업패키지 지원사업의 신청분야이다. 신청분야는 일반분야와 특화분야로 나뉘며 특화분야는 다시 여성분야와 소셜벤처분야로 나뉜다. 창업자는 본인의 아이템이 어떤 분야인지 잘 구분하고 선택해야 한다.

그림 18 ┃ 예비창업패키지 지원사업의 신청분야

□ **신청분야**

○ 일반분야와 특화분야로 구분

신청분야		분야별 설명	선정규모*
일반분야		정보·통신, 전기·전자, 기계·소재(재료), 바이오·의료(생명·식품), 에너지·자원(환경·에너지), 화학(화공·섬유), 공예·디자인 등 全 기술 분야를 지원	792명
특화분야	여성분야	혁신적인 기술창업 아이디어를 보유한 여성 예비창업자를 지원 * 여성 분야는 '여성'만 신청 가능	100명
	소셜벤처분야	사회문제 해결을 목표로 혁신기술 또는 비즈니스 모델을 통해 수익을 추구하는 소셜벤처 기업을 창업하려는 예비창업자를 지원 * 소셜벤처 분야는 창업 후 3개월이 속한 월말(협약기간 이내)까지 '소셜벤처기업' 판별을 충족하지 못할 경우 '실패' 판정	100명

신청분야를 선택하는 것은 생각보다 훨씬 더 중요하다. 신청분야에 따라서 해당 전문가로 평가위원이 배정된다. 향후 사업 신청 시 작성할 사업계획서는 결국 평가위원을 설득하기 위해 작성하는 것으로 평가위원의 전문 분야와 성향 등을 예측해야 한다.

예를 들어 창업자가 디자인 분야로 선택했다면 평가위원 중 디자인 전문가가 포함되어 있으며 디자인 관점에서 선정평가가 진행될 것이기 때문에 사업계획서 작성 시 아이템 및 문제해결 방안을 UX/UI, CMF(Color · Materials · Finish), 사용자 중심 디자인 설계, 디자인 사고 등 디자인의 관점에서 풀어나가야 한다.

특히 사업 신청 시 창업아이템이 기술간 융복합으로 인해 단일 기술 분야를 선택하기 어려울 때는 전문기술 분야에서 창업아이템(사업)과 가장 근접한 기술 분야를 선택해야 한다.

즉, 두 가지 이상의 기술 또는 서비스 분야가 융복합되는 아이템의 경우에는 어떤 기술이나 서비스가 핵심이 되는지, 그리고 강점이 있는지, 평가위원을 설득하는 논리가 잘 정리되는지 등을 판단하여 분야를 선택해야 한다.

2023년 예비창업패키지 기준으로, 선정 규모는 일반분야의 경우 792명으로 각 지역별 주관기관마다 31~32명씩 선정된다. 여성분야와 소셜벤처분야는 벤처기업협회 및 한국여성벤처협회가 주관기관으로 각 100명씩 선정되므로 아래 <그림 19>의 공고문 붙임 1의 '2023년 예비창업패키지 주관기관별 선정 규모'를 참고하기 바란다. 주관기관 선정 시 반드시 사업장 소재지 또는 거주지와 인접한 주관기관을 선택할 필요는 없다. 물론 접근성을 고려해야 하지만 지역의 특화산업 및 경쟁률 등을 감안하여 타지역 주관기관에 신청도 가능하다.

그림 19 ▎예비창업패키지 지원사업의 공고문 붙임 1_주관기관별 선정규모

붙임 1	2023년 예비창업패키지 주관기관별 선정규모

신청 분야	소재 지역	주관기관	선정규모	소재 지역	주관기관	선정규모
일반 분야	서울	건국대학교	31명	세종	고려대학교 세종산학협력단	32명
		광운대학교	32명	충북	충북창조경제혁신센터	32명
		동국대학교	31명	광주	광주창조경제혁신센터	32명
		서울과학기술대학교	32명	전남	전남창조경제혁신센터	32명
		연세대학교	32명	전북	전북창조경제혁신센터	32명
	경기	경기대학교	31명	제주	제주창조경제혁신센터	31명
		서울대학교(시흥)	32명	경북	경북창조경제혁신센터	32명
		수원대학교	32명	대구	계명대학교	31명
	인천	인천대학교	32명	대구	대구창조경제혁신센터	31명
		인하대학교	32명	경남	경남창조경제혁신센터	32명
	강원	가톨릭관동대학교	31명	부산	부산창조경제혁신센터	31명
	대전	대전창조경제혁신센터	32명	울산	울산창조경제혁신센터	32명
		한밭대학교	32명			
특화 분야 (소셜 벤처)	서울	벤처기업협회	100명			
특화 분야 (여성)	서울	한국여성벤처협회	100명			

* 주관기관별 선정규모는 신청·접수 결과 등에 따라 변동될 수 있음

다음은 신청 제외 대상이다. 금융기관 등으로부터 채무불이행으로 규제 중인 자, 국세 또는 지방세 체납 중인 창업자는 공고문에 기재된 조건 예외 대상을 확인하고 조건 예외 대상에 해당된다면 이를 증빙할 수 있는 서류를 챙겨서 소명해야 한다. 아래 <그림 20>은 신청 제외 대상 1~3번이다.

그림 20 ▌예비창업패키지 지원사업의 신청 제외 대상 1~3

□ **신청 제외 대상**

① **금융기관 등으로부터 채무불이행으로 규제중인 자 (기업)**

< ① 조건 예외 대상 (사업 신청·접수 마감일 기준) >
1. 채무변제 완료 후 증빙이 가능한 자
2. 신용회복위원회 프리워크아웃 또는 개인워크아웃 제도, 새출발기금 제도를 통해 채무조정합의서를 체결한 자
3. 법원의 회생계획인가 또는 변제계획인가를 받은 자, 파산절차에서 면책결정이 확정된 자
4. 신용보증기금·기술보증기금의 '재도전·재창업 재기지원보증' 또는 중소벤처기업진흥 공단·신용회복위원회의 '재창업 자금지원'을 받은 자

② **국세 또는 지방세 체납 중인 자 (기업)**

< ② 조건 예외 대상 (사업 신청·접수 마감일 기준) >
1. 국세징수법 제105조제1항에 따라 강제징수의 유예를 받은 자 또는 지방세징수법 제105조제1항에 따라 체납처분의 유예를 받은 자
2. 국세·지방세 등의 특수채무 변제 후 증빙이 가능한 자

③ **중소기업창업지원법 시행령 제4조(창업에서 제외되는 업종)의 업종을 영위하고 있거나 영위하고자 하는 자 (지원제외 대상 업종 [붙임 3] 참조)**

신청자가 금융기관으로부터 채무를 불이행하거나 국세 또는 지방세를 체납 중인 자 (기업)는 지원 제외 대상에 해당된다. 다만 위 <그림 20>에서 조건 예외 대상에 해당되면 사업 신청이 가능하다.

공동대표 또는 각자대표로 구성된 창업기업의 경우 대표자 전원이 신청자격에 충족해야 한다. 자격요건 검토 단계에서 공동(각자)대표 전원에 대한 신성사석을 김도하며, 선정 후 신청 제외 대상으로 확인되는 경우 참여제한 및 정부지원금 환수 등의 조치를 받을 수 있다.

중소기업창업지원법 시행령 제4조의 창업에서 제외되는 업종을 영위하고 있거나 영위하고자 하는 창업자는 아래 <그림 21>의 붙임 3 지원제외 대상 업종을 참고하여 해당 여부를 판단해야 한다.

그림 21 ▌예비창업패키지 지원사업 공고문 붙임 3

| 붙임 3 | 지원제외 대상 업종 |

▶ 중소기업창업지원법 시행령 제4조(창업에서 제외되는 업종)의 업종을 영위하고 있거나 또는 영위하고자 하는 자(기업)

No	대상 업종	코드번호 세세분류
1	일반유흥주점업	56211
2	무도유흥주점업	56212
3	기타 사행시설 관리 및 운영업	91249
4	그 밖에 1~3에 준하는 업종으로서 중소벤처기업부령으로 정하는 업종	-

* 대상 업종의 세부사항은 제10차 한국표준산업분류코드(통계청, kssc.kostat.go.kr) 참고

일반적으로 창업지원사업은 일반유흥주점, 무도유흥주점, 기타 사행시설 관리 및 운영업, 그리고 이에 준하는 업종 등은 지원 대상에서 제외된다.

다음 <그림 22>는 '23년 예비창업패키지 지원사업의 신청 제외 대상 4~7번이 이어져 있다.

그림 22 ┃ 예비창업패키지 지원사업 신청 제외 대상 4~7

④ 중소벤처기업부 창업 사업화 지원사업* 중 [붙임 4]에 명시된 사업에 선정되어 협약을 체결 했던 이력이 있는 자(기업)　※ 중단 (중단처분·중도포기자) 포함

⑤ 중소벤처기업부 및 타 중앙정부·공공기관의 창업 사업화 지원사업*에 선정되어 사업을 수행 중인 자(기업) 중 '동 사업 접수마감일'을 기준으로 수행 중인 사업의 협약 잔여기간이 3개월 이상**인 경우　※ 중단 (중단처분·중도포기자) 포함

　* 창업 사업화 지원사업 : 「창업지원사업 통합공고」 내 중앙부처가 운영하는 '사업화' 유형 창업지원사업 중 창업 아이템의 사업화를 위한 시제품 제작비, 지식재산권 출원 및 등록비, 마케팅비 등 사업화에 소요되는 자금을 (예비)창업자에게 지원하는 사업
　** 수행 중인 사업의 협약기간이 '23.6.14. 이전 종료되는 경우, 동 사업 신청(지원) 가능
　※ 지자체 지원사업은 협약 시작·종료일에 관계없이 선정 가능

⑥ 중소벤처기업부 창업지원사업에 참여 제한으로 제재 중인 자 (기업)

⑦ 전담기관이 지정한 은행(신한은행) 계좌 (사업비 계좌) 개설 및 거래가 불가한 자 (기업)

　* 「특정 금융거래정보의 보고 및 이용 등에 관한 법률」 제5조의2제①항 및 가상통화 관련 자금세탁방지 가이드라인에 따라, 금융정보분석원의 신고·등록이 되지 않은 자 (블록체인 기반 암호화 자산 매매 및 중개업, 가상화폐 거래소업, 가상화폐 개발업, 가상화폐 거래소 투자 및 자문업 등)

⑧ 2023년 동 사업 주관기관의 총괄책임자, 전담/겸직인력으로 참여 중 또는 참여 예정인 자

⑨ 2023년 동 사업 예비창업자 선정을 위한 주관기관 평가위원회에 위원으로 참여하는 자

⑩ 「근로기준법」에 따라 고용노동부가 공개하는 체불사업주 명단에 포함된 자 (기업)

⑪ 「보조금 관리에 관한 법률」 제31조의2(보조사업 수행 배제 등)에 따라 수행대상에서 배제된 자 (기업)

⑫ 기타 중소벤처기업부 장관이 참여를 제한할 정당한 사유가 있다고 인정하는 자 (기업)

중소벤처기업부 창업사업화 지원사업 중 공고문의 붙임 4에 명시된 지원사업에 선정되어 협약을 체결한 이력이 있는 자는 신청 제외 대상이다.

다음 <그림 23>은 붙임 4 '중소벤처기업부 창업사업화 지원 제외 사업 목록'이다. 따라서 중소벤처기업부 창업사업화 지원 제외 사업에 한 번이라도 선정되어 협약한 이력이 있는 자는 신청 제외 대상에 해당되며, 중단 또는 중도 포기자 또한 마찬가지 이다.

그림 23 ┃ 예비창업패키지 지원사업 공고문 붙임 4

붙임 4	중소벤처기업부 창업사업화 지원 제외 사업 목록

- ○ 예비창업패키지
- ○ 창업중심대학(예비창업자)
- ○ 초기창업패키지
- ○ 창업중심대학(초기 창업기업)
- ○ 창업성공패키지(청년창업사관학교)
- ○ 글로벌창업사관학교 (사업화)
- ○ 창업도약패키지   *성장촉진 프로그램 제외
- ○ 창업중심대학(도약기 창업기업)

타 창업사업화 지원사업에 선정되어 사업의 수행 중인 자 중에서 사업 접수 마감일을 기준으로 수행 중인 사업의 협약 잔여기간이 3개월 이상인 경우 신청 제외 대상이다. 예를 들어, 2023년 예비창업패키지의 접수 마감일이 2023년 3월 15일이므로 수행 중인 사업의 협약 기간이 2023년 6월 14일 이전에 종료되는 경우에는 신청이 가능하며, 이런 경우 주관기관 담당자에게 확인해보는 것이 안전하다.

창업사업화 지원사업은 "창업지원사업 통합공고" 내 중앙부처가 운영하는 사업화 유형 및 창업지원사업 중 창업아이템의 사업화를 위한 시제품 제작비, 지식재산권 출원 및 등록비, 마케팅비 등 사업화에 소요되는 자금을 창업자에게 지원하는 사업으로 창업지원사업 통합공고는 매년 초에 창업진흥원 및 K-Start up 누리집 홈페이지에 공고되니 참고 바란다.

(초기창업패키지, 창업성공패키지 등을 수행하고 있는 창업자도 포함)R&D지원사업을 지원받고 있는 경우에는 사업 신청이 가능하다. R&D 지원사업은 창업사업화지원 사업

으로 분류하지 않기 때문에 동 사업과 중복 수행이 가능하다. 이런 경우 또한 주관기관 담당자에게 확인해보는 것이 안전하다.

신규계좌 개설이나 은행거래가 불가능할 경우 창업진흥원이 지정한 은행 계좌(사업비 계좌) 개설과 창업사업통합관리시스템을 통한 사업비 지출(회계처리)이 불가능하기 때문에 선정이 취소될 수 있다.

주관기관의 총괄책임자, 전담/겸직 인력으로 참여 중 또는 참여 예정인 자는 사업 신청이 제한된다.

고용노동부 임금체불 사업주 명단에 포함되어 있으면 사업 신청이 불가능하며, 모집공고일 기준으로 해당 유무를 확인하므로 공고일 이후 전액 변제하여도 사업 신청은 불가하다. 임금체불 사업주 해당 여부는 "고용노동부 누리집(https://www.moel.go.kr)" 에서 확인할 수 있다.

그림 24 ▏고용노동부 임금체불 사업주 해당 여부 확인 경로

과거에 예비창업패키지에 신청하여 "탈락" 통보받은 신청자는 재신청이 가능하다. 하지만 과거에 예비창업패키지에 "선정"되어 지원받은 경우 재신청이 불가능하다.

다음 <그림 25>는 예비창업패키지 지원사업 선정자의 의무와 역할이다. 예비창업 패키지의 선정자라면 반드시 지켜야 할 내용이니 반드시 숙지하고, 의무와 역할을 잘 수행할 수 있는지 창업자의 사업계획과 창업 환경을 점검해야 한다.

그림 25 ▌예비창업패키지 지원사업 선정자의 의무와 역할

□ **의무 및 역할**

   ㅇ 선정자는 「창업사업화 지원사업 통합관리지침」, 「예비창업패키지
     세부 관리기준」, 협약서 등의 사항을 준수하며, 사업 완수를 위해
     최선의 노력을 다하여야 함

   ㅇ 선성자는 사업계획서에 명시된 목표 달성을 위하여 사업계획을
     성실히 이행하여 완수하여야 함

   ㅇ 선정자는 창업진흥원과 주관기관이 요청하는 자료 제출, 점검 및
     평가 등에 성실히 응하여야 함

   ㅇ 선정자는 협약종료일로부터 5년간 이력 관리 등에 필요한 제반
     요청사항에 성실히 응하여야 함

   ㅇ 선정자는 선정된 창업아이템 관련 업종으로 협약종료일 2개월 이전
     까지 중소기업창업 지원법상의 창업 (사업자 등록)을 이행하여야 함

     - 소셜벤처 분야 선정자는 창업 후 3개월이 속한 월말(협약기간 이내)
      까지 기술보증기금을 통해 '소셜벤처 판별기준'을 충족하고, 최종
      점검 시 소셜벤처스퀘어 누리집*을 통해 '소셜벤처기업 판별결과
      통지서(판별결과 : 인정)'를 제출하여야 함

      * 소셜벤처스퀘어 누리집 : https://sv.kibo.or.kr

     - 부동산임대업을 보유한 선정자의 경우, 협약종료일 2개월 이전
      까지 이종업종 제품 및 서비스를 영위하는 법인사업자로 창업
      (사업자 등록)을 이행하여야 함

   ㅇ 선정자는 주관기관의 안내에 따라 전담·전문 멘토링을 이행하고,
     전담멘토의 사업장 현장 확인 등에 성실히 응하여야 함

     - 전담멘토는 선정자의 사업장 조성 · 임차, 근로자 근태 현황, 구입
      기자재 사용내역 등을 확인할 수 있음

   ㅇ 선정자가 법인을 설립하고자 하는 경우에는 온라인법인설립시스템
     (www.startbiz.go.kr)을 이용하여 설립하는 것을 원칙으로 함

   ㅇ 선정자는 대표자 사망, 법인전환 등 정당한 사유*를 제외하고 협약
     종료일로부터 1년 이상 창업기업을 유지하여야 함

     * **정당한 사유 예시** : 법인전환, 경영부진 (동분기 매출 60% 이상 감소), 사업자
      양도, 인수합병, 면세포기·적용 등

지원사업 선정자의 가장 중요한 의무는 창업사업화 지원사업 통합관리지침, 예비창업패키지 세부 관리기준, 협약서 등의 사항을 반드시 숙지하고 사업 운영에 문제가 없도록 지침, 규정 등을 잘 지켜야 한다.

정부지원사업은 정해진 규정과 지침이 있으며 반드시 규정과 지침을 따라서 운영해야 한다. 간혹 창업자가 규정과 지침을 모르거나, 지키지 않아서 사업 운영에 많은 어려움을 겪기도 하며 이로 인해 큰 문제가 발생하는 경우 사업비 환수 또는 사업 참여 제한을 당하기도 한다.

사업 운영에서 가장 중요한 부분 중 하나는 사업계획서에 명시된 목표 달성이다. 목표 달성은 사업 최종 평가에서 사업계획의 성실도를 평가하는 기준이기 때문이다. 따라서 사업계획서 작성 시 도전적이면서 실제로 달성이 가능한 사업 목표를 설정하는 것이 매우 중요하다.

또한 창업진흥원과 주관기관에서 요청하는 자료 제출, 점검, 및 평가, 성과 조사 등에 성실히 임해야 하며, 협약종료일 기준 5년간 이력 관리 등에 필요한 제반 요청사항에 성실히 응해야 한다.

특히, 예비창업패키지의 경우 협약종료일 2개월 전까지 반드시 사업자를 등록해야 한다. 법인 설립의 경우 온라인법인설립시스템(www.starbiz.go.kr)을 이용하여 설립하는 것이 원칙이다.

소셜벤처 분야 선정자는 창업 후 3개월이 속한 월말(협약기간 이내)까지 기술보증기금을 통해 '소셜벤처 판별기준'을 충족하고, 최종 점검 시 소셜벤처스퀘어 누리집(https://sv.kibo.or.kr)을 통해 '소셜벤처 기업 판별결과 통지서(판별결과: 인정)'를 제출해야 한다. 부동산임대업을 보유한 선정자의 경우 협약종료일 2개월 전까지 이종업종 제품 및 서비스를 영위하는 법인사업자로 사업자 등록을 이행해야 한다.

예비창업패키지 선정자는 반드시 전담·전문 멘토링을 이행하도록 되어있으며, 정당한 사유를 제외하고 협약종료일로부터 1년 이상 창업기업을 유지하여야 한다. 정당한 사유란 대표자 사망, 법인전환, 경영 부진(동 분기 매출 60% 이상 감소), 사업자 양도, 인수합병, 면세포기·적용 등으로 특별한 사유가 없는 이상 선정자는 1년 이상 창업기업을 반드시 유지해야 한다.

3) 지원내용

<그림 26>은 '23년 예비창업패키지 지원사업의 지원내용으로 선정자가 받을 수 있는 혜택이며 공고문에서 가장 중요한 내용 중 하나이다.

그림 26 ▌예비창업패키지 지원사업의 지원내용

3	지원내용

□ **협약기간** : 협약시작일로부터 8개월 이내 ('23. 5월 ~ '23. 12월 예정)

□ **지원내용** : 사업화 자금 및 주관기관이 제공하는 창업프로그램 등

구 분	지원 세부 내용		
사업화 자금	• 시제품 제작, 지재권 취득, 사업모델(BM) 개선 등에 소요되는 **사업화 자금 최대 1억원(평균 0.5억원) 지원** 　* 선정평가 결과에 따라 사업화 자금 차등 지원 　** 사업화 자금은 예비창업자의 신청금액 범위 내에서 지급 • **총사업비 = 정부지원금 100%** (대응자금 없음)		
	< 비목정의 및 기준 (세부기준 선정자 별도 안내) >		
	비목	비목 정의	집행기준
	재료비	• 사업계획서 상의 사업화를 위해 소요되는 재료 또는 원료, 데이터 등 무형재료를 구입하는 비용	한도 없음 (양산자금 사용 불가)
	외주용역비	• 자체적으로 시제품 제작을 완성할 수 없는 경우, 용역 계약을 통하여 일부 공정에 대해 외부업체에 의뢰하여 제작하고, 이에 대한 대가를 지급하는 비용	
	기계장치 (공구기구, SW 등)	• 사업화를 위해 필요한 일정 횟수 또는 반영구적으로 사용 가능한 기계 또는 설비, 비품을 구입하는 비용	
	특허권 등 무형자산 취득비	• 사업계획서 상의 창업아이템과 직접 관련있는 지식재산권 등의 출원·등록관련 비용	
	인건비	• 소속직원이 사업에 직접 참여하는 경우 근로계약에 따라 지급하는 급여 　* 대표자, 대표자와 특수관계인(민법 제777조의 친족 관계의 자)는 인건비 지급 불가	
	지급수수료	• 사업화를 위한 거래를 수행하는 대가로 요구하는 비용 (기술이전비, 학회 및 세미나 참가비, 전시회 및 박람회 참가비, 시험·인증비, 멘토링비, 기자재임차비, 사무실 임대료, 운반비 보험료, 보관료, 회계감사비, 법인설립비 등)	
	여비	• 창업기업 대표, 재직 임직원이 소재지를 벗어나 타 국가로 업무관련 출장 등의 사유로 집행하는 비용	
	교육훈련비	• 창업기업 대표, 재직 임직원이 사업화를 위해 기술 및 경영교육 이수 시 집행하는 비용	
	광고선전비	• 창업기업 제품과 기업을 홍보하기 위한 홈페이지 제작비, 홍보영상, 홍보물 제작 등의 광고 게재, 기타 마케팅에 소요되는 비용	
	창업활동비	• 창업(준비)활동에 필요한 국내 출장여비, 문헌구입, 소모품 구입비 등에 소요되는 경비	월 50만원 한도
창업 프로그램	• 주관기관의 강점과 특성을 반영하여 예비창업자를 지원하는 프로그램 제공 　* **프로그램 예시** : BM 고도화, MVP 제작 지원, 창업교육, 네트워킹 등 　* 주관기관별 창업프로그램은 '[별첨 2] 주관기관별 소개자료' 참고		

구 분	지원 세부 내용
전담·전문 멘토링	☞ **전담멘토** (6회 필수, 회당 3시간) : 창업·경영 전문가를 1:1로 매칭하여, 예비창업자 창업활동 전반에 대한 밀착지원 서비스 제공 * 선정자별 전담멘토 1인 필수 지정 ☞ **전문멘토** (4회 자율, 회당 3시간) : 주관기관의 전문가 Pool을 활용하여 기술·계약·법률·회계·노무 등 분야별 전문가 멘토링 서비스 제공

지원내용은 예비창업패키지 선정 시 지원받을 수 있는 사업화 자금과 창업프로그램이다. 지원받을 수 있는 최대 사업화 자금은 1억 원이지만 평균은 0.5억 원이며, 선정결과에 따라 차등 지원된다. 사업계획서 작성 시 0.5억 원~1억 원 한도 내에서 협약기간 내 필요한 사업비만큼 사업비 집행계획을 수립하되, 창업자가 신청한 금액을 초과하여 지급할 수 없다는 점을 감안하여 필요한 사업화 자금을 꼼꼼하게 체크하여 작성하는 것이 좋다.

실제로 창업자에게 사업화 자금은 항상 부족하다. 하지만 사업화에 필요한 자금을 기획하는 것에 익숙하지 않기 때문에 선정평가 시 사업화 자금의 적정성에서 좋은 점수를 얻지 못하기도 한다.

예비창업패키지의 경우 정부지원금 100%이기 때문에 기업부담금은 없다. 타 지원사업의 경우 기업부담금(또는 민간부담금)이 있을 수 있으므로 반드시 확인해야 한다.

사업화 자금은 ① 공고문에 명시된 비목 내에서, ② 협약 기간 내 사용이 가능한 범위에서, ③ 사업계획서에 작성된 목표를 달성에 초점을 맞추어 사업비를 기획하는 것이 가장 좋다.

사업계획서의 범위를 벗어나거나 특정 항목에 과도하게 높은 비용이 책정된 사업비 예산은 오히려 감점의 요인이 되니 참고 바란다.

사업화 자금 이외에 창업프로그램과 전담·전문 멘토링으로 구성되어 있으며, 필수사항이므로 이를 반영하여 수행계획을 수립하고 사업과의 연계성을 고려하여 사업계획서를 작성하는 것이 좋다.

4) 신청 및 접수

"역사는 반복된다." 매년 비슷한 시기에 비슷한 사업이 공고된다. 따라서 내년에 예비창업패키지를 준비하고 있는 창업자라면 올해 기공고된 예비창업패키지 공고의 신청 및 접수시기를 참고하여 미리 사업을 기획할 수 있다.

<그림 27>은 예비창업패키지 지원사업의 신청 및 접수 방법이다. 2023년 기준 신청·접수 기간은 '23년 2월 23일부터 '23년 3월 15일 16:00까지로 주말, 공휴일 포함 약 21일 정도이다. 사업계획서 작성에 익숙한 창업자라면 충분한 시간이 될 수 있지만 그렇지 않은 창업자에게는 부족한 시간이다.

그림 27 ▎예비창업패키지 지원사업 신청 및 접수 방법

| **4** | **신청 및 접수** |

□ **신청·접수 기간 :** '23. 2. 23.(목) ~ 3. 15.(수), 16:00까지

< 유의 사항 >

- 신청 마감일에는 문의 및 접속이 원활하지 않을 수 있으므로, **마감일 2~3일 이전에 'K-Startup 누리집' 가입 및 사업 신청**을 미리 진행하는 것을 권장 ("제출완료" 이후에도 신청 마감일시 전까지 수정 가능)
  * 신청·접수는 **16:00 정각에 종료** (신규 신청 불가). 단, 16:00 정각 전 1단계(약관동의) 후 신청서 작성 단계 진입 후 과제번호를 부여받은 경우, 18:00까지 작성 항목 수정 또는 사업계획서 추가 업로드 등 가능
- K-Startup 누리집 가입 시 서울신용평가정보(SCI)를 통한 실명 인증이 필요. 개명인, 외국인, 미성년자 등은 실명(개명)정보가 SCI(서울신용평가정보)에 등록되어 있지 않아 실명 확인이 불가하여 **K-startup 가입과 사업 신청에 제한되므로 유의** (해당자는 SIREN24를 통해 실명 등록 및 적용요청 필요, 최대 3일까지 소요될 수 있음)
- **'제출완료' 버튼을 클릭**해야 **접수 신청이 완료됨**
- **온라인으로만 신청이 가능**하고, 접수된 사업계획서 등 일체 내용 삭제 불가

□ **신청방법**

  ○ **K-Startup 누리집 온라인 신청·접수** (www.k-startup.go.kr)

  - 신청·접수 시, K-Startup 누리집을 통해 ①**실명인증** 및 ②**기업인증**을 실시하여야 하며, 사전에 **누리집 가입 및 실명인증 필요**

  ① **실명인증** : 서울신용평가정보(SCI)를 통한 개인 실명인증 진행 (외국인, 개명인, 미성년자 등 실명 정보가 등록되어 있지 않은 경우, 사전 실명 등록 및 적용 절차 진행 필수)
  ② **기업인증** : 공동인증서(기업용), 금융인증서, SCI기업실명인증, 국세청사업자 확인 중 택1
  ※ 온라인 사업신청과 관련한 자세한 사항은 [별첨] 사업신청 매뉴얼 참고

```
┌─────────────────── < 유 의 사 항 > ───────────────────┐
│  • 사업 신청은 반드시 신청자(예비창업자) 본인이 신청하여야 하며, 타인이 신청하는 경우 탈락 처리  │
│                                                                          │
│  • 신청자는 희망하는 1개의 주관기관을 선택                                    │
│                                                                          │
│   * 해당 주관기관에서 평가 및 사업비 관리, 창업프로그램 등 제공(접수 마감 후 변경 불가)  │
│   * 일반·특화분야 중복신청 불가                                              │
│                                                                          │
│  • 동일한 창업아이템으로 신청자를 다르게 하여 복수의 주관기관에 신청이 불가하며, 적발 시  │
│    평가 결과와 관계없이 전체 탈락 처리                                         │
└──────────────────────────────────────────────────────┘
```

신청은 K-Startup 누리집(www.k-startup.go.kr)에서 온라인으로 신청·접수해야 하며 방문 또는 우편 접수는 불가하다. 이때 중요한 사항은 K-Startup 누리집 사이트에 미리 회원가입을 하고 접수 마감일 1~2일 전에 미리 사업계획서 내용 작성 및 자료 업로드 후 신청하는 것이 좋다. 제출 완료 버튼을 누르기 전에 수정 가능하니 참고바란다. 사업 신청과 관련한 시스템 메뉴얼은 K-Startup 누리집 접속 후 고객센터에 있는 온라인 매뉴얼 탭에서 "창업사업통합정보관리시스템(PMS) 사용자 메뉴얼"을 검색하여 다운로드하면 된다. 사업 신청 전 "창업사업통합정보관리시스템(PMS) 사용자 매뉴얼" 숙지하는 것을 권장한다.

그림 28 ▎창업사업통합정보관리시스템(PMS) 사용자 매뉴얼 다운로드 경로

```
┌─────────┐   ┌──────┐   ┌──────────┐   ┌──────────┐   ┌──────────┐   ┌──────┐
│ K-Startup│ → │고객센터│ → │온라인 매뉴얼│ → │창업사업 매뉴얼│ → │시스템 매뉴얼│ → │ 매뉴얼 │
│ 사이트 접속│   │      │   │          │   │          │   │ (창업자) │   │다운로드│
└─────────┘   └──────┘   └──────────┘   └──────────┘   └──────────┘   └──────┘
```

사업의 신청·접수는 접수 마감일 16시 정각에 종료되며 반드시 제출 완료 버튼을 클릭해야 신청·접수가 완료된다. 따라서 신청자는 신청·접수 완료 후 사업 신청 완료 여부를 다시 한번 확인해보는 것이 좋다. 사업 신청 완료 여부는 K-Startup 누리집 로그인 사업 신청관리에서 확인할 수 있다. 아래 <그림 29>는 예비창업패키지 지원사업 신청 경로이다.

그림 29 ┃ 예비창업패키지 지원사업 신청 경로

최근 많이 개선 되었지만, 과거에는 마감일 당일 접수 시 서버 과부하 등으로 인한 사이트 오류가 발생하기도 했다. 신청·접수 마감일 당일, 특히 마감 시간을 얼마 남겨두지 않고 촉박하게 회원가입을 하거나 신청·접수를 하게 되면 마감 시간 내에 접수하지 못할 수 있으니 유의해야 한다. 사이트에 입력하는 내용이 생각보다 많거나 업로드 자료의 용량 초과로 인해 수정 또는 편집이 필요한 경우 신청자가 예상하는 것보다 사업 신청 시간이 오래 걸린다. 돌발 상황은 언제든지 일어날 수 있으며 대비하는 것이 좋다.

신청 시 유의사항은 반드시 점검해야 한다. 신청은 창업자 본인이 신청해야 하며 희망하는 주관기관 1개만 선택할 수 있고 접수 마감 후에는 변경 불가능하다. 주관기관을 선택할 때는 원활한 창업프로그램 및 멘토링 등 수행을 위해 접근성을 고려해야 한다. 물론 신청자의 사업장 소재지, 거주지역 이외의 주관기관을 선택할 수도 있다. 하지만 동일한 창업아이템으로 신청자를 다르게하여 복수의 주관기관에 신청할 수 없으며 적발 시 평가와 관계없이 전체 탈락 처리되니 참고 바란다.

그림 30 ▌ 예비창업패키지 지원사업 제출서류

□ **제출서류**

　ㅇ **사업계획서 1부** [별첨 1] 양식)

　　* 반드시 동 사업의 사업계획서 양식을 활용(그 외 양식 제출 시 평가대상에서 제외)

　ㅇ **기타 제출서류 각 1부** (해당 시, [별첨 1]의 '증빙서류 제출목록 안내' 참고)

검토항목		제출서류	제출 방법	비고
① 사업신청서		- 제출 불필요	온라인 입력	-
② 사업계획서		- [별첨 1] 양식 활용	파일 첨부	용량 제한 30MB
③ 가점 증빙 서류	• 그린뉴딜 분야 창업 예정자	- 제출 불필요	증빙서류 제출 불필요	
	• 창업프리스쿨 최우수 판정자	- 최우수 판정 상장 사본	사업계획서에 제출서류 첨부	
	• 정부주관 전국규모 창업경진대회 수상자	- 수상 증빙(상장·공문 등)		
④ 부동산임대업 보유자 증빙서류		- 사업자등록증 - 4대 사회보험 가입자 명부		
⑤ 서류평가 면제 적용 증빙서류	• 혁신창업스쿨 2단계 수료자	- 제출 불필요 (창업진흥원에서 일괄 확인)	증빙서류 제출 불필요	
	• 도전! K-스타트업 왕중왕전 진출자			

　* 가점 증빙서류는 **사업 신청 시 제출**, 미제출 시 가점 불인정(가점은 서류평가에만 적용)

5　평가 및 선정

□ **평가 절차 :** 총 2단계 평가 (서류 → 발표)를 통해 최종 선정

　* 선정평가 일정, 단계별 평가 결과 등은 신청 시 **선택한 주관기관**에서 안내 예정

　위 <그림 30>은 '23년 예비창업패키지 지원사업의 제출서류이며, ① 사업신청서, ② 사업계획서, ③ 가점 증빙서류, ④ 부동산임대업 보유자 증빙서류, ⑤ 서류평가 면제 적용 증빙서류가 있다.

　① 사업신청서는 K−Startup 누리집(www.k−startup.go.kr)에 온라인으로 입력하는 신청서이며, ② 사업계획서는 예비창업패키지 선정의 당락을 결정짓는 가장 중요한 제출서류로 공고문에 첨부된 별첨 1의 양식으로 반드시 정해진 양식을 사용하여 작성 후 제출해야 한다. 사업계획서 작성 방법은 2장 '예비창업패키지 사업계획서 실전 작성 팁'에서 상세히 설명할 것이다.

　③ 가점 대상은 그린뉴딜분야 창업예정자, 창업프리스쿨 최우수 판정자, 정부주관 전국규모 창업경진대회 수상자로, 해당 시 가점을 받을 수 있으며 가점 증빙서류는 이

를 증빙하는 것으로 제출서류 항목과 제출 방법을 참고 바란다.

④ 부동산임대업 보유자 증빙서류는 공고문 확인 후 해당 시 제출해야 하며 ⑤ 서류평가 면제 적용 증빙서류는 혁신창업스쿨 2단계 수료자와 도전! K-스타트업 왕중왕전 진출자로 창업진흥원에서 일괄 확인이 가능하므로 제출이 불필요하다.

서류평가 면제 대상자라도 반드시 온라인 사업 신청·접수를 완료해야 하며 모집 공고문의 신청 자격을 모두 충족해야 한다.

제출 방법에서 "사업계획서에 제출서류 첨부"인 서류는 사업계획서 양식 마지막에 이미지를 스캔하여 삽입할 수 있는 부분이 있으니 사업계획서에 첨부하여 제출해야 한다.

5) 평가 및 선정

<그림 31>은 '23년 예비창업패키지 지원사업의 평가 절차이다. 예비창업패키지의 세부적인 평가 절차는 ① 요건검토 → ② 서류평가 → ③ 사전면담 → ④ 발표평가

그림 31 ▍예비창업패키지 지원사업 평가 절차

5	평가 및 선정

□ **평가 절차** : 총 2단계 평가(서류 → 발표)를 통해 최종 선정

　＊ 선정평가 일정, 단계별 평가 결과 등은 신청 시 **선택한 주관기관**에서 안내 예정

< 예비창업자 선정평가 절차(안) >

① 요건검토	② 서류평가	③ 사전면담	④ 발표평가	⑤ 최종 선정
자격기준 검토 및 서류평가 대상자 확정	제출된 사업계획서 서류평가 (2배수 내외 선정)	예비창업자의 창업목적, 이행 가능성 등 확인	예비창업자 발표 및 질의응답	선정 확정 및 정부지원금 심의 후 최종 공고
'23.3월 중	'23.3월 말	'23.4월 초	'23.4월 중	'23.4월 말

**신청기업의 요건검토는 창업진흥원 및 주관기관에서 상시 진행하며,
선정·협약 이후에도 신청자격 미충족 등이 확인되는 경우 탈락 처리 예정**

※ 상기 일정은 신청기업의 수 등 대내외사정에 따라 변경될 수 있음

→ ⑤ 최종 선정 순으로 진행된다. 신청자는 선정평가 절차를 이해하고 평가 절차별 선정의 기준이 되는 사항들을 인지하고 서류 제출 및 평가를 준비해야 한다.

2023년 예비창업패키지 기준으로 평가 절차를 살펴보면 '23년 3월 15일 사업신청서 접수 완료 후 3월 중 요건검토를 주관기관 담당자가 진행한다. 요건검토는 공고문에 명시된 신청요건에 충족하였는지를 확인하는 절차이다. 즉, 신청요건에 충족된다면 요건검토에서 탈락하지 않는다.

요건검토 완료 후 주관기관에서 서류평가를 위한 평가위원 선정 후 3월 말에 서류평가를 진행한다. 서류평가는 요건심사와 달리 평가위원이 평가한다. 예비창업패키지 평가위원에 대한 설명은 다음 장에서 자세히 설명하고자 한다.

서류평가는 최종 선정 인원의 2배수 내외로 선정된다. 즉 예비창업자가 신청한 주관기관의 선정 인원이 32명일 때 서류심사 통과자는 약 60~64명 정도가 선정된다. 서류평가에서 선정 인원이 정해졌기 때문에 신청자가 많으면 그만큼 경쟁률이 높으며 대내외 사정에 따라 선정 인원은 변경될 수 있다.

아래 <그림 32>는 '23년 예비창업패키지 지원사업의 평가 방법에서 요건검토와 서류평가 방법이다.

그림 32 ▎ 예비창업패키지 지원사업 평가 방법 ①~②

□ **평가 방법**

① **요건검토** : 사업계획서, 증빙서류 등을 확인하여 신청자격 등 검토

② **서류평가** : 사업계획서를 평가(가점 포함)하여 선정 규모의 2배수 내외를 고득점순으로 선발, 발표평가 대상자로 선정

- 서류평가 면제 대상일지라도, 사업 신청·접수를 완료하여야 하며, 공고문상의 신청자격 등을 충족하여야 함

< 서류평가 가점 및 면제 대상 >

구분	대상자	점수	비고 (제출서류 등)
가점 (최대 3점)	• 창업프리스쿨 최우수 판정자 - 최우수 판정을 받은 아이템과 핵심요소가 동일한 경우에 한함	1점	최우수 판정 상장 사본
	• 공고일 기준 최근 2년 이내('21.2.24~'23.2.23) 정부 주관 전국규모 창업경진대회 장관급 이상 훈격 수상자 - 다수의 수상 증빙을 제출하더라도 가점은 최대 1점	1점	입상실적 증명원 또는 상장 사본
	• 그린뉴딜 관련 분야로 창업 예정인 자 - 탄소배출 저감, 신·재생 에너지, 재활용 기술, 친환경 지식서비스 등 저탄소 녹색성장 분야 * **아이템 예시** : 스마트제조, 전기·수소차, 이차전지, 스마트 시티, 탄소 포집·활용·저장 장치 등	1점	사업계획서 내용으로 확인
서류평가 면제	• 혁신창업스쿨 2단계 수료자 - 혁신창업스쿨 최종보고서의 아이템과 핵심요소가 동일한 경우에 한함 • 도전! K-스타트업 왕중왕전 진출자		제출 불필요 (창업진흥원 확인)

* 창업경진대회 수상, 도전! K-스타트업 왕중왕전 진출자의 경우, 해당 대회에서 수상한 아이템과 예비창업패키지 신청 창업아이템의 핵심요소가 동일한 경우에 한하여 가점을 부여하며, 동일한 창업아이템으로 복수의 주관기관에 신청할 경우 전체 신청자에 대하여 탈락 처리 될 수 있으니 반드시 팀원간 협의를 통해 1명에 한하여 신청
* 증빙서류 제출목록은 2023년 예비창업패키지 사업계획서 양식 [별첨] 참조

서류평가 가점 및 면제 대상자는 반드시 체크하고 증빙서류를 제출하여 혜택을 받아야 하니 세부 사항을 잘 숙지하여 준비해야 한다.

특히, 창업경진대회 수상, 도전 K－스타트업 왕중왕전 진출자의 경우, 해당 대회에서 수상한 아이템과 예비창업패키지 아이템의 핵심 요소가 동일한 경우에만 가점을 부여한다. 또한 팀원이 여러 명인 경우 동일 창업아이템으로 복수의 주관기관에 신청할 수 없으므로 반드시 팀원 간 협의를 통해 1명이 신청하도록 한다.

3월 말에 서류평가 완료 후 서류평가 1차 합격자가 선정되면 주관기관 담당자는 1차 합격자를 대상으로 4월 초에 사전면담을 실시한다. 사전면담에서는 창업자의 창업 동기, 목적, 향후 창업 이행가능성 등을 확인한다.

아래 <그림 33>은 '23년 예비창업패키지 지원사업의 평가 방법에서 사전면담과 발표평가 방법이다.

그림 33 ▮ 예비창업패키지 지원사업 평가 방법 ③~④

③ **사전면담** : 주관기관 담당자 사전면담을 통해 창업목적, 이행 가능성(겸직 승인, 의무복무 이행 여부 등) 등을 확인하고, 면담 내용은 발표평가 시 참고자료로 활용

④ **발표평가** : 창업아이템 개발 동기, 실현 가능성 및 성장전략, 예비창업자 및 팀원의 역량 등을 종합적으로 평가

　- 발표평가는 예비창업자(동 사업 신청자)의 참석을 원칙으로 하며, 발표 및 질의응답을 통해 제품·서비스에 대해 심층 평가

　* **평가시간** : 30분 이내(발표 15~20분 이내 + 질의응답)
　** **평가방법** : 대면평가를 원칙으로 하되, 상황에 따라 온라인 평가로 운영 가능

　- 우선 선정 대상일지라도 사업 신청·접수를 완료하고 공고문상의 신청자격 등을 충족하여야 하며, 발표평가*를 참석하여야 함

　* 우선 선정 대상의 발표평가 결과는 사업비 배정을 위한 자료로 활용

구분	대상기업	비고(제출서류 등)
우선 선정	• 도전! K-스타트업 왕중왕전 대상 수상자 (우선 선정 대상자)	제출 불필요 (창업진흥원 확인)

　* 단, 도전! K-스타트업 왕중왕전에서 '대상'을 받은 아이템과 핵심요소가 동일하여야 함

사전면담은 평가에서 당락을 결정하지는 않는다. 하지만 면담의 내용은 발표평가 시 참고자료로 활용되므로 사전면담 전에 미리 창업 동기, 목적, 향후 창업 이행가능성과 아이템 기획 단계부터 사업화까지의 세부 계획 등을 미리 준비하고 잘 정리하여 면담에 임하는 것이 좋다.

주관기관 담당자는 4월 중 발표평가위원을 선정하여 서류평가 합격자를 대상으로 발표평가를 진행한다. 실제로 발표평가가 최종 선정 절차이기 때문에 신청자는 발표평가에 많은 준비를 해야 한다.

발표는 반드시 사업신청자(예비창업자)가 하는 것이 원칙이며 발표 시간은 1팀당 최대 30분 이내로 발표 15~20분, 질의응답 10~15분이며, 발표평가 전 주관기관에서 정확한 발표 및 질의응답 시간을 공지해 줄 것이다. 발표 및 질의응답 시간이 정해지면 발표 대상자는 발표평가 시간에 맞게 발표 자료를 준비해야 한다.

발표 자료는 아래 <그림 34>의 예비창업패키지 공고문의 평가지표의 세부 내용을 바탕으로 목차를 정하고 작성하는 것을 권장한다. 평가지표는 발표평가뿐만 아니라 서류평가에도 적용되니 참고 바란다.

그림 34 ┃ 예비창업패키지 지원사업 평가지표

□ **평가지표**

ο 창업 아이템의 제품·서비스에 대한 개선과제 및 방향, 성장전략, 대표자 및 기업 보유역량 등을 종합적으로 평가

* 주관기관 선정규모와 관계없이, 평가 단계별 취득점수가 60점 미만일 경우 선정 대상에서 제외

< 서류·발표 평가지표 주요 내용 >

평가항목	세부 내용
문제인식	• 창업아이템을 개발하게 된 동기(문제인식), 해결방안(필요성) 등
실현가능성	• 문제점을 해결하기 위한 개발(개선)방법, 경쟁력 확보 방안 등
성장전략	• 창업아이템의 사업화를 위한 시장진입 전략, 자금조달 방안 등
팀(기업) 구성	• 대표자 및 고용인력이 보유한(예정인) 기술역량과 노하우 등

예비창업패키지의 평가지표는 문제인식, 실현가능성, 성장전략, 팀 구성으로 되어 있으며, 이는 사업계획서 목차와 동일하다. 즉, 향후 사업계획서 작성 및 내용을 요약하고, 이를 스토리텔링하여 발표 자료를 작성해야 한다.

발표 자료를 만드는 것에 정답은 없다. 하지만 예비창업패키지의 평가지표와 사업의 특성을 고려하여야 하며, 작성된 사업계획서를 바탕으로 창업아이템과 비즈니스모델의 사업화 현황과 전략을 요약하여, 글보다는 이미지를 최대한 활용해 평가위원을 설득하기 위한 발표 자료를 만들어야 한다.

발표 자료는 PPT나 PDF 형식으로 작성하며 발표 시간(15~20분)을 준수할 수 있도록 작성한다. 물론 워드나 한글파일도 가능하지만 내용의 전달력이나 시인성은 PPT나 PDF가 더 좋다.

발표 시간이 부족하면 성의가 없어 보일 수 있고 발표 시간을 넘기면 정해진 시간 내에 평가위원에게 전달하고자 하는 내용을 다 전달할 수 없으므로 오히려 평가에 나쁜 영향을 미친다. 따라서 발표 자료 작성 후 발표 시간을 준수할 수 있도록 여러 번 발표 연습하는 것을 권장한다.

창업자가 아이템이나 사업성에 대해 하고 싶은 말이 많더라도 발표 시간은 반드시 지켜야 한다. 따라서 평가위원에게 전달하고 싶은 내용을 잘 추려서 스토리텔링하여 정해진 시간에 전달해야 한다.

선정률이 높은 예비창업자는 발표를 충분히 연습하고 평가에 들어가는 사람이다. 그리고 한 가지 Tip을 더 말하자면 반드시 예상 질문 리스트를 만들고 이에 대한 답변을 미리 준비해서 평가장에 들어가는 것을 권장한다.

예상 질문은 평가위원이 누구인가와 아이템의 특성, 사업계획서의 내용에 따라 달라질 수 있으며 질문의 범위는 창업의 동기, 문제의 제기와 해결방안에 대한 방법과 구체적인 내용, 어떻게 아이템의 사업화를 실현할 것인지, 현재까지 진행된 사항과 향후 실현 계획, 생산 계획, 비즈니스 모델 및 수익 실현 방안, 시장진입 전략과 마케팅 홍보 방안, A/S 방법, 창업 내표자와 팀 구성원의 능력 등 다양하게 생각해볼 수 있다.

주변에 전문가가 있다면 아이템과 사업계획서에 대해 조언을 받아보는 것도 괜찮고 만약 조언받을 사람이 없다면 본인이 평가위원 또는 투자자의 관점에서 아이템 기획부터 사업화 성공까지 실행하는데 의문점이나 중요한 사항을 질의응답 형식으로 작성해볼 수도 있다.

<그림 35>는 '23년 예비창업패키지 지원사업의 평가 방법에서 최종선정에 대한 내용이다.

그림 35 ┃ 예비창업패키지 지원사업 평가 방법 ⑤

⑤ **최종선정** : 발표평가 고득점자 순으로 지원대상자 선정

- 모집분야별 지원 규모 내에서 최종 지원대상자를 선정하고, 예비창업자별 정부지원금*을 배정하여 최종 확정 공고
* 선정평가 결과 및 사업비 사용계획 적정성 등을 종합 고려하여 차등 배정

- 평가위원회에서 현장 확인이 필요하다고 판단되는 자에 대해 주관 기관 혹은 전담기관이 별도 현장실사를 진행할 수 있음
* 선정평가 결과 예비창업자의 역량이 본 사업 운영목적 및 요건에 적합하지 않을 경우 선정 예정규모 보다 적게 선발할 수 있음

발표평가 결과 고득점자 기준으로 최종 선정되며 예비창업자별 지원금이 차등 배정된다.

다음 <그림 36>은 '23년 예비창업패키지 지원사업의 사업 운영 일정이다.

그림 36 ┃ 예비창업패키지 지원사업의 사업 운영 일정

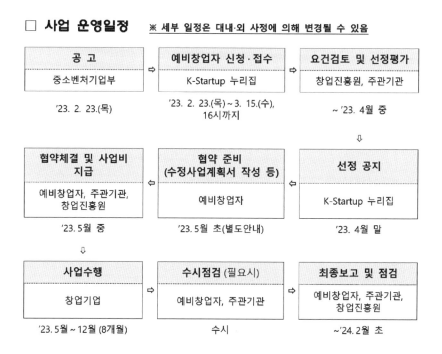

□ **사업 운영일정** ※ 세부 일정은 대내·외 사정에 의해 변경될 수 있음

공 고	예비창업자 신청·접수	요건검토 및 선정평가
중소벤처기업부	K-Startup 누리집	창업진흥원, 주관기관
'23. 2. 23.(목)	'23. 2. 23.(목) ~ 3. 15.(수), 16시까지	~ '23. 4월 중

협약체결 및 사업비 지급	협약 준비 (수정사업계획서 작성 등)	선정 공지
예비창업자, 주관기관, 창업진흥원	예비창업자	K-Startup 누리집
'23. 5월 중	'23. 5월 초(별도안내)	'23. 4월 말

사업수행	수시점검 (필요시)	최종보고 및 점검
창업기업	예비창업자, 주관기관	예비창업자, 주관기관, 창업진흥원
'23.5월 ~ 12월 (8개월)	수시	~'24. 2월 초

사업 운영 일정은 예비창업패키지의 공고부터 최종보고 및 점검까지의 일련의 사업 운영 과정과 일정, 수행 주체를 알려준다.

2023년 예비창업패키지 기준으로 설명하자면, '23년 2월 23일 공고 후 3월 15일까지 사업 신청·접수를 받고 4월 중 요건검토 및 선정평가 후 4월 말에 선정을 공지한다. 선정자는 5월 초에 협약 준비를 해야 하는데 이때 수정사업계획서를 작성 후 협약해야 한다.

수정사업계획서는 선정평가 때 평가위원이 작성한 평가 의견과 최종 확정된 사업비를 기존에 신청한 사업계획서에 수정 및 반영하여 작성한 사업계획서를 말하며 협약 시 기준이 된다.

향후 사업수행 또한 수정사업계획서를 기준으로 수행하게 되므로 매우 중요하다. 만

약 평가위원의 요구사항이 사업수행 기간 내 적용할 수 없거나 사업계획서 반영에 현실적인 어려움이 있다면 주관기관 담당자와 협의하여 수행이 가능한 범위 내에서 수정사업계획서 작성하는 것을 권장한다.

5월 중 협약이 완료되면 사업비가 지급되고 선정자는 5월부터 12월까지 약 8개월간 사업을 수행하게 된다.

필요시 주관기관에서 수시 점검을 할 수 있다. 모니터링 시 사업수행에 문제가 있다고 판단되거나 사업수행 기간이 상당히 지났음에도 사업비 지출이 거의 되지 않을 때 수시 점검하기도 한다.

2023년 예비창업패키지 기준에서 사업 운영 일정을 보면, '23년 12월 사업수행(협약) 종료 후 '24년 2월 초에 최종보고 및 점검한다. 최종보고는 선정자가 사업수행을 (수정)사업계획서 내용대로 성실히 이행하였는지, 사업 목표를 달성하였는지, 사업수행에 따른 결과물을 잘 도출하였는지, 사업비를 계획대로 잘 사용하였는지, 사업자 등록 등 필수사항을 잘 이행하였는지 등의 예비창업패키지 수행내용과 향후 사업의 방향 및 사업계획 등을 보고한다.

최종보고는 선정자가 최종보고서 작성 후 주관기관으로 제출하며, 주관기관은 평가위원회를 구성하여 서면보고와 최종보고회 발표를 통해 점검 및 평가를 수행한다. 평가를 통해 최우수, 우수, 보통으로 평가 결과가 나누어진다. 만약 최종보고에서 미흡으로 평가 결과를 받으면 정부지원금 환수 및 사업참여 제재 등을 받을 수 있으니 선정 후 성실하게 사업을 수행해야 한다.

또한 최종보고 단계에서 사업비 정산 절차도 이루어지는데 예비창업패키지의 경우 시스템에 업로드된 사업비 사용 증빙서류를 주관기관에서 검토 및 취합하여 지정된 회계 법인에 사업비 정산을 의뢰 및 진행한다.

6) 유의사항

'23년 예비창업패키지 지원사업의 유의사항은 관련 법령에 따른 유의사항, 신청 시 유의사항, 평가 중 유의사항, 선정 후 유의사항으로 구분된다. <그림 37>은 '23년 예비창업패키지 지원사업의 관련 법령에 따른 유의사항이다.

그림 37 ▌예비창업패키지 지원사업 신청 시 법령에 따른 유의사항

6 유의사항

창업지원사업에 신청하는 자는 관련 법령에 따라 다음 사항에 유의하여야 합니다.

① 동 사업은 창업활동에 필요한 사항을 정부가 지원하는 사업으로, 다른 용도의 사업비 사용 또는 거짓 신청, 부정한 방법으로 정부지원금을 지원받은 경우 "형법", "공공재정 부정청구 금지 및 부정이익 환수 등에 관한 법률", "보조금 관리에 관한 법률", "창업사업화지원사업 통합관리지침" 등에 따라 **형사처벌 또는 정부지원금 전액 환수 및 창업사업화 지원사업 참여제한** 등의 대상이 될 수 있습니다.

② 동 사업비의 부정수급을 행할 경우 **부정 사용금액을 포함하여 반환금액의 최대 5배 수준의 제재부가금이 부과**될 수 있습니다.

③ 사업계획서 등을 타인이 대신 작성하여 제출하는 경우, 작성자(대필자)와 신청자 (대표자, 창업기업) 등 관련자 전원이 **사기 또는 업무방해죄 등으로 처벌**될 수 있습니다.

④ 중소벤처기업부는 "국고보조금 통합관리지침" 제32조, "공공재정 부정청구 금지 및 부정이익 환수 등에 관한 법률"에 따라 고의, 거짓 등의 방법으로 부정수급을 행한 사실이 있다고 사료되는 경우 **해당자를 고발 조치** 할 수 있습니다.

관련 법령에 따른 유의사항은 사업비의 부정수급 및 사용과 사업계획서 대리 작성 등에 대한 사항으로 신청자는 반드시 위 내용을 숙지하고 법령을 준수하여 처분 받는 일이 없도록 한다.

특히 사업비의 부정수급 및 사용의 경우 형사처벌, 정부지원금 환수 및 최대 5배 수준의 제재부가금 부과, 지원사업 참여 제한 등의 처분을 받을 수 있으므로 반드시 사업계획서에 기재된 사업비 지출항목과 예산을 사용하도록 하며 사업 수행 중 사업비 예산 변경이 필요한 경우 주관기관 담당자와 협의 후 협약 변경 절차를 거쳐 사용하도록 한다.

아래 <그림 38>은 '23년 예비창업패키지 지원사업의 신청 시 유의사항이다. 예비창업패키지 지원사업 신청은 반드시 창업자 본인(창업기업 대표자) ID로 해야 하며, 창업팀을 구성하여 신청하는 경우에도 대표자가 신청해야 한다. 업무 담당자의 ID나 팀원의 ID로 신청하면 사업신청자와 사업계획서 등 제출 서류상의 신청자가 일치하지 않기 때문에 평가대상에서 제외, 탈락 처리되거나 추후 발견 시 선정 및 협약이 취소될 수 있다. 과제 선정 후 대표자 변경이 매우 어려우므로 신중해야 한다.

그림 38 ▎예비창업패키지 지원사업 신청 시 유의사항

□ 신청 시 유의사항

○ 동 사업은 신청한 창업아이템으로 창업(사업자등록) 예정인 당사자가 신청하여야 하며, 동 사업 신청자가 사업계획서 등 제출서류 상의 신청자와 일치하지 않을 경우 평가대상 제외 및 탈락처리 되거나 추후 발견 시 선정 및 협약 취소될 수 있음

○ 고의 또는 과실로 창업사업화 지원사업에 선정된 타인의 사업계획서를 모방·표절하거나 도용하여 신청하는 경우, 중소벤처기업부(창업진흥원 등) 창업사업화 지원사업에 3년간 참여 불가 및 사업비 전액 환수 등의 제재조치가 취해질 수 있음

　* 합의하에 공동 작성한 동일·유사 사업계획서로 선정된 경우일지라도, 공동작성자 모두 타인의 사업계획서를 모방·표절하거나 도용하여 신청함으로 판단하여 동일하게 평가대상 제외, 선정취소, 참여제한 등 제재를 받을 수 있음

　* 동일·유사 여부의 판단은 본 공고에 따른 신청에만 국한되지 않고 창업진흥원이 수행하는 모든 창업지원사업에 제출된 사업계획서를 대상으로 함

○ 동 사업 신청자가 공고문 및 관련규정 등에 위배되거나, 참여신청서 및 사업계획서 내용을 허위 기재, 도용, 누락한 경우 평가대상에서 제외될 수 있음

○ '23년도 중소벤처기업부 및 타 중앙정부·공공기관의 창업 사업화 지원사업과 동시 수행(협약체결) 불가

　* (주의) 2개 이상 사업의 모집공고 기간이 겹쳐 중복 선정되는 경우, 반드시 1개의 사업을 선택하여야 하며, 최초 협약을 체결한 1개의 사업만 수행 가능

○ 신청 제한시간까지 사업 신청 완료자에 한하여 평가에 참여 가능

신청자가 타인의 사업계획서를 모방, 표절, 도용하는 경우 창업사업화 지원사업에 3년간 참여 불가 및 사업비 전액 환수 등의 제재조치가 취해질 수 있으며 허위기재, 도용, 누락한 경우 평가대상에서 제외될 수 있으니 유의해야 한다. 또한 사업화 지원사업에 공고문 및 관련 규정 등을 위배하는 경우 또한 평가 제외될 수 있으니 유의해야 한다.

중소벤처기업부 및 타 중앙정부·공공기관의 창업사업화 지원사업은 동시에 수행이 불가능하다. 공고문에 명시되어 있듯이 모집 기간이 겹쳐 중복선정이 되는 경우 반드시 1개의 사업을 선택해야 하며 최초 협약 체결한 1개의 사업수행만 가능하다.

예비창업패키지 지원사업을 수행한다고 해서 모든 사업을 중복해서 할 수 없는 것은 아니다. 지자체의 일부 사업 또는 R&D 사업의 경우 중복해서 할 수 있다. 따라서 과제 신청 전에 미리 주관기관 담당자 또는 해당 과제 담당자에게 확인 후 신청하는 것이 안전하다.

앞서 언급했지만 신청 제한 시간까지 사업 신청 완료자에 한하여 평가 참여가 가능하다. 따라서 신청 마감일 보다 2~3일 전에 사이트 회원가입 완료 및 기본사항 입력 후 1~2일 먼저 신청·접수하는 것을 권장한다.

아래 <그림 39>는 '23년 예비창업패키지 지원사업의 평가 중 유의사항이다.

그림 39 ▮ 예비창업패키지 지원사업 평가 중 유의사항

□ **평가 중 유의사항**

○ 증빙서류 미제출 등의 사유로 인한 신청자격 확인 불가 시 평가
   대상에서 제외하며, 가점 관련 증빙서류를 신청시 미제출할 경우
   가점 부여 대상에서 제외함

○ 전 평가과정에 신청한 예비창업자가 직접 참여하여야 하고, 불참
   시 선정대상에서 제외

○ 평가 단계별 결과에 대한 이의신청은 결과통보일로부터 7일 이내
   (통보일 기산, 휴일 포함) 1회에 한하여 평가운영 주관기관에 신청 가능

○ 주관기관은 평가과정의 공정성 등을 확인하기 위하여 신청자 동의
   하에 발표평가 전 과정을 녹음 또는 녹화할 수 있음

온라인 서류 제출 시 신청자(대표자)가 신청 자격 증빙 사항 및 가점 관련 증빙서류
를 제출해야 하며 사전면담과 발표평가 시에도 신청자가 직접 참여하여야 한다. 또한
평가 결과에 이의가 있을 경우 결과통보일로부터 7일 이내 1회에 한하여 이의 신청이
가능하다. 하지만 이의 신청은 확실한 사유가 있지 않은 이상 쉽게 받아들여지지 않으
니 참고 바란다.

아래 <그림 40>은 '23년 예비창업패키지 지원사업의 선정 후 유의사항이다.

그림 40 ▮ 예비창업패키지 지원사업 선정 후 유의사항

□ **선정 후 유의사항**

○ 동 사업에 선정된 자가 공고문 및 관련 규정에 위배되거나, 사업
   계획서의 내용을 허위 기재 또는 누락이 확인된 경우, 선정 또는
   협약 취소, 중소벤처기업부 창업지원사업 참여제한 및 정부지원금
   환수 등의 조치를 받을 수 있음

○ 선정자는 동 공고문 및 「창업사업화 지원사업 통합관리지침」, 「동 사업 세부 관리기준」, 전담·주관기관의 안내자료를 준수하여야 하며, 이를 미숙지하여 발생하는 불이익 및 그에 따른 책임은 동 사업을 신청한 선정자에게 있음

○ 선정 이후라도 선정자에 대한 신청자격 및 사업계획의 유사성 등을 재확인하여 요건 불충족 사항이 확인되는 경우 선정 또는 협약 취소, 사업비 환수 및 참여제한 등의 제재가 있을 수 있음

○ 정부지원금은 협약 후 분할하여 지급될수 있으며 '창업사업통합 정보관리시스템'을 통해 총 사업비가 관리·운영됨

○ 동 사업의 수시·최종 점검 결과에 따라 창업기업 사업지원 중단 또는 동 사업의 정부지원금 환수 조치가 취해질 수 있음

○ 협약기간 내 대표자 변경 시 협약취소 등 제재조치가 있을 수 있음

○ 협약기간 중 대표자와의 연락두절 기간이 2주 이상 유지되어 부재가 발생하는 경우, 관련 지침에 따라 사업선정 취소 또는 협약 해약, 제재 및 환수조치 될 수 있음

○ 창업진흥원과 주관기관은 선정된 예비창업자의 사업비 횡령, 편취 등 용도 외 사업비 집행으로 인한 환수조치 발생 시, 채권추심 등의 행위를 취할 수 있음

○ 선정자는 창업진흥원이 지정한 은행 계좌 (사업비계좌) 개설 및 창업 사업통합관리시스템을 통한 사업비 지출 (회계처리)이 가능하여야 함
   * 지정 은행(신한은행)의 계좌개설 및 거래가 불가한 자의 경우 선정이 취소될 수 있음

○ 「특정 금융거래정보의 보고 및 이용 등에 관한 법률」 제5조의2 ①항 및 가상통화 관련 자금세탁 방지 가이드라인에 따라, 금융회사로부터 계좌개설 불가 등의 금융거래 제한사항이 있는 경우 협약체결 및 사업화 지원이 불가함

사업 선정 후 가장 중요한 것은 관련 규정 및 지침을 숙지하는 것과 사업계획서 및 협약서를 바탕으로 사업을 수행하는 것이다.

통상적으로 사업 선정 후 주관기관 담당자가 관련 지침 및 매뉴얼에 대한 자료를 배포하고 알려준다. 또한 "창업사업화 지원사업 통합관리지침"과 "동 사업 세부관리지침" 등은 K-Startup 누리집(www.k-startup.go.kr) 사이트의 자료실에서 다운로드 받을 수 있으니 반드시 자료를 숙지해야 한다.

아래 <그림 41>은 K-Startup 누리집의 자료실에 공지된 내용이다. 최신 개정된 창업사업화 지원사업 통합관리지침뿐만 아니라 사업별 세부 관리지침과 교육자료 등도 공지된다. K-Startup 누리집 사이트 상위 메뉴의 고객센터 → 자료실에서 검색하면 찾을 수 있다. 또한 K-Startup 누리집 사이트 상위 메뉴의 알림마당 → 공지사항 → "통합관리지침 검색"으로 다운로드 가능하다.

그림 41 ▮ K-Startup 누리집의 자료실 공지 내용

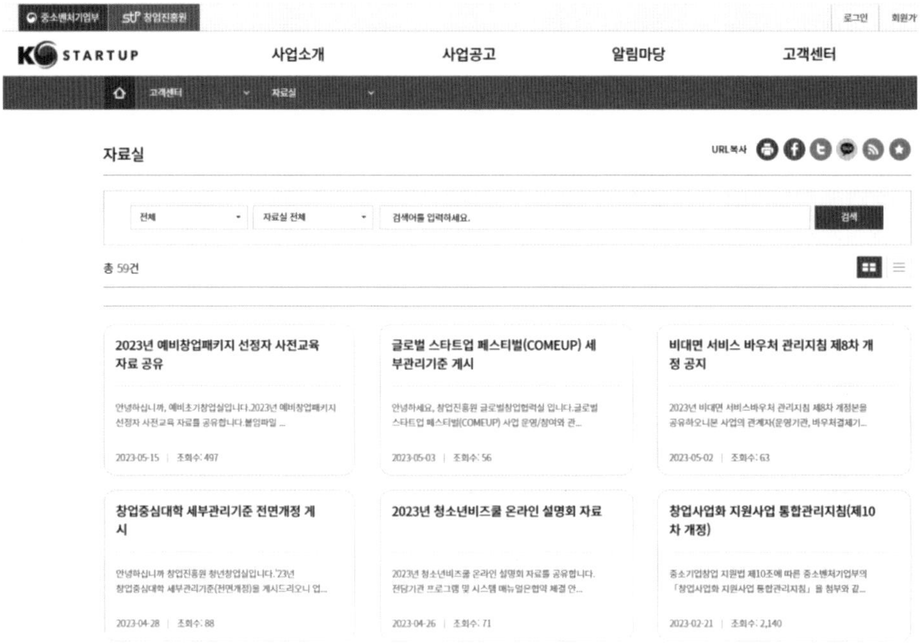

공고문, 지침, 사업세부 기준, 협약서 내용 등을 미숙지하여 발생하는 불이익과 그에 따른 책임은 사업 선정자에게 있다. 조금 번거롭고 어렵더라도 반드시 숙지하고 준수해야 한다.

사업이 선정되고 나면 협약 후 정부지원금이 지급되며, "창업사업통합정보관리시스템"을 통해 사업비가 관리 및 운영된다.

사업 선정자는 협약 체결 및 정부지원금을 지급받은 후 (수정)사업계획서를 기준으로 사업을 수행해야 한다. 즉, 사업계획서에 기재된 수행내용과 목표, 일정에 맞춰 사업을 운영하고 사업비를 지출하면 된다.

만약 사업 선정자가 불성실하게 사업을 수행하거나, 사업계획서에 기재된 내용과 전혀 다른 내용으로 사업 수행 및 사업비를 사용하게 되면 수시·최종 점검 결과에 따라 창업지원 사업의 지원 중단 또는 동 사업의 정부지원금 환수 조치가 취해줄 수 있으니 유의해야 한다.

합당한 사유 없는 대표자의 변경은 협약취소 등 제재 조치가 있을 수 있으며 협약 기간 중 대표자가 2주 이상 연락이 두절 되어 부재가 발생하는 경우 관련 지침에 따라 사업 선정 취소 및 협약 해약, 제재 및 환수 조치가 될 수 있으니, 해외 출장 등 부득이한 사정으로 장기간 연락이 어렵거나 자리를 비우는 경우 미리 주관기관의 담당자에게 알리는 것을 권장한다.

선정자는 원활한 사업비의 관리 및 지출을 위해 창업진흥원이 지정한 은행계좌(신한은행)를 개설해야 하며 창업사업통합관리시스템을 통한 사업비 지출(회계처리)이 가능해야 한다. 즉, 사업비 지출 시 신한은행 시스템이 아닌 창업사업통합관리시스템을 통해 지출해야 한다.

7) 기타사항

공고문의 기타사항은 시스템 문의와 전국의 주관기관별 담당자 연락처가 기재되어 있으니 공고문을 참고하기 바란다. 각 주관기관과 담당자 연락처는 매년 변경될 수 있다.

시스템과 관련된 문의는 국번없이 1337 중소기업통합콜센터로 문의하며, 사업별 신청 자격 및 요건 등에 관한 문의는 공고문에 기재된 유선 또는 K-Startup 상담하기 등을 통해 문의하면 된다.

그림 42 ▮ 시스템 관련 문의 방법

K-Startup 상담하기는 K-Startup 접속 후 상담하기 게시판을 통해 신청자가 직접 글을 작성하면 해당 질의 사항을 사업담당자가 직접 확인 후 답변해 준다.

그림 43 ▮ K-Startup 상담하기 경로

공고문 및 신청양식을 해석할 때 혼자만이 생각으로 짐작하여 준비하거나 서류를 작성하는 경우 동 사업 신청의 요청사항과 맞지 않아 불이익을 받거나 탈락하는 경우도 종종 발생한다. 사업 신청을 준비하면서 애매한 점이 있으면 일단 물어보는 것이 제일 좋다. 따라서 신청자는 예비창업패키지 사업 신청 준비 및 기획하면서 궁금한 점이나 문의 사항을 1357 중소기업통합콜센터, 해당 지역 또는 분야의 주관기관 담당자에게 반드시 문의 후 신청할 것을 권장한다.

또한 사업지원 내용 등 더 자세한 내용이 궁금하다면 예비창업패키지 공고문 붙임 2의 주관기관별 사업설명회 일정과 장소가 공지되어 있다. 매년 주관기관별 2회 이상 온·오프라인으로 진행되므로 사업설명회 참석하여 사전 기획에 필요한 정보를 얻는 것을 권장한다.

Ⅱ

――

예비창업패키지 사업계획서
실전 작성 팁

예비창업패키지 사업계획서 실전 작성 팁

1. 사업계획서 작성과 P-S-S-T에 대한 이해

"사업계획서로 평가위원을 설득하라"

창업자가 창업지원 사업을 신청하는 가장 큰 목적 중 하나는 사업화 자금을 획득하기 위한 것이다. 즉, 정부로부터 투자를 받는 것과 같다. 투자자를 설득하는 논리가 있듯이 창업지원 사업 또한 평가위원을 설득하는 논리가 있다. 이러한 논리를 이해하고 창업지원 사업 평가위원을 설득하는 마음으로 사업계획서를 작성해야 사업 선정 확률이 높다.

평가위원을 설득하기 위해서는 평가위원과 평가에 대한 이해가 필요하다. 사업계획서로 평가위원을 설득하기 위해서는 1) 기술성, 2) 시장성, 3) 사업성의 세 가지를 기준으로 사업계획서를 작성해야 한다.

그림 44 ▎사업계획서 작성 기준 ["기술성", "시장성", "사업성"]

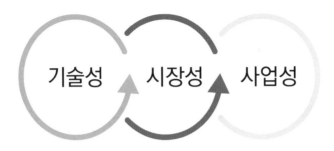

1) 기술성은 창업아이템에 적용되는 기술이 혁신적이며, 실현이 가능한가를 평가하는 것이다. 즉, 기존의 선행기술과 비교했을 때 혁신적으로 문제를 해결할 수 있으며, 현재 창업자가 보유하고 있는 기술 수준과 리소스를 활용하여 개발될 수 있는 가능성을 의미한다. 기술성 평가를 위해서 고려해야 할 사항은 다음과 같다.

① **기술 혁신성**: 아이디어 또는 창업아이템에 적용되는 기술이 기존 기술과 차별화되거나 혁신적인 요소를 가지고 있는지, 새로운 기술 또는 기술의 창의적인 활용을 통해 고객의 문제를 해결하거나 새로운 가치를 제공할 수 있는지를 판단해야 한다.

② **기술 역량**: 아이디어 또는 창업아이템의 구현을 위해 창업자(창업 팀)가 필요한 기술적 전문 지식과 경험을 보유하고 있는지 확인해야 하며, 필요한 기술이 이미 확보되어있는 경우 해당 기술의 가용성, 안정성, 확장 가능성 등을 평가하고 개발 비용, 시간 및 기술적 위험 등을 고려해야 한다.

③ **기술적 제약 사항**: 아이디어 또는 창업아이템 구현에 필요한 기술의 지식재산권, 라이선스, 법적 규제 요건 등과 특히 제조업의 경우 소재·부품 등 수급의 용이성, 양산성, 품질확보, 생산공정, 개발 투자비 등을 고려하여 실행 가능 여부를 판단해야 한다.

2) 시장성은 창업 아이템이 수요가 있는 시장에서 충분한 가치를 제공하는지를 판단하는 것으로 아이디어의 수용 가능성과 시장에서의 경쟁 환경, 타깃 고객의 요구사항을 이해하고, 아이디어의 성장이 가능한 사장에서 충분한 기회가 있는지 확인한다. 시장성 평가를 위해 고려해야 할 사항은 다음과 같다.

① **타깃 고객**: 창업아이템을 통해 해결하려는 문제를 가진 타깃 고객이 있는지 확인해야 하며, 고객 요구사항, 선호도, 행동 패턴, 구매력 등을 파악하여 아이디어 수용 가능성과 시장 세그먼트를 정의해야 한다.

② **시장 규모**: 아이템의 시장 규모와 성장 가능성을 평가해야 한다. 현재의 시장 크기, 성장률, 예상되는 향후 변화 등을 조사하여 아이템의 성장이 가능한 시장에서 충분한 기회가 있는지 확인해야 한다.

③ **경쟁 분석**: 경쟁자 또는 경쟁자의 제품이나 서비스를 비교하여 아이템의 경쟁력을 평가해야 한다. 경쟁 제품의 장단점(차별점), 가격, 마케팅 전략 등을 분석하고, 아이템의 차별화 전략을 수립해야 한다. 이때 경쟁 분석의 범위를 동일 아이템, 동종 업체만 분석하는 것이 아니라 신규 진입자와 대체재까지 포함하여 분석해야 한다.

④ **시장 동향**: 관련된 산업의 시장 동향과 전망을 파악해야 한다. 산업의 변화, 기술 발전, 소비자 형태의 변화 등을 고려하여 아이템의 시장 적응력을 평가해야 한다.

3) 사업성은 창업아이템이 경제적으로 성공할 수 있는지를 평가하는 것으로 사업의 재무적인 측면을 분석하여 수익성과 지속 가능성을 판단하는 것이 중요하다. 사업성 평가를 위해 고려해야 할 사항은 다음과 같다.

① **비즈니스 모델(BM)**: 비즈니스 모델이라 제품이나 서비스를 소비자에게 어떠한 겸로를 통해 홍보 및 유통, 판매하여 얼마만큼의 수익을 올릴 것인가의 내용을 담은 사업 계획 또는 사업 시스템을 의미한다. 특히, 사업을 통한 수익 창출 방법과 수익 모델을 명확히 정의해야 하며 제품 판매, 서비스 제공, 구독 모델 등 다

양한 수익 실현 방법을 검토하고 적합한 모델을 선정하는 것이 중요하다.

② **사업화 전략**: 창업아이템의 사업화를 위한 구체적인 개발 – 생산 – 출시 방안과 출시 후 시장진입을 위한 차별화 전략, 마케팅, 홍보, 영업 전략 등을 의미한다. 이를 위해 제품 개발 전략, 생산 전략, 인증 전략, 목표 시장 고객 확보 전략, 세부적인 수익 창출 전략, 시장 점유율 확보와 향후 시장 확대 전략 등을 수립하여야 한다.

③ **자금 소요 및 조달 방안**: 회사 설립 및 운영, 창업아이템의 사업화를 위한 초기 자본, 운영 비용, 연구개발 비용, 생산 비용, 마케팅 비용 등을 평가해야 한다. 또한 소요되는 자금과 자금 확보 방법이 무엇인지 고려해야 한다. 자금 확보 방법은 자기자본 투입, 정책자금 활용, 투자유치, 융자 등이 있다.

기술성, 시장성, 사업성은 사업계획서 평가의 핵심 요소이며 창업 아이템의 유효성과 성공 가능성을 확인하고 사업의 잠재적인 기회와 위험을 식별할 수 있는 기준이 되기 때문에 창업자는 반드시 아이템의 기술성, 시장성, 사업성을 분석하여 사업계획서를 작성해야 한다.

예비창업패키지 사업계획서는 상대적으로 경험이 부족한 예비창업자의 특성을 고려하여, 혁신적인 아이디어를 실현하고, 비즈니스 모델을 구체화하여, 사업화할 수 있는지 확인하는 것이 중요하다. 사업계획서는 창업자가 창업을 준비하거나 진행할 때, 목표 설정, 전략 수립, 고려해야 할 주안점 등을 인식할 수 있는 도구로 활용할 수 있다. 예비창업패키지 사업계획서는 이러한 사항들을 고려하여 전문가가 만든 것임을 인식하고 작성 및 활용하는 것이 좋다. 따라서, 창업자는 사업계획서의 목차와 구성에 대한 이해가 필요하다. 단순히 정부지원금을 받기 위한 평가도구의 기능뿐만 아니라 창업아이템의 기술 및 서비스에 대한 구체화 실현(기술개발, 자금 확보, 팀 구성)과 시장경쟁력, 사업화 전략 등을 점검하고 계획을 수립할 수 있다. 따라서 사업계획서 작성은 창업자에게 있어 어렵고 힘든 작업이지만 성공적인 창업으로 도약하기 위한 매우 의미 있는 작업이다.

"사업계획서 구조 P-S-S-T를 이해하라"

예비창업패키지 사업계획서는 P－S－S－T의 구조로 되어있다. P는 Problem(문제 인식), S는 Solution(실현 가능성), S는 Scale－up(성장전략), T는 Team(팀 구성)으로, 실현하고자 하는 제품 또는 서비스의 필요성, 혁신성, 이를 구체화 할 수 있는 역량을 보유하고 있는지 판단하는 요소 등으로 구성되어 있다.

Problem(문제인식)은 제품 또는 서비스의 필요성과 근거, 제품 또는 서비스에 따라 정의된 시장 및 고객의 설정과 이에 대한 적정성, 기대효과 등을 고려해야 한다. 즉, "시장에서 발생 되는 또는 해결되지 않는 문제는 무엇인가? → 어떤 시장 또는 고객에 게 문제를 해결할 수 있는 제품 또는 서비스를 제공할 필요가 있는가? → 시장 또는 고객에게 제공할 가치 또는 혜택은 무엇인가?"를 고려해야 한다.

Solution(실현 가능성)은 앞서 정의된 시장 또는 고객의 문제를 해결하기 위한 구체 적인 해결방안이 무엇인지 고려해야 한다. 특히 기술창업의 해결방안은 기술을 적용 또는 활용한 방법으로 문제를 해결해야 하며 대상 기술은 명확하게 정의되어야 한다.

Scale－up(성장전략)은 앞서 제시한 기술적 해결방안을 통해 최종 산출되는 제품 또 는 서비스의 성장 가능성이 충분한지, 전략은 적정한지 등을 고려해야 한다. 즉, 사업 화 추진 전략을 수립해야 하며 이는 구체적이고 타당해야 한다.

Team(팀 구성)은 앞서 제기한 문제를 해결할 수 있는 Solution(실현 가능성)과 Scale－up(성장전략)의 단계별 해결 방법을 실현할 수 있는 대표자, 팀원, 외부 협력의 역량을 보유하고 있는지 등을 고려해야 한다.

P－S－S－T 구조의 사업계획서는 예비창업패키지뿐만 아니라 다양한 창업지원사 업에 활용되고 있다. 따라서 P－S－S－T 구조의 사업계획서를 잘 이해하면 유사한 창 업지원사업에 활용할 수 있으니 참고 바란다.

예비창업패키지 사업계획서 P－S－T의 자세한 작성 방법에 대해서는 다음 절부터 순서대로 설명하고자 한다. 앞으로 설명할 사업계획서 양식은 기존 예비창업패키지 사업계획서에서 일부 변경된 최신 예비창업패키지 사업계획서 내용을 바탕으로 설명한다. 기존 예비창업패키지 사업계획서 대비 변경된 내용은 아래 ＜그림 45＞와 같다.

그림 45 ┃ 기존 및 변경 예비창업패키지 사업계획서 비교표(2023년 개정)

구분	기존	변경내용	비고
일반현황	-	매출, 고용, 투자유치 목표	신설
개요 (요약)	명칭, 범주	(좌 동)	용어변경
	산출물 및 개발단계	(좌 동)	
	소개	아이템 개요	
	진출 목표시장	창업 배경 및 필요성	
	경쟁사 대비 차별성	아이템 준비현황 및 실현 방안	
	산출물 및 개발단계	목표시장 및 성과 창출 계획	
	이미지	이미지	
문제인식 (Problem)	1-1. 개발 동기/추진 경과(이력)	1-1. 창업 아이템 배경 및 필요성	통합
	1-2. 개발목적	(1-1 항목으로 통합)	
	1-3. 목표시장 분석	1-2. 목표시장(고객) 현황 분석	
실현가능성 (Solution)	2-1. 아이템 개발방안/준비정도	2-1. 창업아이템 현황(준비정도)	
	2-2. 차별화 방안	2-2. 창업 아이템 실현 및 구체화 방안	통합
성장전략 (Scale-Up)	3-1. 창업아이템 사업화 방안	3-1. 창업아이템 사업화 추진전략	
	3-2. 사업 추진 일정	3-2. 생존율 제고를 위한 노력	신설
	3-3. 자금소요 및 조달계획	3-3. 사업추진일정 및 자금운용 계획	통합
팀구성 (Team)	4-1. 대표자 현황 및 보유역량	4-1. 대표자(팀) 현황 및 보유역량	통합
	4-2. 팀 현황 및 보유역량	(4-1 항목으로 통합)	
		4-2. 외부 협력 현황 및 활용 계획	강화
		4-3. 중장기 사회적 가치 도입계획	신설

변경된 예비창업패키지 사업계획서는 기존 사업계획서 기본구조 P－S－S－T를 유지하면서 전체적으로 스토리텔링이 될 수 있도록 항목의 일부 순서를 변경하였다. 작성자의 부담을 경감, 완화하기 위해 중복되는 항목 등을 통합하고, 서술내용의 자율성

을 강화하기 위해 작성 항목은 큰 틀에서만 제시하였다. 또한 전문가 자문, 현장 의견 수렴 과정을 통해 예비창업 단계에서 검증이 필요한 사항(생존 전략 등)은 일부 신규 항목으로 신설되었다.

다음은 예비창업패키지 사업계획서 양식 구성이 실제로 어떻게 되어있는지 살펴보고 사업계획서 전체 맥락을 이해하고자 한다. 아래 <그림 46>은 사업계획서에서의 작성 목차이다.

그림 46 ▌창업사업화 지원사업 사업계획서 작성 목차(예비단계)

※ 사업 신청 시, 사업계획서 작성 목차 페이지(p.1)는 삭제하여 제출

창업사업화 지원사업 사업계획서 작성 목차 [예비단계]

항목	세부항목
☐ 신청현황	- 사업 관련 상세 신청현황
☐ 일반현황	- 대표자, 팀원 등 일반현황
☐ 개요(요약)	- 창업아이템 명칭·범주 및 소개, 문제인식, 실현가능성, 성장전략, 팀구성 요약
1. 문제인식 (Problem)	**1-1. 창업아이템 배경 및 필요성** - 아이디어를 제품·서비스로 개발 또는 구체화하게 된 내부적, 외부적 동기, 목적 등 - 아이디어의 제품·서비스 개발 또는 구체화 필요성, 주요 문제점 및 해결방안 등 - 내·외부적 동기, 필요성 등에 따라 도출된 제품·서비스의 혁신성, 유망성 등 **1-2. 창업아이템 목표시장(고객) 현황 분석** - 제품·서비스로 개발 또는 구체화 필요성에 따라 정의된 목표시장(고객) 설정 - 정의된 목표시장(고객) 규모, 경쟁 강도, 기타 특성 등 주요 현황 - 제품·서비스로 개발 또는 구체화하는 경우 기대할 수 있는 효과
2. 실현가능성 (Solution)	**2-1. 창업아이템 현황(준비정도)** - 협약 기간 내 개발·구체화할 제품·서비스 준비 이력, 현황 등 - 사업 신청 시점의 제품·서비스 개발·구체화 단계(현황) 등 **2-2. 창업아이템 실현 및 구체화 방안** - 제품·서비스에 대한 개발·구체화 방안 등 - 내부 또는 외부 보유역량 기반 경쟁사 대비 제품·서비스 차별성 등
3. 성장전략 (Scale-up)	**3-1. 창업아이템 사업화 추진 전략** - 정의된 목표시장(고객) 확보, 수익 창출 등을 위한 사업화 전략 - 목표시장에 진출하기 위한 구체적인 생산·출시 방안 등 **3-2. 생존율 제고를 위한 노력** - 협약 기간 내 사업화 성과 창출 목표(매출, 투자, 고용 등) - 협약 기간 종료 후 사업 지속을 위한 전략 **3-3. 사업추진 일정 및 자금운용 계획** - 전체 사업단계 및 협약기간 내 목표와 이를 달성하기 위한 상세 추진 일정 등 - 사업 추진에 필요한 정부지원금 집행계획 등 - 정부지원금 외 투자유치 등 구체적인 계획 및 전략
4. 팀 구성 (Team)	**4-1. 대표자(팀) 보유역량** - 대표자(팀원)가 보유하고 있는 창업 아이템 실현(구체화) 및 성과 창출 역량 등 **4-2. 외부 협력기관 현황 및 활용 계획** - 외부 협력기관(대학, 공공기관, 민간기업 등) 네트워크 현황 및 세부 활용방안 등 **4-3. 중장기 사회적 가치 도입계획** - 회사 설립 시 선진적 조직문화, 환경보호 등 계획 도입 노력 등 - 지속가능한 경영을 위한 사회적 가치 실천을 위한 도입 노력 등

사업계획서는 P−S−S−T(문제인식−실현가능성−성장전략−팀 구성)의 연계성이 매우 중요하기 때문에 사업계획서 전체 맥락을 이해하는 것은 매우 중요하다. 예비창업 패키지 사업계획서는 문제인식−실현가능성−성장전략−팀 구성에 대한 세부 목차와 각 세부 목차에 작성해야 할 내용이 기재되어 있다. 이를 통해 사업계획서의 전반적인 흐름을 파악할 수 있다. 사업계획서 제출 시 간혹 사업계획서 양식에 첨부된 <그림 46>의 작성 목차를 그대로 제출하는 경우가 있으나 원활한 사업계획서 평가를 위해 반드시 삭제 후 제출해야 한다.

아래 <그림 47>은 사업계획서의 맨 앞에 기재된 유의사항이다. 사업계획서에 파란색 글씨로 유의사항과 작성 가이드 라인이 기재되어 있다. 작성 완료 후 사업계획서 제출 시 파란색으로 작성된 가이드라인은 모두 삭제 후 제출해야 한다.

그림 47 ▮ 창업사업화 지원사업 사업계획서 작성 전 유의사항

창업사업화 지원사업 사업계획서 [예비단계]

※ 사업계획서는 목차(1페이지)를 제외하고 15페이지 이내로 작성(증빙서류는 제한 없음)
※ 사업계획서 양식은 변경·삭제할 수 없으며, 추가설명을 위한 이미지(사진), 표 등은 삽입 가능
   (표 안의 행은 추가 가능하며, 해당 없을 시 공란을 유지)
※ 본문 내 '파란색 글씨로 작성된 안내 문구'는 삭제하고 검정 글씨로 작성하여 제출
※ 대표자·직원 성명, 성별, 생년월일, 대학교(원)명 및 소재지, 직장명 등의 개인정보(또는 유추 가능한 정보)는 반드시 제외하거나 'O', '*' 등으로 마스킹하여 작성
   [학력] (전문)학·석·박사, 학과·전공 등, [직장] 직업, 주요 수행업무 등만 작성 가능

사업계획서에 맨 앞에 있는 작성 전 유의사항은 사업계획서 작성에 있어 전반적인 가이드라인이며 내용은 다음과 같다.

첫 번째, 사업계획서는 목차를 제외하고 15페이지 이내로 작성해야 하며 증빙서류는 페이지 제한이 없다. 사업계획서 작성 분량이 적으면 평가위원이 사업 내용을 이해하는데 어렵거나 성의가 없다고 느낄 수 있다. 반면에 사업계획서 분량이 많으면 제한된 평가 시간 내에 사업 내용을 이해하고 평가하기 어렵다. 가장 적합한 사업계획서 분량은 15페이지이다. 물론 1~2페이지 정도의 분량이 모자라거나 넘어가는 것은 괜찮다. 창업자가 작성한 사업계획서 내용의 분량이 부족한 경우 목차와 본문의 가이드

라인을 기준으로 어느 부분의 내용이 빈약한지 파악하여 보완하는 것이 좋다. 특히 앞서 분석한 공고문의 평가지표를 보면 문제 인식—실현 가능성—성장전략—팀 구성으로 평가 후 배점하며 평가지표 중 어느 하나라도 내용이 부족하거나 부실하면 해당 부분에서 좋은 점수를 받기 어렵다.

창업자가 작성한 사업계획서 내용의 분량이 많아서 페이지 수가 넘어가는 경우, 목차와 가이드라인을 기준으로 평가위원을 설득하기 위해 필수적으로 작성해야 할 내용을 제외한 나머지 부분을 삭제하여 분량을 맞추는 것이 좋다. 간혹 사업계획서를 평가하다 보면 많은 분량으로 인해 사업계획서의 핵심을 파악하기 어렵기 때문에 평가에 방해 요소가 되는 경우가 있다. 따라서 사업계획서는 15페이지 이내로 작성하고 추가로 어필한 내용이 있으면 증빙자료를 통해 어필하는 것이 좋다. 참고로 증빙자료는 페이지 제한이 없다.

두 번째, 사업계획서 양식은 변경하거나 삭제할 수 없으며, 추가 설명을 위한 이미지(사진), 표 등 삽입이 가능하다. 사업계획서에 제시된 목차는 비워두지 말고 정해진 분량 내에서 성실하게 작성해야 한다. 표 안의 행은 추가할 수 있으며, 해당 없을 시 공란을 유지하거나 "해당 없음"으로 표시하는 것이 좋다. 글씨체나 크기 등도 수정하지 말고 그대로 사용할 것을 권장한다. 간혹 15페이지 분량을 맞추기 위해서 글자 크기를 매우 작게 변경하거나 자간이나 장평 등을 좁게 변경하여 제출하는 신청자도 있다. 이런 경우 평가 시 가독성이 떨어져 오히려 악영향을 미칠 수도 있으니 유의하기 바란다.

세 번째, 본문 내 파란색 글씨로 작성된 안내 문구는 삭제하고 검정 글씨로 작성하여 제출해야 한다. 간혹 파란색 글씨를 삭제하지 않고 제출하거나 파란색 글씨 위에 그대로 사업계획서 내용을 덮어써서 사업계획서 본문을 파란색 글씨 그대로 제출하는 신청자도 있다. 이런 경우 신청자가 사업계획서 편집을 제대로 하지 않았다는 나쁜 인상을 심어줄 수 있다. 사업계획서에 있어서 편집은 매우 중요하다. 평가하는 사람에게 가독성을 높이고 신뢰감을 주기 때문이다. 오타 또한 마찬가지이다. 편집이 잘된 사업계획서와 편집이 엉망이고 오타가 많은 사업계획서 둘 중 어느 쪽이 더 읽기 쉽고 믿음이 가겠는가?

네 번째, 대표자·직원의 성명, 성별, 생년월일, 대학교(원)명 및 소재지, 직장명 등의 개인정보(또는 유추 가능한 정보)는 반드시 제외하거나 'O', '*' 등으로 마스킹하여 작성해야 한다. 다만 학력(전문학사, 학사, 석박사 등)과 학과·전공과 직업, 주요 수행업무 등 창업 아이템의 사업화 역량을 나타낼 수 있는 정보만 입력해야 한다. 간혹 실수로 개인정보나 유추 가능한 정보를 입력해서 평가 시 불이익을 당하는 경우가 있으니 제출하기 전 반드시 확인해야 한다.

아래 <그림 48>은 사업계획서의 신청현황이다. 신청현황은 주관기관명과 과제번호 작성, 신청분야, 사업분야, 기술분야 선택, 사업비 구성 및 성과 목표를 기재하도록 되어있다.

그림 48 ❙ 창업사업화 지원사업 사업계획서 신청현황

□ 신청현황

※ 정부지원금은 최대 1억원, 평균 0.5억원 한도 이내로 작성
※ 정부지원금은 평가결과에 따라 신청금액 대비 감액될 수 있으며 신청금액을 초과하여 지급될 수 없음

신청 주관기관명		주관기관명	과제번호 (사업신청내역조회)		00000000
신청 분야 (택 1)		□ 일반	□		□ 특화
사업 분야 (택 1)		□ 제조	□ 지식서비스		□ 융합
기술 분야 (택 1)		□ 공예·디자인	□ 기계·소재		□ 바이오·의료·생명
		□ 에너지·자원	□ 전기·전자		□ 정보·통신
		□ 화공·섬유			
사업비 구성계획	정부 지원금	00백만원			
주요성과 (직전년도)	고용		성과 목표 (협약기간)	고용	00명
	매출			매출	00백만원
	투자			투자	00백만원

앞서 공고문 분석에서 알려준 대로 주관기관명은 신청하고자 하는 지역이나 특화 분야에 맞도록 선택하여 작성하면 된다. 과제번호는 K-Startup 누리집 사이트에 신청·접수 시 부여되며, 온라인에서 확인 후 사업계획서 업로드 전 작성하여 제출하면 된다. 신청분야, 사업분야, 기술분야 선택의 경우 해당 전문가로 평가위원이 배정되며, 경쟁률과도 관련이 있으므로 여러 분야 또는 기술이 중복, 융합되는 창업 아이템의 경

우 신중하게 선택해야 한다.

사업비 구성계획에서 정부지원금은 최대 1억 원까지 신청할 수 있다. 선정 시 지원금은 평균 0.5억 원이지만 필요한 사업화 자금에 맞추어 꼼꼼하게 계획을 수립하여 예산을 편성하는 것을 권장한다. 평가 결과에 따라 신청금액 대비 감액될 수 있으며, 신청금액을 초과하여 지급될 수 없으니 참고 바란다.

성과 목표는 협약 기간 내 달성이 가능한 고용, 매출, 투자에 대한 목표를 작성해야한다. 목표 달성 여부는 향후 최종 보고 및 평가에서 중요한 사항이기 때문에 달성 가능한 수준으로 하되, 목표가 낮거나 보수적이면 선정평가에서 부정적인 영향을 줄 수있으므로 성과 목표는 신중하게 설정해야 한다.

아래 <그림 49>는 사업계획서의 일반현황이다. 창업아이템명, 산출물, 현재 창업자 직업, 기업(예정)명, 창업팀 구성 현황 등 창업팀 또는 창업기업의 일반현황을 작성해야 한다.

그림 49 ▌창업사업화 지원사업 사업계획서 일반현황

☐ **일반현황**

창업아이템명	*OO기술이 적용된 OO기능의(혜택을 제공하는) OO제품·서비스 등*		
산출물 (협약기간 내 목표)	*모바일 어플리케이션(O개), 웹사이트(O개)*		
	※ 협약기간 내 최종 제작·개발 완료할 최종 생산품의 형태, 수량 등 기재		
직업 (직장명 기재 불가)	*교수 / 연구원 / 사무직 / 일반인 / 대학생 등*	**기업(예정)명**	*OOOOO*
(예비)창업팀 구성 현황 (대표자 본인 제외)			
순번	직위	담당 업무	보유역량 (경력 및 학력 등)	구성 상태
1	*공동대표*	*S/W 개발 총괄*	*OO학 박사, OO학과 교수 재직(OO년)*	*완료*
2	*대리*	*홍보 및 마케팅*	*OO학 학사, OO 관련 경력(OO년 이상)*	*예정('00.0)*
...				

사업계획서의 첫인상에서 가장 중요한 것은 창업아이템명이다. 위 <그림 49>에서 보는 바와같이 사업계획서 양식에는 파란색으로 "00기술이 적용된 00기능의(혜택을 제공하는) 00제품·서비스 등"으로 창업아이템명에 대한 예시를 제시해준다. 창업아이템명에 기술, 기능, 성능, 적용 대상, 목적 등을 표현함으로써 아이템명을 처음 보는 사람들이 쉽게 이해할 수 있도록 작명하는 것이 좋다. 예를 들어 "장수명 LED"보다 "3,000시간 이상 사용이 가능한 가정용 장수명 LED"가 더 이해하기 쉽다. 간혹 창업자 본인만 알 수 있는 독특한 이름으로 작명하는 경우가 있는데 이는 사업계획서의 좋은 첫인상을 남기는데 방해 요소가 될 수 있다.

산출물은 협약 기간(약 8개월) 동안 본 과제를 통해 수행하여 최종 제작·개발 완료할 결과물의 형태, 수량 등을 정량적으로 작성해야 한다. 즉, 창업아이템의 사업화와 관련하여 8개월 이내 산출될 수 있는 결과물이어야 한다.

예비창업패키지의 경우 블라인드 평가이기 때문에 창업자가 누구인지 추측이나 유추 가능한 정보는 기재할 수 없다. 따라서 직업란에 직장명은 기재 불가이다. 창업팀 구성 현황은 담당업무와 보유역량을 바탕으로 작성하고 신청일 기준 채용 또는 합류 전이라도 예정으로 작성하면 된다.

아래 <그림 50>은 사업계획서의 창업아이템 개요이며, 제품 및 서비스에 대한 개요, 사업화 추진 배경 및 목적, 실현 방안, 성장전략 등을 종합적으로 작성해야 한다.

그림 50 ▌창업사업화 지원사업 사업계획서 창업아이템 개요

□ 창업아이템 개요(요약)

명 칭	※ 예시1 : 게토레이 예시2 : Windows 예시3 : 알파고	범 주	※ 예시1 : 스포츠음료 예시2 : OS(운영체계) 예시3: 인공지능프로그램
아이템 개요	※ 본 지원사업을 통해 개발 또는 구체화하고자 하는 제품·서비스 개요 　(사용 용도, 사양, 가격 등), 핵심 기능·성능, 고객 제공 혜택 등 ※ 예시 : 가벼움(고객 제공 혜택)을 위해서 용량을 줄이는 재료(핵심 기능)을 사용		
배경 및 필요성 (문제인식, 팀구성)	※ 제품·서비스 개발 또는 구체화 필요성과 해결방안, 주요 목적 등 ※ 제품·서비스 목표시장(고객) 설정, 목표시장(고객) 현황, 요구사항 분석		
현황 및 구체화 방안 (실현가능성)	※ 사업참여 이전 창업, 아이템 개발 또는 구체화 준비 현황 등 ※ 협약기간 내 개발 또는 구체화 예정인 최종 산출물(형태, 수량 등) ※ 대표자, 팀원, 외부 협력기관 등 역량 활용 계획 등		
목표시장 및 사업화 전략 (성장전략)	※ 본 사업 참여 시 개발 또는 구체화할 아이템의 수익화 모델(비즈니스 모델) ※ 목표시장(고객) 확보 및 사업화 성과 창출 전략 ※ 경쟁제품·서비스 대비 자사 제품·서비스의 차별성, 경쟁력(보유역량) 등		
이미지	※ 아이템의 특징을 나타낼 수 있는 참고 사진(이미지)·설계도 등 삽입(해당 시) < 사진(이미지) 또는 설계도 제목 >		※ 아이템의 특징을 나타낼 수 있는 참고 사진(이미지)·설계도 등 삽입(해당 시) < 사진(이미지) 또는 설계도 제목 >

창업아이템 개요는 1페이지로 작성하는 것이 좋다. 즉, 1페이지에 창업아이템과 사업화 내용을 평가위원에게 이해시켜야 한다. 명칭과 범주, 아이템 개요 → 배경 및 필요성(문제인식, 팀 구성) → 현황 및 구체화 방안(실현 가능성) → 목표 시장 및 사업화 전략의 순서로 작성해야 한다. 맨 마지막에 이미지를 삽입하는 칸이 있으니 창업아이템 이해에 필요한 이미지를 삽입하면 된다.

명칭과 범주에서 명칭은 창업자가 고려한 컨셉을 포함하고, 범주는 소비자의 사용 목적이 동일한 제품의 집합을 의미한다. 예를 들면 "Windows"는 제품 명칭이고, 제품 범주는 "OS(운영체계)", "알파고"는 서비스명이고, 제품 범주는 "인공지능 프로그램"이다.

창업아이템 개요의 각 항목에 파란색으로 표시된 자세한 작성 가이드가 있다. 창업아이템 개요를 잘 작성하는 방법은 파란색 작성 가이드를 충분히 인지하고 가이드에서 제시하는 항목마다 1~2문장으로 압축하여 작성해야 한다. 자세한 설명은 사업계획서 본문에 작성할 수 있으니 군더더기는 빼는 것이 좋다.

"아이템 개요"에는 제품 또는 서비스의 개요와 핵심 기능을 간략히 작성하며, "배경 및 필요성"은 사업계획서 본문 내 문제인식(P)과 팀 구성(T)을 요약하여 작성한다. "현황 및 구체화 방안"은 사업계획서 본문 내 실현 가능성(S)을 요약하여 작성하고, "목표 시장 및 사업화 전략"은 사업계획서 본문 내 성장전략(S)을 요약하여 작성하면 된다.

창업아이템 개요는 작성자의 성향에 따라 사업계획서 본문 작성 전에 작성할 수도 있고 사업계획서 본문 작성 후 마지막에 작성할 수도 있다. 언제 작성해야 하는지에 대한 정답은 없다. 다만 필자의 경험에 의하면 창업아이템 개요는 사업계획서 본문 작성 후 이를 요약하여 마지막에 작성하면 전체적인 내용 정리에 더 유리한 측면이 있다.

2. Problem(문제인식) 작성 팁

문제인식을 작성하는 목적은 창업자가 인식하고 있는 시장 또는 고객의 문제와 애로사항이 무엇인지를 정의하고 이를 해결하기 위한 기술적 해결방안을 제시함으로써 시장 또는 고객에게 제공할 가치를 정의하기 위해서이다.

사업계획서 본문 1. 문제인식은 1-1. 창업아이템 배경 및 필요성과 1-2. 창업아이템 목표시장(고객) 현황 분석으로 구성되어 있다. 아래 <그림 51>은 1. 문제인식의 1-1. 창업아이템 배경 및 필요성 양식이다.

그림 51 ▌1. 문제인식의 1-1. 창업아이템 배경 및 필요성

1. 문제인식 (Problem)

1-1. 창업아이템 배경 및 필요성

※ 창업 아이템(제품, 서비스 등)을 개발(구체화) 배경과 이를 뒷받침할 근거, 동기 등을 제시
 ①외부적 배경 및 동기(예 : 사회·경제·기술적 관점, 국내·외 시장의 문제점·기회 등),
 ②내부적 배경 및 동기(예 : 대표자 경험, 가치관, 비전 등의 관점)
※ 배경 및 필요성에서 발견한 문제점과 해결방안, 필요성, 개발(구체화)하려는 목적 기재
※ 제품·서비스의 필요성에 대한 문제를 인식하고, 해당 제품·서비스 개발을 위해 본 사업에
 신청하기 전 기획, 추진한 경과(이력) 추진 목적(해결방안) 등에 대해 기재

○

-

-

1-1. 창업아이템 배경 및 필요성에는 창업아이템 개발이 필요한 이유와 동기, 근거 등을 외부적 배경 및 동기와 내부적 배경 및 동기로 구분하여 작성한다. 외부적 배경 및 동기는 사회, 경제, 시장, 기술적 관점에서 발생하는 문제의 해결 혹은 기회 요인 발견을 통해 사업화하고자 하는 배경과 동기를 작성한다. 내부적 배경 및 동기는 창업

자(대표자)의 경험, 가치관, 비전 등의 관점에서 작성한다.

외부적 배경 및 동기의 작성에서 중요한 점은 사회, 경제, 시장, 기술적 관점에서 발생하는 문제 또는 기회에 대한 객관적인 근거를 바탕으로 평가위원을 설득해야 한다. 내부적 배경 및 동기의 작성에서 중요한 점은 창업자의 경험, 가치관, 비전 등을 창업자의 주관적인 관점에서 작성하지만, 글을 읽는 사람, 즉, 평가위원이 공감을 이끌이 최대한 설득하는데 초점을 맞추어야 한다.

문제점을 제시할 때는 반드시 사회, 경제, 시장, 기술적 관점에서 객관적인 데이터 및 근거(문제에 대한 통계 및 분석자료 등)를 제시해야 한다. 이를 제시하지 못하면 창업자가 인지한 문제점에 대해 평가위원을 설득하기 어렵다. 문제점을 제시할 때는 정확한 숫자, 정량적 데이터 등을 제시하는 것이 매우 중요하다. 문제의 해결방법을 제시할 때에는 반드시 기술을 활용한 제품 또는 서비스를 통한 해결방법을 제시해야 한다. 간혹 창업자들 중에서 해결방법을 제시할 때 단순히 아이디어만 제시하는 경우가 있다. 이런 경우 해결방법에 대한 구체성 결여로 인해 평가위원을 설득하는데 한계가 있다. 따라서 구체적으로 특정 기술이 적용되는 제품 또는 서비스를 통해 문제가 해결될 수 있음을 논리적으로 제시하여야 한다. 즉, 기술적 혁신성과 차별성을 명확하게 나타내야 한다.

기술이 적용되는 제품 또는 서비스에 대한 설명은 글로만 표현하는 것 보다 그림이나 사진, 이미지로 표현하면 이해도가 더 높다. 또한 사업 신청하기 전부터 창업자가 준비 또는 개발하고 있는 제품이나 서비스 개발에 대한 추진 이력과 경과, 추진 목적 등을 작성하여 기술을 적용한 제품이나 서비스의 실현 가능성을 보여주어야 한다.

다음 <그림 52>는 사업계획서 본문 1. 문제제기의 1−2. 창업아이템 목표시장(고객) 현황 분석 양식이다.

그림 52 ▌1. 문제인식의 1-2. 창업아이템 목표시장(고객) 현황 분석

1-2. 창업아이템 목표시장(고객) 현황 분석

> ※ 창업 아이템 개발 배경 및 필요성에 따라 정의된 시장(고객)에 대해 제공할 혜택(가치)와
> 그 행위(가치)를 제공할 세부 시장(고객)을 구체화
> ※ 진출하려는 시장의 <u>규모·상황 및 특성</u>, <u>경쟁 강도</u>, <u>향후 전망(성장성)</u>, <u>고객 특성</u> 등 기재
> ※ 제품·서비스 개발 및 구체화 등을 통해 기대할 수 있는 효과

　　○

　　　-

　　　-

　1-2. 창업아이템 목표시장(고객) 현황 분석은 앞서 정의된 창업아이템이 제공할 가치 또는 혜택을 전달할 시장과 고객을 구체화하여 분석하는 것이다. 목표 시장 현황 분석에는 해당 시장의 규모와 특성, 경쟁 강도, 시장 성장성, 고객 특성 등을 분석하여 작성해야 한다.

　시장의 규모는 해당 아이템에 대한 해외 및 국내 시장의 거래 금액에 대한 자료를 수집, 분석하여 작성해야 한다. 이때 자료의 출처를 반드시 밝혀야한다. 시장의 규모는 클수록 좋으며, 전체시장(Tatal Addressable Market_TAM), 유효시장(Serviceable Available Market_SAM), 수익시장(Serviceable Obtainable Market_SOM)을 잘 구분해야한다. 탐(TAM) − 샘(SAM) − 솜(SOM)은 시장규모를 측정하는 방법이다.

그림 53 ┃ 탐(TAM)-샘(SAM)-솜(SOM)

전체시장(Tatal Addressable Market_TAM)은 창업아이템 전체시장의 크기를 의미하며 전체시장의 크기를 추정하는 것은 공개된 자료와 보고서 등을 활용해서 유추 가능하므로 비교적 어렵지 않다. 하지만 예비창업패키지를 준비하는 스타트업에서 초기 생존을 위한 목표시장으로 진입하기에는 너무 큰 시장이다. 예를 들면 '가정용 소형 공기청정기' 아이템의 경우 "공기청정기" 전체시장이 TAM에 해당된다.

유효시장(Serviceable Available Market_SAM)은 창업아이템의 유효시장 규모를 추정하는 것이다. 즉, 전체시장에서 창업자가 추구하는 BM이 차지하는 비중을 의미한다. 유효시장을 추정하기 위해서는 기존에 조사된 창업아이템 전체 시장규모의 자료를 재분류하고 객관적으로 입증 할 수 있는 근거를 찾아내어야 한다. 특히 기술이나 비즈니스 모델이 여러 분야와 융합되는 경우 기존 데이터를 그대로 활용하기에 한계가 있다. 따라서 유효시장의 규모를 측정하기 위해서는 많은 노력과 창의적인 가정이 필요하다. 창업자는 유효시장을 추정하면서 비즈니스 모델을 수립할 수 있다. 앞서 설명한 가정용 소형 공기청정기'의 예를 들면 전체시장인 공기청정기 시장에서 "가정용 공기청정기" 시장이 SAM에 해당된다.

수익시장(Serviceable Obtainable Market_SOM)은 유효시장 내에서 초기 점유가 가능

한 수익시장을 의미한다. 초기 창업자에게 수익시장은 가장 중요한 시장이다. 초기 단계에서 시장을 확보하지 못하면 유효시장으로 진입할 수 없기 때문이다. 수익 시장은 시장에서 문제를 가장 극심하게 느끼고 가장 빠르게 제품 또는 서비스를 구매할 수 있는 타깃 고객이 있는 시장이다. 수익시장의 규모를 어떻게 산정할 것인가는 창업자 또는 스타트업이 보유한 역량과 직결된다. 즉, 스타트업이 보유한 기술적 차별성뿐만 아니라 실질적인 영업 인프라, 서비스 커버리지, 내부적 자원 등에 따라 다를 수 있다. 따라서 수익시장은 핵심 타깃을 명확히 설정하고 세밀하게 볼 수 있어야 한다. 앞서 설명한 가정용 소형 공기청정기'의 예를 들면 유효시장인 가정용 공기청정기 시장에서 바로 진입할 수 있는 "소형 사이즈(용량)의 가정용 공기청정기"가 SOM에 해당된다.

시장 규모 분석을 위해서는 시장에 관한 다양한 형태의 자료 수집이 필요하며 수집된 자료를 바탕으로 현재 시장의 특성, 시장 점유율, 성장 가능성 등을 작성해야 한다. 특히 시장의 성장 가능성은 창업아이템의 사업성과 관련하여 매우 밀접하고 중요하다. 따라서 창업아이템의 해당 시장이 향후 지속적으로 성장하는 시장인지 확인하고 반드시 어필해야 한다. 시장에 관한 자료는 다양한 경로를 통해 얻을 수 있다. 구글이나 네이버와 같은 포털 사이트를 통해 얻을 수도 있으나 시장 관련 자료를 얻을 수 있는 몇 가지 사이트를 소개하고자 한다.

그림 54 ▌시장 관련 자료 수집 사이트

중소기업 기술로드맵: smroadmap.smtech.go.kr
ASTI Market Insight: kisti.re.kr/post/asti-insight
KMAPS: kmapsneo.kisti.re.kr
통계청: kostat.go.kr
사이언스 온: scienceon.kisti.re.kr
경쟁정보 분석 서비스: compas.kisti.re.kr

위 <그림 54>는 시장과 관련된 자료를 수집할 때 활용할 수 있는 사이트이며 중소기업 기술로드맵, ASTI Market Insight, KMAPS(KISTI 산업·시장 분석예측 시스템), 통계청, 사이언스 온, 경쟁정보 분석 서비스(COMPAS) 등이 있다.

중소기업 기술로드맵은 중소벤처기업부에서 매년 중소기업의 역량 강화를 위해 유망기술 및 신성장 아이템을 제시하고 기술개발의 로드맵을 제시해준다. 유망기술 및 신성장 기술의 기술로드맵에 대한 자료를 PDF 파일로 다운로드 할 수 있으며 해당 기술에 대한 시장 분석 자료들을 활용할 수 있다. 창업아이템에 대한 자료를 찾기 위해서는 대분류, 중분류, 소분류의 형태로 찾아볼 수 있고 키워드를 검색해서 찾아볼 수도 있다. 아래 <그림 55>는 중소기업 기술로드맵 사이트이다.

그림 55 ▎중소기업 기술로드맵 사이트

ASTI Market Insight는 한국과학기술정보연구원(KISTI)에서 운영한다. 한국과학기술정보연구원 사이트(www.kisti.re.kr)에 들어가서 상단의 보고서 · 간행물을 클릭하면 ASTI Market Insight가 나온다. 특정 기술 또는 아이템에 대하여 시장과 관련된 자료를 보고서 형태로 제공해주며, 매년 상반기 및 하반기에 새로운 기술 및 아이템에 대한 내용으로 업그레이드된다. 아래 <그림 56>은 한국과학기술정보연구원의 ASTI Market Insight이다.

그림 56 ┃ ASTI Market Insight

KMAPS(KISTI 산업·시장 분석예측 시스템) 또한 한국과학기술정보연구원에서 운영하고 있으며, 다년간 연구를 통해 축적한 산업·시장 분석 알고리즘과 독자적으로 구축하고 있는 데이터를 기반으로 기술사업화 의사결정에 도움이 되는 산업시장 정보를 제공해주는 지능형 산업시장 분석 시스템이다. 산업별 분석, 제품별 분석, 지역별 분석, 분석도우미, 지식창고의 메뉴로 구성되어 있으며 회원가입 후 활용할 수 있다.

그림 57 ▮ KMAPS(산업·시장 분석예측 시스템)

통계청은 통계자료를 수집, 분석하기 위해 많이 활용하고 있는 대표적인 사이트이다. 통계청은 여러 언론 보도 및 동향 자료들과 함께 국가통계포털, 통계데이터센터, 통계 지리 데이터, 마이크로 데이터, 지표 누리, 뉴스 기반 통계검색, 빅데이터 활용 등 다양한 서비스를 제공하고 있다. 따라서 창업자는 창업아이템에 대한 시장 분석 자료 등을 통계청을 활용하여 얻을 수 있다. 아래 <그림 58>은 통계청 사이트이다.

그림 58 ▌통계청 사이트

사이언스 온(ScienceON) 또한 한국과학기술정보연구원에서 운영한다. 과학기술 지식 인프라를 검색할 수 있는 사이트로, 기술 및 아이템 키워드를 검색하여 논문, 특허, 보고서, 동향, 연구자, 연구기관, 표/그림, 데이터 등의 자료를 제공해 준다. 사이언스 온에서는 기술자료뿐만 아니라 시장에 대한 자료를 논문이나 보고서 등을 통해 검색할 수 있다. 아래 <그림 59>는 사이언스 온 사이트이다.

그림 59 ▮ 사이언스 온

경쟁정보 분석 서비스(COMPAS) 또한 한국과학기술정보연구원(KISTI)에서 운영하고 있으며, 특허분석, 저널 논문 분석, 기술 트리 분석, 수입, 수출 통계 등을 통한 기술 분석 중심의 자료를 제공해주고 있다. 따라서 기술 집약적 아이템이나 서비스의 자료 조사에 활용할 수 있다.

그림 60 ▮ 경쟁정보 분석 서비스(COMPAS)

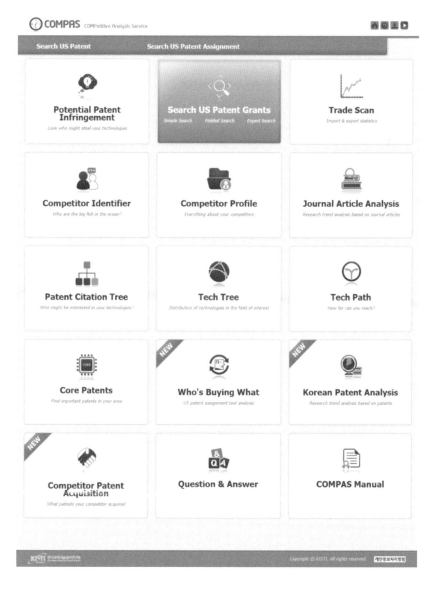

시장 분석 자료는 가능한 최신의 자료를 찾아서 사업계획서에 인용해야 하며 인용 시 반드시 출처를 남겨야 한다.

시장을 분석할 때 반드시 해야 하는 것이 경쟁사 또는 경쟁제품에 대한 분석이다. 자료 조사를 통해 경쟁사 및 경쟁제품의 정보를 단순 비교 분석할 수도 있지만 조금 더 전문적인 분석을 하고자 한다면 사업구조에 대한 경쟁강도를 분석해보는 깃도 좋다.

경쟁강도 분석은 일반적으로 마이클 포터 교수의 5Forces 모델을 적용한다. 가능하다면 창업아이템에 대하여 5Forces 모델을 통해 경쟁 강도를 분석해보는 것을 권장한다. 5Forces 모델은 하나의 산업에 경쟁 수준을 결정하는 경쟁자, 공급자, 구매자, 대체재 및 신규진입자의 다섯 가지 힘이 존재하며, 이 힘의 구조적 특성이 해당 산업 내의 기업의 이익 잠재력을 결정하는 것으로 아래 <그림 61>과 같다. 5Forces 모델에 대한 자세한 설명과 예시는 포털 사이트 검색 시 쉽게 찾을 수 있으므로 이 책에서는 생략하고자 한다.

그림 61 ┃ 마이클 포터 교수의 5Forces 모델

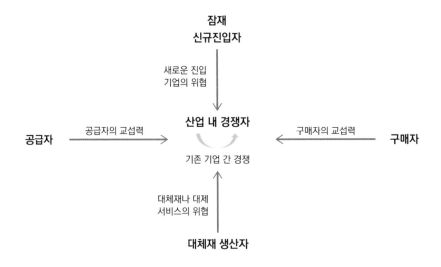

사업계획서 작성 시 반드시 5Forces 모델 분석을 해야 하는 것은 아니다. 또한, 예비창업자들에게 5Forces 모델을 통한 경쟁강도 분석은 쉽지 않다. 만약 자체적으로 분석이 어렵다면 수집한 시장 조사·분석 자료 중에서 타인 또는 타 기관에서 분석한 관련 분야의 5Forces모델을 찾아보고 창업아이템에 맞도록 응용할 수 있다.

5Forces 모델 및 응용할 수 있는 자료를 찾지 못했다면, 최소한 국내외 경쟁사에 대한 자료를 분석하고 경쟁사 현황 및 특성, 경쟁적 요소, 경쟁력 및 차별성에 대한 자료를 작성해야 한다. 특히 경쟁사 제품에 대한 비교표를 만들어 창업아이템과 비교 후 기술, 기능, 성능, 가격 등 창업아이템의 차별화 경쟁력을 어필해야 한다.

만약 창업자의 관점에서 제품 또는 기술의 특성으로 인해 기존 경쟁자가 없을 것으로 예상되는 경우, 고객의 관점에서 경쟁자를 고려할 필요가 있다. 고객의 관점에서는 유사한 기능이나 감성을 제공하는 대체재가 있을 수도 있고 창업자가 고려하지 못했던 신규 진입자가 있을 수도 있다. 또한 기존의 경쟁자가 없다는 것은 아직 제대로 된 시장이 형성되지 못해서 일수도 있다. 이 경우 시장 진입 시 매우 많은 홍보 및 마케팅 비용이 발생하거나 스타트업 수준에서 시장을 개척하기 어려울 수도 있다.

창업자 중에서 본인의 기술 또는 아이템이 시장에서 유일무이하고 독보적인 기술력으로 경쟁자가 없으므로 사업화 성공 확률이 매우 높다는 논리를 통해 시장성을 주장하는 사람들이 있다. 하지만 왜 아직 경쟁 제품이 없고 시장이 형성되지 않았는지 잘 생각해보아야 한다.

만약 창업자의 예상대로 독보적인 기술력과 창의적인 아이디어로 구현된 경쟁자가 없는 아이템이라 하더라도 아직 제대로 형성 안 된 시장에서 소비자들에게 생소한 아이템을 홍보 및 마케팅하기에는 많은 비용과 시간이 소요될 것이다. 따라서 창업자는 시장 및 경쟁사 분석 시 다양한 시각으로 분석하여 사업계획서를 작성해야 한다.

다음은 고객 특성이다. 고객 특성을 작성하기 위해서는 먼저 고객이 누구인지 알아야 한다. 고객이 누구인지 파악하고 시장 진입 전략 수립을 위해 가장 흔히 사용하는 방법이 STP 전략이다. STP 전략은 시장을 세분화(Segmentation)하고, 세분화된 시장에서 표적 시장(Targeting)을 선정하고, 표적 시장에서 기업의 위치를 정하는 포지셔닝(Positioning)하는 것이다.

그림 62 ▎STP전략

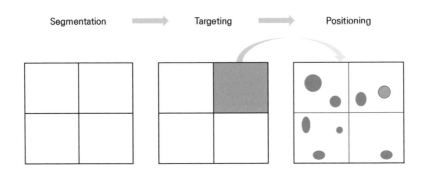

세분화(Segmentation)는 시장을 세분화 하는 단계를 말하는 것으로 시장 세분화 기준은 고객이 될 수도 있고, 제품의 특성이 될 수도 있다. 시장 세분화를 위해서는 고객의 나이, 성별, 소득과 같은 인구통계학적 데이터 분석 이외 라이프스타일, 가치관, 행동양식, 취미, 관심사 등 심리통계학적 데이터 분석도 필요하다. 또한 제품의 성능, 기능, 용량, 사용 방법, 사용 환경 등 제품의 특성에 따라 세분화 할 수 있다. 시장 세분화가 중요한 이유는 기업이 제공하는 제품이나 서비스가 모든 고객군을 만족시킬 수 없기 때문에 세분화하여 가장 적절한 시장을 찾기 위한 첫 번째 단계이기 때문이다.

타깃팅(Targeting)은 세분화된 시장에서 기업이 본격적으로 들어가서 마케팅과 영업활동을 펼치고 제품 또는 서비스를 판매할 시장을 선택하는 단계이다. 타깃팅을 위해서는 세분화된 시장의 규모와 성장가능성, 비용대비 수익성, 고객 획득 비용과 고객 전환율 등을 고려해야 한다. 특히 제품이나 서비스의 강점과 특성, 기업이 보유하고 있는 자원을 가장 효과적으로 활용할 수 있는 세그먼트를 선정해야 한다.

포지셔닝(Positioning)은 제품 또는 서비스의 강점 또는 차별화 포인트, 고객의 니즈 등의 분석을 통해 타깃팅 된 시장 또는 고객에게 어떤 위치에 각인시킬 것인지를 결정하는 것이다. 또한 이를 시각화시켜 표현한 것이 포지셔닝 맵 또는 소비자 지각도라는 표현으로 사용된다. 최근 사업화 전략 수립을 위해 포지셔닝이 매우 중요해지고 있으며 포지셔닝을 통해 틈새시장을 발견하거나 장기적인 비즈니스를 성공적으로 가져갈 수 있는 전략을 수립하기도 한다. 포지셔닝은 다양한 관점에서 활용할 수 있다. 제품을 포지셔닝할 수도 있고 브랜드를 포지셔닝 할 수도 있다 아래 <그림 63>은 포지셔닝맵의 예시이다.

그림 63 ▌포지셔닝맵 예시

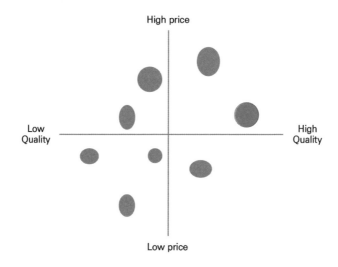

창업자는 사업계획서 작성에서 STP전략을 통해 목표 시장을 분석하고 시장 진입 전략을 수립하여 작성하는 것이 좋다. 하지만 사업계획서 작성에 익숙하지 않은 창업자에게는 전문적인 분석과 전략 도출이 어려울 수도 있다. 이때는 최소한 STP전략의 개념을 이해하고 이를 바탕으로 창업아이템에 대하여 시장 분석을 해보아야 한다. 사업계획서 작성에서 중요한 것은 학문적으로, 전문적으로 잘 분석하는 것 보다 창업아이템에 대한 시장을 이해하고 올바른 방향으로 사업화 전략을 수립하는 것이 더 중요하다.

사업계획서 1-2. 창업아이템 목표시장(고객) 현황 분석의 작성을 위해서는 창업아이템 시장에 대한 많은 자료 수집과 분석이 필요하다. 하지만 사업계획서 작성 분량은 정해져 있다. 자칫 방대한 양의 내용을 두서없이 작성하는 실수를 범할 수 있는 목차이다. 따라서 1-2. 창업아이템 목표시장(고객) 현황 분석에서는 방대한 양의 자료 중에서 반드시 필요한 내용만 작성하고 시장현황을 논리적으로 작성할 수 있는 스토리텔링 능력이 필요하다.

3. Solution(실현가능성) 작성 팁

실현가능성은 앞서 제시한 문제 제기에서 정의된 시장 또는 고객의 수요를 어떤 방식으로 해결할 것인지 작성하고 창업자가 해결방안으로 제시하는 기술과 제품 또는 서비스의 세부 실현 방안, 구체화 방안 등을 작성해야 한다.

사업계획서 본문 2. 실현가능성을 작성하기 전 한가지 팁을 얘기하자면 제품 또는 서비스의 사업화 진행에 대한 전체적인 로드맵을 그려보아야 한다. 왜냐하면 2-1. 창업아이템 현황(준비정도)은 과거부터 현재까지 사업화 준비현황을 작성해야 하고, 2-2. 창업아이템 실현 및 구체화 방안은 현재부터 본 과제의 협약기간 내 사업화 진

그림 64 ▎2. 실현가능성의 2-1. 창업아이템 현황(준비정도)

2. 실현가능성 (Solution)

2-1. 창업아이템 현황(준비정도)

※ 제품·서비스의 필요성에 대한 문제를 인식하고, 해당 제품·서비스 개발·구체화 등을 위해 본 사업에 신청하기 이전까지 기획, 추진한 경과(이력) 등에 대해 기재
※ 사업 신청 시점의 아이템 개발·구체화 현황, 목표한 시장(고객)의 반응, 현재까지의 주요 정량, 정성적 성과 등 전반적인 현황 기재

  ○

    -

    -

행 계획과 실현가능한 범위를 구체적으로 작성해야 하기 때문이다. 따라서 전체적인 사업화 로드맵이 그려져 있으면 명확하고 이해하기 쉽게 작성할 수 있다. 위 <그림 64>는 사업계획서 본문 2. 실현가능성의 2-1. 창업아이템 현황(준비정도) 양식이다.

2-1. 창업아이템 현황(준비정도)에는 제품 또는 서비스의 개발 진행현황 및 구체화 정도에 대하여 본 사업을 신청하기 전까지 기획, 준비 또는 추진한 경과를 먼저 기재해야 한다.

창업아이템 사업화에 대한 로드맵을 그려보는 것은 매우 중요하다. 사업화 로드맵은 아이템 특성, 기술 요소에 따라서 순서나 절차가 달라질 수 있다. 아래 <그림 65>는 생활소비재 제조업 관점에서 작성한 사업화 로드맵이다.

<그림 65>의 로드맵을 보면 창업아이템의 사업화를 위해 과거부터 현재까지 시장·기술 동향 조사를 통한 아이템 기획을 진행하고 요소기술에 대한 연구개발을 완료한 상태이다.

그림 65 ▮ 사업화 로드맵 현재 진행 단계 예시_생활소비재 제조 관점

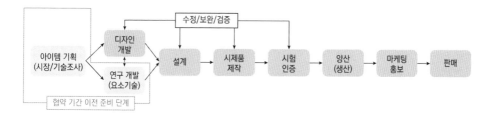

2-1. 창업아이템 현황(준비정도)에는 위 로드맵과 같이 현재까지 진행된 현황을 한 눈에 볼 수 있게 이미지로 먼저 표현하고 로드맵 단계별로 진행되었던 추진 이력이나 진행현황을 상세하게 기재해야 한다.

또한 사업 신청 시점에서 아이템 개발 및 구체화 현황에 대한 결과물과 현재까지의 정량적, 정성적 성과 등을 기재해야 한다. 위의 로드맵 예를 들면 시장 및 기술 동향 조사를 통한 아이템 기획 자료, 아이템에 대한 시장 또는 고객 반응 데이터, 연구개발 내용 및 결과물(기술 구현 자료 및 시험 데이터 등) 등을 기재해야 한다. 만약 디자인 개발과 설계까지 진행되었다면 디자인 개발 자료(3D 이미지, 랜더링, CMF보고서 등)와 상세 구조 및 기구설계 도면 등을 기재해야 한다.

또한 현재까지 진행된 과정과 결과 등을 바탕으로 기술개발뿐만 아니라, 신청 시점까지 확인된 실적이나 성과, 시장 또는 고객의 반응 등을 자유롭게 작성함으로써 제품 및 서비스 실현가능성에 대한 근거를 제시해야 한다.

결론적으로, 2-1. 창업아이템 현황(준비정도)의 작성 목적은 창업아이템이 아이디어 단계부터 어느 단계까지 실현 및 구체화 되었는지를 확인함으로써 준비 정도를 파악하고, 시장과 고객의 관점에서 방향성을 잘 선정하여 사업화를 진행하고 있는지 확인하는 것이다. 따라서 창업자는 사업화 준비 정도와 사업화 방향성에 초점을 맞추어 작성해야 한다.

다음은 2-2. 창업아이템 실현 및 구체화 방안이다. 협약 기간 내 창업아이템의 사업화 실현 및 구체화하고자 하는 방안을 작성해야 한다. 예비창업패키지의 협약 기간은 약 8개월로, 협약 기간과 사업비 예산을 감안하여 실행가능한 범위를 도출하고 이를 실현하기 위한 세부적인 계획 및 방안을 작성하는 것이 중요하다.

아래 <그림 66>은 사업계획서 본문 2. 실현가능성의 2-2. 창업아이템 실현 및 구체화 방안 양식이다.

그림 66 ▌ 2. 실현가능성의 2-2. 창업아이템 실현 및 구체화 방안

2-2. 창업 아이템 실현 및 구체화 방안

※ 협약 기간 내 실현 및 구체화하고자 하는 방안
※ 목표시장(고객) 분석을 통해 파악된 문제점 및 개선점에 대해 핵심 기능·성능, 디자인, 사업화 활동 등을 통해 구체적인 개발·구체화 방안 등 기재
※ 기존 시장 내 경쟁제품·서비스와의 비교를 통해 파악된 문제점, 개선사항에 대해 자사의 보유역량을 기반으로 경쟁력, 차별성 등을 확보할 수 있는 역량 등 기재

ㅇ

-

협약 기간 내 실현 및 구체화 방안은 창업아이템의 특성과 진행(준비) 현황에 따라 모두 다를 것이다. 협약 기간 내 실현(수행) 범위를 도출하기 위해서는 앞서 제시한 창업아이템 사업화 로드맵을 기준으로 활용하면 좋다. 예를 들어 아이템 기획까지만 진행한 창업자라면 요소기술에 대한 연구개발, 디자인 개발과 설계, 시제품 제작 등을 협약 기간 내 수행할 수 있으며, 시제품 제작을 완료한 창업자라면 시험·인증, 제품 초도 생산, 마케팅 및 홍보 등을 진행할 수 있다. 앞서 2-1. 창업아이템 현황(준비 정도)에서 예시로 설명한 사례의 경우 연구개발까지 진행되었으므로 아래 <그림 67>과 같이 디자인 개발, 설계, 시제품 제작, 시험·인증 등이 협약 기간 내 수행이 가능하다.

그림 67 ▌사업화 로드맵 협약 기간 내 수행범위 예시_생활소비재 제조 관점

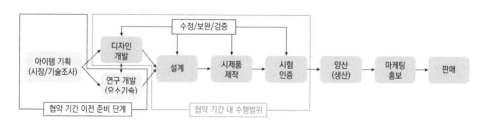

창업자는 협약 기간과 사업비 예산 등을 바탕으로 창업아이템의 준비현황, 특성을 고려하여 협약 기간 내 실현 범위를 작성해야 한다. 따라서 협약 기간 내 실행 또는 구체화할 제품이나 서비스의 핵심 기능, 성능, 디자인, 기타 활동 등을 통해 세부적인 개발 및 구체화 방안과 최종 산출물 등을 기재해야 한다.

또한 기존 시장 내 경쟁제품 또는 서비스와 비교를 통해 파악된 문제점과 개선사항에 대해 창업자 또는 창업기업의 보유역량을 기반으로 기술적 스펙, 핵심 기능, 성능, 고객 제공 혜택 등 다양한 측면에서 경쟁자와 차별화 요인을 설명해야 한다. 차별화에 대한 보유역량은 특허 등 물리적 역량뿐만 아니라 콘텐츠 등 소프트웨어 역량도 모두 포함한다.

예비창업패키지의 경우 기술창업을 지원하기 때문에 기술적, 기능적, 서비스적인 차별화를 통해 타사(경쟁사) 대비 경쟁력 확보방안을 누가, 어떻게 구현할 것인지에 대한 세부적인 계획과 구체화 방안이 수립되어야 한다. 따라서 창업자 또는 창업기업은 차별화 경쟁력 확보와 이를 구현하기 위한 핵심 기술을 보유하고 있거나 협업(공동개발), 기술이전 등의 구체화 방안이 있어야 한다.

사업계획서 본문 2. 실현가능성에서 가장 중요한 것은 문제제기 및 해결방안을 바탕으로 ① 창업아이템에 대한 준비가 잘 되어있고 시장과 고객의 관점에서 ② 사업화 추진전략의 방향성이 바르게 설정되어있는가이다. 또한 ③ 협약 기간 내 실현 범위 설정과 구체화 계획 수립되어 있으며 ④ 차별화 경쟁력을 구현할 수 있는 역량을 보유하고 있는가이다.

4. Scale-up(성장전략) 작성 팁

성장전략은 창업자가 제품 또는 서비스를 사업화하는 방법과 사업화 단계에서 추진하고자 하는 목표, 추진 일정, 소요되는 자금과 자금조달 계획 등을 종합적으로 기획하고 작성해야 한다. 즉, 창업아이템의 사업화 실현과 이를 위한 성장전략이 구체적으로 수립되어 있는가를 확인하는 것이다.

사업계획서 본문 3. 성장전략의 구성은 3-1. 창업아이템 사업화 추진전략, 3-2. 생존율 제고를 위한 노력, 3-3. 사업추진 일정 및 자금 운용계획(3-2-1. 사업 전체 로드맵, 3-2-2. 협약기간 내 목표 및 달성 방안, 3-3-3. 정부지원금 집행계획, 3-3-4. 기타 자금 필요성 및 조달 계획)으로 구성되어 있다.

성장전략은 현실적인 측면에서 창업자가 어떻게 성장하여 사업화를 구현할 것인지에 대한 전략을 작성해야 한다. 뜬구름 잡듯이 상상과 희망 회로를 돌려 무작정 긍정적으로 작성하기보다 현실적인 측면에서 어떻게 사업화를 실현시켜 나아갈 것인지 냉정하게 판단하고 실현가능한 수준으로 작성해야 한다. 물론 사업화와 성장 가능성의 목표는 높을수록 좋다. 다만 사업화 실현을 위한 성장전략 또한 우수해야 한다. 아래 <그림 68>은 사업계획서 본문 3. 성장전략의 3-1. 창업아이템 사업화 추진전략 양식이다.

그림 68 ▌3. 성장전략의 3-1. 창업아이템 사업화 추진전략

3. 성장전략 (Scale-up)

3-1. 창업아이템 사업화 추진전략

※ 개발·구체화하고자 하는 제품·서비스의 수익 창출을 위한 비즈니스 모델 구축 전략
※ 정의된 목표시장(고객)에 진출하기 위한 구체적인 고객 확보, 수익 창출 전략 방안 등

○

-

3−1. 창업아이템 사업화 추진전략에서 가장 중요한 것은 비즈니스 모델을 구축하고 이를 통해 세부적인 전략을 수립하는 것이다. 비즈니스 모델은 고객에게 제품과 서비스를 통해 어떤 가치를 제공하고, 어떻게 고객에게 전달하고, 수익을 창출할지에 대한 방법을 나타낸 모형이다.

비즈니스 모델은 사업화 실현가능성과 수익성을 판단할 수 있다. 특히 비즈니스 모델에서 수익성이 매우 중요하다. 실제로 창업 후 수익을 내지 못하는 스타트업은 돈이 되는 비즈니스 모델이 아니기 때문인 경우가 많다. 따라서 비즈니스 모델을 수립할 때 수익성에 대해서 ① 제조 원가, 판매·관리비, 개발비 등을 제외하고 현실적으로 이윤 실현 가능한지, ② 즉시 수익이 실현되는지, ③ 창출된 수익이 지속적인 회사 운영이 가능한 수준인지를 반드시 확인해야 한다.

창업 아이디어 또는 창업아이템의 비즈니스 모델을 전략화하고 구조화 방법으로 비즈니스 모델 캔버스(Business Model Canvas)를 사용하기도 한다. 비즈니스 모델 캔버스는 비즈니스 모델을 개발하기 위해 시각화 및 분석하는데 사용하는 간단한 탬플릿이다. 아래 <그림 69>는 비즈니스 모델 캔버스이며, 비즈니스 모델을 고민해본 창업자라면 한번은 보았을 것이다.

그림 69 ▎ 비즈니스 모델 캔버스(Business Model Canvas)

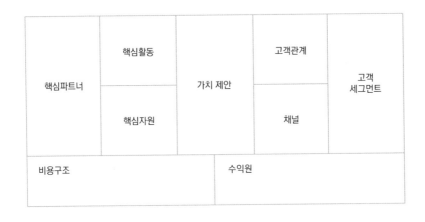

비즈니스 모델 캔버스는 스타트업을 위해 만들어 진 것이 아니라 이미 설립된 기업의 비즈니스 모델 수립과 발전을 위한 것으로 초기 창업기업에는 적합하지 않을 수 있다. 비즈니스 모델 캔버스는 파트너십과 핵심활동, 핵심자원, 고객 관계 등으로 구성되어 있어 자원이 많은 중견기업이나 대기업을 위한 프레임에 가깝다.

초기 스타트업의 경우 인적, 물적 자원이 부족한 상황에서 빠르게 시장에 진입하여 문제를 검증하는 것이 중요하다. 따라서 초기 스타트업에 맞도록 최적화 된 린 비즈니스 모델 캔버스(Lean Business Model Canvas)를 사용하는 것을 추천한다. 아래 <그림 70>은 린 비즈니스 모델 캔버스이며, 린 비즈니스 모델의 9가지 블록에 대해 작성하는 방법을 간단히 설명하면 다음과 같다.

그림 70 ▌ 린 비즈니스 모델 캔버스(Lean Business Model Canvas)

문제(1)	솔루션(4)	가치 제안(3)	경쟁우위(9)	고객 세그먼트(2)
해결방안	핵심지표(8)	기존제품 대비 우위/차별점	채널(5)	얼리 어답터
비용구조(7)		수익원(6)		

린 비즈니스 모델 캔버스의 9가지 블록은 문제점, 고객 세그먼트, 가치제안, 솔루션, 채널, 수익원, 비용구조, 핵심지표, 경쟁우위로 구성되어 있다.

1) 문제점은 앞서 문제제기에서 정의한 시상 또는 고객이 가지고 있는 문제에 대해 작성한다. 문제의 양이 많은 것보다 핵심 문제에 대하여 3가지 이내로 작성하는 것이 좋다. 아래에는 핵심 문제의 해결을 위한 방안을 작성한다.

2) 고객 세그먼트는 앞서 정의한 목표시장의 타깃 고객 특성을 구체적으로 작성한다. 특히 제품 또는 서비스를 사용할 고객 중에서 문제를 가장 극심하게 느끼며 가장 먼저 사용할 고객을 작성하는 것이 좋다.

3) 가치제안은 잠재 고객에게 기업의 제품 또는 서비스가 어떠한 혜택을 줄 수 있는지, 고객의 니즈 또는 문제를 어떻게 해결할 것인지, 경쟁자와의 차별점은 무엇인지를 명확하게 표현하는 메시지이다. 즉, 기존 문제해결 방법과 비교해서 어떠한 차별점이 있고 왜 사용할 가치가 있는지에 대해 작성한다.

4) 솔루션은 제품 또는 서비스가 어떤 방식을 통해 시장 또는 고객의 문제를 해결하는지에 대한 해결책을 제시한다. 실제 구현이 가능하며, 문제를 정확하게 해결할 수 있는지 판단해야 하며 문제해결을 위한 핵심 기능 위주로 작성한다.

5) 채널은 고객에게 제품 또는 서비스를 어떻게 전달할 것인가를 작성한다. 즉, 제품이나 서비스가 어떤 경로를 통해 고객이 인지하고 구매하는지 등을 정의하는 것으로 유통경로, 마케팅 채널 등이 될 수 있다.

6) 수익원은 수익을 달성할 수 있는 구조이며, 제품이나 서비스의 가치를 고객에게 전달함으로써 어떠한 방식으로 수익을 창출하는지에 대해 작성한다. 제품 판매 수익, 수수료, 광고료, 정기구독, 대여 및 리스, 시간이나 횟수에 따른 과금 등 다양한 방식이 있다.

7) 비용구조는 제품 및 서비스의 사업화 또는 운영 및 유지하는 데 소요되는 비용으로 인건비, 개발비, 제조비, 마케팅 및 홍보비, 유지·보수비 등이 있다. 비용은 고정비와 변동비로 구분할 수 있으며 수익원과 비용구조를 모두 작성하면 손익분기점 달성을 위한 판매량을 추산할 수 있다.

8) 핵심지표는 사업의 성과를 측정하는 핵심적인 역할을 하는 지표이다. 제품의 판매량, 매출 등의 될 수도 있고, 서비스를 이용하는 사용자 수, 사용자 유지율, 추천 등이 될 수 있다.

9) 경쟁우위는 기존 제품 또는 서비스 대비 보유하고 있는 강점이나 차별점을 작성한다. 강점이나 차별점은 남들이 쉽게 모방할 수 없어야 하므로 진입장벽에 해당된다.

린 비즈니스 모델 캔버스는 창업 아이디어 및 아이템을 구조화하는 방법이며 한 번의 작성으로 최적화된 답을 찾기 어렵다. 따라서 여러 번 사이클을 반복해야 한다.

또한 린 비즈니스 캔버스 모델의 9가지 블록은 단순히 작성만 하고 끝나는 것은 아니다. 창업자는 9가지의 블록들을 작성하고, 서로 연계하고, 조합하면서 창업아이템의 특성과 시장 상황에 맞는 전략을 수립해야 한다.

린 비즈니스 캔버스 모델은 창업아이템을 구조화하고 시각적인 정보를 제공해주는 도구일 뿐이다. 이를 통해 얼마나 좋은 전략을 도출하는가는 결국 창업자의 몫이다.

창업아이템 구조화에서 반드시 린 비즈니스 모델 캔버스만 사용해야 하는 것은 아니다. 올리버 가스만의 트라이앵글 모델이나 가와사미 마사나오의 나인셀 프레임 등 다양한 방법들을 사용할 수 있다.

다음은 올리버 가스만의 트라이앵글(마법의 삼격형) 모델에 대하여 알아보고, 어떻게 활용할 수 있는지 간단하게 살펴보고자 한다. 아래 <그림 71>은 올리버 가스만의 트라이앵글 모델이다.

그림 71 ▮ 올리버 가스만의 트라이앵글(마법의 삼각형) 모델

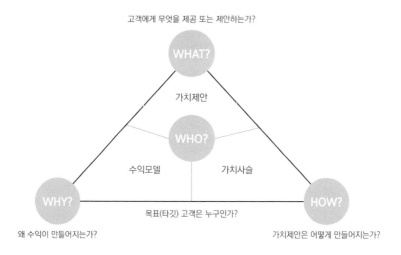

출처: 비즈니스 모델 네비게이터, brunch story

트라이앵글 모델은 ① 고객이 누구인지, ② 무엇을 제공하는지, ③ 가치제안은 어떻게 만들어지는지, ④ 왜 수익이 만들어지는지를 설명할 수 있는 모델이다. 트라이앵글 모델은 Who, What, How, Why로 이어진 삼각형에서 가치제안, 가치사슬, 수익모델을 정의할 수 있다.

가치제안은 목표로 하는 고객에게 지금까지와 다른 방식으로 문제를 해결하는 방법을 제안하는 것이며, 가치사슬은 가치제안을 실행하기 위한 다양한 프로세스와 활동, 그리고 이를 실현하기 위한 자원을 정의해야 한다. 수익모델은 비용구조와 수익 실현 방법을 이해하고 단순히 추상적으로 작성하는 것이 아닌 숫자 또는 금액 등 정량적으로 설명될 수 있어야 한다.

다음은 가와카미 마사나오의 나인셀 프레임이다. 나인셀 프레임은 9개의 질문을 제시하고 9개의 답을 셀에 적용하여 비즈니스의 전체상을 파악하게 해준다. 고객가치, 이익, 프로세스의 측면에서 Who(누구), What(무엇을), How(어떻게)를 대입시킨 9개의 질문으로 구성되어 있다.

그림 72 ┃ 가와카미 마사나오의 나인셀 프레임

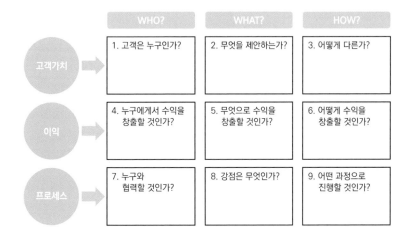

출처: 비즈니스 수익구조를 만들어내는 9 셀, brunch story

나인셀 프레임의 9가지 질문은 '1. 고객은 누구인가, 2. 무엇을 제안하는가, 3. 어떻게 다른가, 4. 누구에게서 수익을 창출할 것인가, 5. 무엇으로 수익을 창출할 것인가, 6. 어떻게 수익을 창출할 것인가, 7. 누구와 협력할 것인가, 8. 강점은 무엇인가, 9. 어떤 과정(수순)으로 진행할 것인가'로 구성되어 있다.

나인셀 프레임을 활용하기 위해서는 주어진 9가지 질문에 대해 STP전략, 4P분석, 3C분석, SWOT 분석 등과 같은 다양한 분석기법들을 적용해 볼 수도 있고 수익 창출 전략, 아웃소싱, 밸류체인 등을 고려해 볼 수도 있어 비즈니스의 전체상을 파악하고 전략을 수립해볼 수 있는 특징이 있다.

비즈니스 모델 수립에 익숙하지 않은 창업자에게는 위의 방법론이 생소하고 조금 어렵게 느껴질 수 있다. 사업계획서 작성에서는 방법론을 동한 완벽한 분석보다 제시된 방법을 통해 무엇을, 어떻게, 왜 하는지에 대한 개념을 이해하고, 창업아이템을 구조화하여 비즈니스 모델 수립을 실행에 옮겨보는 것이 중요하다. 특히 여러가지 방법론에서 중복되는 타깃 고객, 가치제안, 가치사슬 또는 프로세스, 수익모델은 Who, What, How의 관점에서 반드시 정립해보아야 한다.

3-1. 창업아이템 사업화 추진전략에서는 아이템 개발 완료 후 성공적인 사업화를 위한 전략들이 수립되어야 한다. 어떤 분석 모델이나 프레임을 사용하는가가 중요한 것은 아니다. 다만, 분석 모델이나 프레임의 개념을 이해하고, 창업아이템의 구조화 과정을 진행하고, 이를 통해 사업화에 대한 올바른 전략을 수립하는 것이 중요하다.

창업 수제 아이템의 구조화가 완료되면 이를 바탕으로 비즈니스 모델에 대한 도식화를 진행해야 한다. 아래 <그림 73>은 맞춤형 구강용품 플랫폼에 대한 비즈니스 모델 도식화에 대한 예시이다.

그림 73 ┃ 비즈니스 모델 도식화 예시_맞춤형 구강용품 사례

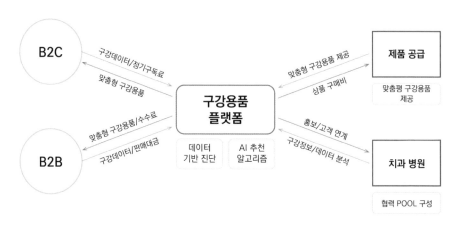

비즈니스 모델 도식화를 위해서는 ① 타깃 고객을 표현하고 ② 타깃 고객에게 주는 것(상품 또는 서비스, 가치)과 ③ 받는 것(고객이 치르는 대가, 비용, 데이터 등)을 정의해야 한다. 그리고 사업화를 위해 구성되는 ④ 사업화 조직, 영업망, 판매채널 등 보유 자원과 인프라를 어떻게 활용할 것인지에 대한 전략을 수립하고 표현해야 한다.

비즈니스 모델 도식화를 완료했다고 해서 끝이 아니다. 중요한 것은 비즈니스 모델을 바탕으로 사업화를 성공시킬 수 있는 전략을 수립해야 한다. 창업아이템과 시장의 특성에 따라 사업화 전략은 달라질 수 있으며 창업자의 사업화 자원과 역량에 따라 다양한 전략의 수립이 가능하다. ▲목표 고객 확보 전략, ▲가치제안 및 전달 전략, ▲제품 생산 및 조달 전략, ▲마케팅 및 홍보 전략, ▲판매채널 확보 전략, ▲판로개척 전략, ▲수익창출 전략, ▲유지·보수 및 AS전략 등을 수립하여 사업계획서를 작성할 수 있다.

사업화 계획은 구체적일수록 좋다. 아이템의 시장 진출 시기, 홍보·유통 계획, 마케팅 계획 등을 객관적인 근거와 함께 제시해야 한다. ▲아이템 시장 진출 시기의 경우 아이템 개발부터 시제품 제작, 제품 인증, 생산 등 구체적인 계획이 현실적으로 반영되어야하며, ▲홍보·유통 계획은 제품 또는 서비스와 해당 시장의 특성을 반영한 채널 또는 경로확보를 위한 단계별 계획과 세부적인 방안을 제시해야 한다. ▲마케팅 전략의 경우 타깃 고객의 확보에 초점을 맞추어 마케팅 머터리얼 제작 및 활용, 채널별 마케팅 상세 계획, 마케팅 예산 등을 현실적으로 반영해야 한다. 또한 사업계획서의 분량 제한과 평가위원의 가독성을 높이기 위해 표나 그래프, 이미지 등을 활용하여 표현하는 것이 좋다.

사업화 전략은 제품 또는 서비스가 시장에 진출하여 고객에게 전달됨으로써 수익을 창출하는데 목적을 두어야 한다. 따라서 3−1. 창업아이템 사업화 추진전략의 작성은 창업아이템에 대한 시장의 이해와 분석을 바탕으로 비즈니스 모델을 수립하고 이를 실현하기 위한 사업화 전략을 제시하는 데 중점을 두어야 한다.

다음은 3−2. 생존율 제고를 위한 노력이다. 생존율이란 신생기업이 한 시점을 기준으로 일정 기간 동안 계속 사업을 영위하여 생존하는 것을 의미한다. 즉, 기업이 생존할 수 없다면 아무리 훌륭한 아이템과 비즈니스 모델을 갖고 있더라도 의미가 없다. 아래 <그림 /4>는 사업계획서의 3−2. 생존율 제고를 위한 노력 양식이다.

그림 74 ▌3. 성장전략_3-2. 생존률 제고를 위한 노력

3-2. 생존율 제고를 위한 노력

※ 협약 기간 내 달성하고자 하는 사업화 성과(매출, 투자, 고용 등) 기재
※ 협약 기간 종료 이후 사업 지속을 위한 구체적인 세부 계획수립

초기 스타트업이 창업아이템을 개발하여 사업화에 이르기까지 생존하기란 매우 어려우며, 생존을 위해서는 반드시 사업화 성과를 달성해야 한다. 즉, 스타트업이 운영될 수 있도록 매출을 통한 수익이 발생하거나 투자를 받아 운영 자금을 확보해야한다. 또한 사업화 성공을 위해 각 분야에서 일할 수 있는 사람을 고용해야 한다. 따라서 매출, 투자, 고용은 스타트업의 생존에 필수요소이다.

사업계획서의 3-2. 생존율 제고를 위한 노력에서는 협약 기간 내 달성하고자 하는 매출, 투자, 고용 등에 대한 사업화 성과 목표와 협약 기간 종료 이후 지속적인 사업을 위한 구체적인 세부 계획 수립 후 작성해야 한다.

이를 위해서는 생산적 요소(기술, 인력, 재료, 시설, 장비 등)와 시장적 요소(시장의 규모와 특성, 성장률, 경쟁자, 유통, 홍보 및 마케팅, 판매 등), 경영적 요소(조직관리, 재무관리, 혁신관리, 기업윤리 등)를 종합적으로 고려하여야 한다. 또한 예비창업패키지에서는 스타트업 설립 후 생존을 위한 단기적(약 1~3년)인 전략 제시가 매우 중요하다.

협약 기간 내(약 8개월) 달성하고자 하는 매출 목표를 수립하기 위해서는 제품 또는 서비스의 출시 예정 시점을 객관적인 관점에서 계획해야 한다. 제조업의 경우 초도 제품 생산 방식, 생산 능력, 생산 수량, 자재 및 부품 수급, 제조 원가, 판매 가격, 타깃 고객 등을 고려하여야 하며, 서비스업의 경우 초기 서비스 제공 범위, 비즈니스 모델에 따른 수익 실현 방법, 서비스 확장 및 계획, 서비스 제공 단가, 목표 고객 수, 유지·보수 및 관리 등을 고려하여 매출 계획을 수립해야 한다. 또한 매출 목표를 제시할 때 매출에 대한 근거자료를 제시해야 한다.

하지만 매출 목표를 처음 설정해야 하는 예비창업자에게는 생각보다 어려운 일이다. 따라서 간단하게 매출 목표를 설정하는 방법을 설명해 보고자 한다. 예를 들어 10대 후반에서 20대 초반 여성들이 주로 사용하는 휴대용 무선 헤어 고데기를 사업화하는 스타트업의 경우 아래와 같이 매출 계획을 수립해 볼 수 있다.

▌표 1 무선 헤어 고데기 매출 계획_예시

구 분	내 용	비 고
제품 출시 예정일	2024. 09. 01	–
타깃 고객	18세~24세 여성	1차 타깃 고객
판매 채널 및 유통 경로	네이버/쿠팡 등 온라인 마켓(B2C)	–
생산 방법	부품 아웃소싱 및 자체 조립 생산	아웃소싱 업체 협약 완료
초도 생산 수량	1,000개	
예상 판매량	1,000개	협약기간 내
판매가격	49,000원	–
매출액	49,000,000원 (판매량 1,000 X 판매가격 49,000)	협약기간 내

협약 기간 내에 매출을 달성하기란 쉽지 않다. 그만큼 철저한 계획을 세우고, 완벽에 가까운 준비가 되어있어야 하며, 치열하게 경쟁하고 있는 시장에서 생존하기 위해서는 반드시 사업화에 성공하여 매출을 달성해야 한다.

다음은 협약 기간 내(약 8개월) 투자 목표를 수립해야 한다. 스타트업이 투자 목표를 수립하기 위해서는 먼저 사업화 진행 단계에서 소요되는 자금 규모와 집행계획이 수립되어야 한다. 소요되는 자금의 구성은 창업아이템마다, 사업화 진행 정도에 따라 달라질 수 있으며, 시제품 제작, 신제품 연구개발, 프로그램 구매, 시설·장비 투자, 부품 또는 재료 구매, 제품 생산, 마케팅 및 홍보, 급여와 운영비 등 다양하다. 창업자의 자본이 풍부하면 자기자본을 투자하면 된다. 하지만 많은 스타트업은 사업화 자금이 부족한 것이 현실이다.

스타트업은 투자에 대한 전반적인 계획을 수립하고 필요한 투자 자금의 규모와 적절한 시점에 투자유치를 성공시키기 위해 노력하고 준비해야 한다. 3－2. 생존율 제고를 위한 노력에서는 협약 기간 내 달성하고자 하는 투자 목표를 작성해야 하며, 이를 위해서는 스타트업의 투자에 대한 전반적인 이해가 필요하다.

스타트업의 투자는 성장 단계와 투자 회차 및 규모에 따리 구분되며, 일반적으로 "시드(Seed) 단계 → 시리즈 A → 시리즈 B → 시리즈 C"로 구분된다. 물론 더 큰 성장을 목표로 시리즈 D, E 이상으로 투자를 유치하기도 한다.

▌표 2 스타트업 투자 시리즈별 구분

구 분	성장 단계	투자 규모	투자자
시드 (Seed) 단계	• 창업 초기 단계(성장 가능성 판단) • 창업아이템을 프로토타입 또는 베타 서비스로 구축하는 단계	몇백~10억 미만 수준	창업자, 지인, 가족, 엔젤투자자, VC, 엑셀러레이터 등
시리즈 A	• 창업아이템 초기 버전을 정식으로 시장에 론칭하는 단계 • 초기 시장 진입 및 고객 확보	10억~20억 수준	엔젤투자자, VC 등
시리즈 B	• 창업아이템이 시장에서 가능성을 검증받은 단계 • 시장점유율을 높이기 위한 투자	20억~100억 수준	VC 등
시리즈 C	• 시장에서 검증된 창업아이템을 통해 상당한 수익 창출 실현 단계 • 공격적 확장 및 신규 시장 진출	100억 이상 수준	VC, 헤지펀드, 투자은행, 사모펀드 등

예비창업 단계, 특히 협약 기간 내에는 '시드(Seed) 단계' 투자유치를 고려해야 한다. 물론 시드 단계 투자유치 후 어느 정도 성장 단계에 이르렀다면 시리즈 A단계 투자유치도 가능하다. 시드 단계는 창업 초기에 진행되며, 창업 아이디어를 프로토타입이나 베타 서비스로 구축하는 단계에서 투자를 유치한다. 즉, 창업 아이템과 비즈니스 모델의 성장 가능성을 보고 판단하는 것이다. 시드 단계 투자의 경우 초기 투자로 위험도가 높기 때문에 투자금액은 적은 편이며 주요 투자자는 창업자 본인, 지인, 가족, 엔젤투자자, 엑셀러레이터, 마이크로 VC 등이 있다.

예비창업패키지지원사업의 협약 기간 내 투자 목표를 설정하기 위해서는 2−2. 창업아이템 실현 및 구체화 방안의 작성 내용을 기준으로 협약 기간 내 소요되는 자금에 대한 계획 또는 다음 단계에서 소요되는 자금에 대한 세부 계획을 수립해야 한다. 자금 소요 계획 수립 후 자금 조달 방안을 계획하고 정부지원금 활용, 자기자본, 투자유치 융자 등에 대한 계획을 수립해야 한다.

▌표 3 협약 기간 내 자금소요 및 투자 계획_예시

구 분	시기	소요금액(원)	자금 조달 방안
협약 기간 내 인건비, 임대료 등 운영 비용	'23.05 ~ '23.12	24,000,000	정부지원금
제품 디자인 개발	'23.05 ~ '23.06	13,000,000	정부지원금
제품 상세 설계	'23.06 ~ '23.07	8,000,000	자기자본
시제품 제작	'23.07 ~ '23.09	25,000,000	정부지원금
시험 및 검증	'23.10 ~ '23.11	5,000,000	자기자본
제품 초도 생산 (협약기간 내 계약 체결)	'23.11 ~ '24.02	40,000,000	투자유치
초기 마케팅 비용 (협약기간 내 계약 체결)	'23.12 ~ '24.02	20,000,000	투자유치
합 계		135,000,000	−

위 <표 3>의 예시를 보면 협약 기간 내 소요되는 초기 사업화 비용은 1억 3천 5백만 원으로, 협약 기간 내 인건비, 임대료 등 운영비와 제품 디자인 개발, 시제품 제작 비용 62,000,000원(24,000,000 + 13,000,000 + 25,000,000)은 예비창업패키지 과제 등 정부지원금으로 자금을 조달하고, 제품 상세 설계와 시험 및 검증 비용 13,000,000원 (8,000,000 + 5,000,000)은 자기자본으로 자금을 조달하고, 제품 초도 생산비용과 초기 마케팅 비용 60,000,000원(40,000,000 + 20,000,000)은 시드 투자를 유치하여 자금을 조달할 수 있다. 따라서 위의 예시를 기준으로 투자 목표는 투자유치 금액 60,000,000원 이다.

창업아이템의 사업화 실현을 위해서는 사업화 자금이 필요하며, 창업자의 자본이 풍부하면 자기자본을 투자하면 된다. 이미 사업화를 위한 자금이 확보된 경우에도 사업계획서에 작성하는 것이 좋다. 왜냐하면, 창업 아이디어를 인정받고 투자를 유치하는 것도 중요하지만 사업화를 위한 자금이 확보되어 사업화 실현이 가능한가 또한 매우 중요하기 때문이다.

만약, 자본이 부족하다면 자금 조달 계획을 세우고 협약 기간 내 투자유치를 준비하고 진행해야 한다. 특히, 최근에 창조경제혁신센터 등 창업지원기관에서 스타트업의 투자유치를 위한 IR전략 수립 컨설팅 및 교육을 진행하므로 적극적인 참여를 통해 투자 전략과 계획 수립이 가능하다. 투자유치에 대한 준비가 되어있는 창업자는 투자유치 계획과 계약서, 협약서 등을 같이 제시해주는 것이 좋다. 만약 투자유치에 대한 준비가 부족하다면 사전에 반드시 준비하고 투자유치 전략과 계획을 제시해야 한다.

다음은 협약 기간 내(약 8개월) 고용에 관한 성과 목표를 수립해야 한다. 초기 창업자에게 고용은 매우 부담되는 사항이다. 고용은 고정 비용(인건비, 4대 보험, 식대, 복지 비용 등)이 매월 발생한다. 따라서 고용은 매우 신중하게 고려하여 필요한 직무 분야에 인력을 채용해야 한다.

사업계획서 3-2. 생존율 제고를 위한 노력에서 요구하는 고용은 4대 보험 가입이 기준이 된다. 4대 보험이 가입되지 않고 비정기적으로 또는 간혹 도와주거나 일을 같이하는 인력은 고용으로 볼 수 없다. 따라서 사업계획서에서 고용 목표로 산정할 수 있는 인원은 4대 보험 가입이 가능한 인력이다.

협약 기간 내 고용 목표를 수립하기 위해서 2-2. 창업아이템 실현 및 구체화 방안에서 작성된 협약 기간 내 진행되는 사업화 실현 계획 또는 다음 단계 사업화 진행 계획을 바탕으로 인력 채용의 우선순위를 세우고 채용 시점을 정하여 목표를 설정한다. 아래의 <표 4>는 협약 기간 내 고용 목표에 대한 예시를 작성한 것이다.

∎표 4 협약 기간 내 고용 목표_예시

채용 분야	채용 시기	자격 요건	채용 인원
연구개발	23.09	SW 전공자, 개발 경력 2년 이상	1명
마케팅	23.11	경영학 전공자, 웹디자인 자격증 우대	1명
합 계			2명

초기 창업자 중에서 창업아이템 사업화를 위해 연구개발, 디자인, 마케팅 등 다양한 분야의 인력이 필요한데, 자금이 부족하여 필요한 모든 인력을 채용하기 어렵다고 고민하는 창업자들이 있다. 이때 고려해야 할 사항은 인력 채용 분야 직무가 창업 아이템 개발 및 사업화의 핵심 직무인지, 지속적/정기적으로 발생하는 직무인지, 채용했을 때 외주 의뢰 비용 대비 저렴하거나 장점이 있는지 등을 종합적으로 고려하여 고용 계획을 수립해야 한다.

협약 기간 내 매출, 투자, 고용의 성과 이외에 사업화와 관련된 성과를 추가로 작성할 수 있다. 예를 들어 창업아이템의 특성상 바로 매출이 일어나기에 시간이 부족하다면 거래처 확보와 계약 건수, 바이어와 상담 횟수 등 정량적으로 측정이 가능한 사항을 사업화 성과로 추가 제시할 수 있다. 따라서 사업계획서 작성 시 협약 기간 내 달성할 수 있는 사업화 성과가 무엇이 있는지 다각적으로 고민하여 작성할 필요성이 있다.

다음은 협약 기간 종료 이후 지속적인 사업을 위한 구체적인 세부 계획을 수립해야 한다. 이 부분은 향후 작성할 3-3. 사업추진 일정 및 자금 운용 계획에서 전체 사업추진 일정 등 일부분과 겹치기 때문에 사업계획서를 처음 작성하거나 익숙하지 않은 예비창업자는 중복성으로 인해 어렵게 느껴질 수 있다. 여기서는 작성 중인 사업계획서 목차를 잘 생각해보아야 한다. 현재 작성 중인 목차는 3-2. 생존율 제고를 위한 노력이다. 따라서 생존율 제고를 위한 노력의 관점에서 협약 기간 종료 이후 구체적인 사업화 세부 계획에 대해 작성해야 한다(사업추진 일정과 자금 운용 계획은 3-3에서 작성).

그림 75 | 협약 기간 종료 후 로드맵

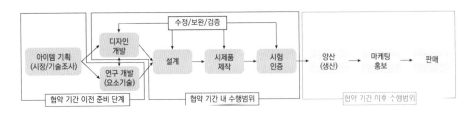

사업화 전략은 창업아이템과 협약 기간 내 사업화 진행현황에 따라 다르겠지만 스타트업 설립 이후 단기적(약 1~3년) 전략을 제시해야 하며, 협약 기간 이후 창업 아이템의 사업화 단계와 향후 창업 아이템의 고도화 방향이 제시되어야 한다. 또한 유통 및 판로 확보, 제품의 홍보와 마케팅에 대한 세부 실행 전략을 제시해야 한다. 그리고 단기적 관점에서 스타트업의 성장 로드맵과 이를 바탕으로 한 투자유치 전략이 제시되어야 한다.

다음은 3-3. 사업추진 일정과 자금운용 계획이다. 창업아이템의 사업화를 위해 구체적인 세부 일정과 자금 운용 및 조달계획에 대하여 작성하는 단계로 '3-2-1. 사업 전체 로드맵, 3-2-2. 협약 기간 내 목표 및 달성 방안, 3-3-3. 정부지원금 집행계획, 3-3-4. 기타 자금 필요성 및 조달계획'으로 구성되어있다.

먼저 3-2-1. 사업 전체 로드맵부터 살펴보고자 한다. 아래 <그림 76>은 3-3. 사업추진 일정 및 자금운용 계획의 3-2-1. 사업 전체 로드맵 양식이다.

그림 76 ▍3-3. 사업추진 일정 및 자금운용 계획_3-2-1. 사업 전체 로드맵

3-3. 사업추진 일정 및 자금운용 계획

3-2-1. 사업 전체 로드맵

※ 전체 사업 단계에서 추진하고자 하는 <u>목표</u> 및 종합적인 <u>추진 일정</u> 등 기재

   ○

    -

    -

< 사업 추진 일정(전체 사업단계) >

순번	추진 내용	추진 기간	세부 내용
1	시제품 설계	00년 상반기	시제품 설계 및 프로토타입 제작
2	시제품 제작	00.00 ~ 00.00	외주 용역을 통한 시제품 제작
3	정식 출시	00년 하반기	신제품 출시
4	신제품 홍보 프로모션 진행	00.00 ~ 00.00	OO, OO 프로모션 진행
...			

3-2-1. 사업 전체 로드맵은 창업아이템의 사업화 목적을 달성하기 위하여 진행하게 되는 전체적인 과정으로, 세부적인 시간 흐름의 관점에서 전체적인 사업의 종합적인 추진 일정과 목표를 작성해야 하며, 제품 또는 서비스의 개발, 양산화 방안, 마케팅 및 판매 전략을 통한 매출 달성 목표, 이윤 확보 등의 목표를 제시해야 한다.

위 <그림 76>에는 사업 추진 일정(전체 사업단계)에 대한 표를 작성하게 되어있으며 추진 내용, 추진 기간, 세부 내용을 작성해야 한다. 표의 세부 내용 작성 기준은 각 단계의 목표에 대한 계획을 수립하는 것으로, 사업화 단계별 목표는 아직 실현 전이지만 실현이 완료되었을 때 나타나는 결과 또는 성과가 기준이 된다. 예를 들면 설계를 완료하면 설계도면, 3D파일이 결과물이 되고, 품질 검사 및 인증 취득을 완료하면 검사결과서, 인증서가 결과물이 되며, 매출 발생의 경우 세금계산서나 매출전표, 계약서 등이 성과물이 된다.

아래 <그림 77>은 사업 전체 로드맵을 간트차트 형식으로 나타낸 것이며, <그림 78>은 사업 전체 로드맵을 이미지화하여 나타낸 것이다. 사업계획서 내 공간적인 여유가 된다면 간트차트 형식 또는 이미지화하여 표현할 수 있다. 물론 사업계획서 양식을 삭제하거나 수정하면 안되기 때문에 사업계획서 양식에 제시된 사업 전체 로드맵 표 작성 후 이해를 돕기 위해 추가하거나 대면 평가 시 활용할 PPT 발표 자료에 활용하는 것이 좋다.

그림 77 ▌ 사업 전체 로드맵_간트차트 형식

세부 내용	추진 일정																		추진 내용
	2022년			2023년												2024년			
	10	11	12	10	1	2	3	4	5	6	7	8	9	10	11	12	1	2	3	
아이템 기획	■																			– 아이템 확정 – 목표 성능/기능 설정
연구개발			■	■	■	■	■													– 핵심 기술 및 목업 등 결과물 – 연구개발 시험 데이터 등
디자인개발								■												– 제품 디자인 3D 파일 – CMF 해석 데이터 등
제품 설계										■										– 제품 구조 설계 3D 도면 – CAE 해석 데이터 등
시제품 제작											■	■	■							– 시제품(워킹 목업)/부품 제작 – 금형 또는 지그 등
시험 인증														■						– 시험성적서/제품인증서 – 시험데이터
제품 초도 생산															■					– 초도 생산품
마케팅 및 홍보																	■			– 마케팅 머터리얼 – 마케팅 채널별 노출/홍보 성과
판매																	■			– 판매 실적 – 세금계산서/계약서 등

■ 협약 전 준비사항　■ 협약 기간 내 진행단계　■ 협약 기간 이후 진행단계

그림 78 ▌ 사업 전체 로드맵_이미지화 표현

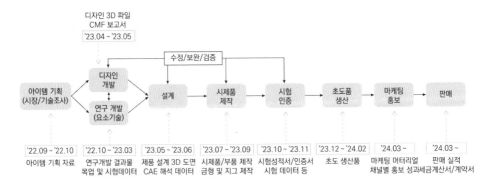

다음은 3-2-2. 협약 기간 내 목표 및 달성 방안이다. 사업 전체 로드맵에서 협약 기간 내 추진하고자 하는 주요 내용과 목표, 일정, 최종결과물 등을 작성해야 한다. 아래 <그림 79>는 3-2-2. 협약 기간 내 목표 및 달성 방안 작성 양식이다.

그림 79 ┃ 3-3. 사업추진 일정 및 자금운용 계획의 3-2-2. 협약 기간 내 목표 달성 방안

3-2-2. 협약기간('23.5.1. ~ '23.12.31.) 내 목표 및 달성 방안

※ 제품·서비스(시제품)의 개발을 위해 협약기간 내 추진하려는 달성 가능한 목표 및 상세 추진 일정 등

○

-

-

< 사업 추진 일정(협약기간 내) >

순번	추진 내용	추진 기간	세부 내용
1	필수 개발 인력 채용	00.00 ~ 00.00	OO 전공 경력 직원 OO명 채용
2	제품 패키지 디자인	00.00 ~ 00.00	제품 패키지 디자인 용역 진행
3	홍보용 웹사이트 제작	00.00 ~ 00.00	웹사이트 자체 제작
4	시제품 완성	협약기간 말	협약기간 내 시제품 제작 완료
...			

협약 기간 내 목표는 향후 사업 종료 후 진행되는 최종평가에 영향을 미치므로 협약 기간과 예산 등을 고려하여 달성이 가능한 목표를 설정하는 것이 중요하다. 목표의 난이도가 쉬우면 과제의 진행도나 혁신성이 낮아 과제 선정 확률이 떨어질 수 있으며, 목표의 난이도가 높으면 과제 선정 확률은 올라갈 수 있으나 성과를 달성하지 못해 최종평가에 악영향을 미칠 수 있으므로 실제 달성할 수 있는 목표 내에서 신중하게 설정해야 한다.

창업아이템의 사업화 진행 정도와 특성에 따라 사업 전체 로드맵에서 협약 기간 내 주요 내용과 목표를 시계열적 또는 중요한 순서대로 나열하여 각 단계에 대한 추신 기간과 세부 내용을 작성하면 된다. 세부 내용은 협약 기간 추진내용에 대한 최종결과물 또는 성과물을 기준으로 작성해야 한다.

앞의 사업 전체 로드맵과 마찬가지로 협약 기간 내 사업추진 일정 또한 앞의 <그림 77>, <그림 78>과 같이 간트차트 형식이나 이미지화하여 표현할 수 있다. 물론 사업계획서 양식을 삭제하거나 수정하면 안되기 때문에 사업계획서 양식에 제시된 사업 추진 일정(협약 기간 내) 표 작성 후 이해를 돕기 위해 추가하거나 대면 평가 시 활용할 PPT 발표 자료에 활용하는 것이 좋다.

협약 기간 내 목표가 정해졌으면 목표를 달성하기 위한 전략을 작성해야 한다. 목표에 대한 주요 수행내용에 대하여 평가위원을 설득할 수 있도록 현실적, 논리적, 합리적인 목표 달성 방안과 전략을 제시해야 한다.

다음은 3-3-3. 정부지원금 집행계획이며 사업의 협약 기간 내에 창업아이템 사업화를 수행하기 위해 소요되는 비용에 대한 정부지원금의 집행계획을 수립하는 것이다. 아래 <그림 80>은 3-3-3. 정부지원금 집행계획에 대한 사업계획서 양식이다.

그림 80 ▌ 3-3. 사업추진 일정 및 자금운용 계획의 3-3-3. 정부지원금 집행계획

3-3-3. 정부지원금 집행계획

※ 자금 필요성, 금액의 적정성 여부를 판단할 수 있도록 사업비(정부지원금) 집행계획 기재
  * 신청사업의 운영지침 및 사업비 관리기준 내 비목별 집행 유의사항 등에 근거하여 기재
※ 사업비 집행계획(표)에 작성한 예산은 선정평가 결과 및 제품·서비스 개발에 대한 금액의 적정성 여부 검토 등을 통해 차감될 수 있으며, 신청금액을 초과하여 지급할 수 없음

o

-

< 사업비 집행계획 >

※ 정부지원금은 최대 1억원, 평균 0.5억원 한도 이내로 작성

비 목	산출근거	정부지원금(원)
재료비	• DMD소켓 구입(00개×0000원)	3,000,000
	• 전원IC류 구입(00개×000원)	7,000,000
외주용역비	• 시금형제작 외주용역(OOO제품 …. 플라스틱금형제작)	10,000,000
지급수수료	• 국내 OO전시회 참가비(부스 임차 등 포함)	1,000,000
…		
합 계		…

정부지원금 집행계획을 수립하기 위해서는 협약 기간 내 사업화 추진 내용과 방안을 기준으로 소요 비용을 작성해야 한다. 이때 중요한 것은 사업 공고문의 3. 지원내용에서 사업화 자금의 비목 정의 및 기준을 참조하여 사업비 집행계획을 수립해야 한다. 아래 <표 5>는 예비창업패키지 공고문의 3. 지원내용에 명시된 사업화 자금의 비목 정의 및 기준이다.

▌표 5 비목 정의 및 기준

비목	비목정의	집행기준
재료비	사업계획서상의 사업화를 위해 소요되는 재료 또는 원료, 데이터 등 무형 재료를 구입하는 비용	한도 없음 (양산자금 사용 불가)
외주용역비	자체적으로 시제품 제작을 완성할 수 없는 경우, 용역 계약을 통하여 일부 공정에 대해 외부 업체에 의뢰하여 제작하고, 이에 대한 대가를 지급하는 비용	
기계장치 (공구, 기구, SW 등)	사업화를 위해 필요한 일정 횟수 또는 반영구적으로 사용이 가능한 기계 또는 설비, 비품을 구입하는 비용	한도 없음 (양산자금 사용 불가)
특허권 등 무형자산 취득비	사업계획서상의 창업아이템과 직접 관련이 있는 지식재산권 등의 출원, 등록 관련 비용	
인건비	• 소속 직원이 사업에 직접 참여하는 경우 근로계약에 따라 지급하는 급여 • 대표자, 대표자와 특수관계인(민법 제777조의 친족 관계의 자)는 인건비 지급 불가	
지급수수료	사업화를 위한 거래를 수행하는 대가로 요구하는 비용 (기술이전비, 학회 및 세미나 참가비, 전시회 및 박람회 참가비, 시험·인증비, 멘토링비, 기자재임차비, 사무실임대로, 운반비, 보험료, 보관료, 회계감사비, 법인설립비 등)	
여비	창업기업 대표, 재직 임직원이 소재지를 벗어나 타 국가로 업무 관련 출장 등의 사유로 집행하는 비용	
교육훈련비	창업기업 대표, 재직 임직원이 사업화를 위해 기술 및 경영 교육 이수 시 집행하는 비용	
광고선전비	창업기업 제품과 기업을 홍보하기 위한 홈페이지 제작비, 홍보영상, 홍보물 제작 등의 광고 게재, 기타 마케팅에 소요되는 비용	
창업활동비	창업(준비) 활동에 필요한 국내 출장여비, 문헌구입, 소모품 구입비 등에 소요되는 경비	월 50만원 한도

예비창업패키지에서 사용할 수 있는 사업화 자금은 재료비, 외주용역비, 기계장치(공구·기구, SW 등), 특허권 등 무형자산 취득비, 인건비, 지급수수료, 여비, 교육훈련비, 광고선전비, 창업활동비로 총 10가지 비목으로 구성되어 있다. 각 비목의 사용할 수 있는 범위는 비목 정의를 참고하여 작성하면 된다. 간혹 공고문의 비목 정의를 숙지하지 않아 실수하는 사람들이 있다. 예를 들어 대표자의 국내 출장 여비는 창업활동비에 해당된다. 하지만 비목만 보고 여비에 국내 출장 여비를 작성하는 경우가 있다. 비목 정의를 보면 여비는 타 국가로 업무 관련 출장 시 산정이 가능하다. 즉, 해외 출장 시에만 여비에 작성해야 한다. 따라서 비목 정의를 꼼꼼히 읽어보아야 한다. 또한 사업계획서 작성시 시간적 여유가 된다면 창업지원사업 운영지침과 사업비 관리기준 내 비목별 유의사항을 숙지하고 이에 근거하여 작성하는 것을 권장한다.

또한 기계장치의 경우 사업화를 위해 필요한 일정 횟수 또는 반영구적으로 사용이 가능한 기계 또는 설비, 비품이므로 일회성, 단발성 기계장치의 경우 해당 되지 않으니 유의하여야 한다. 인건비의 경우 대표자, 대표자와 특수관계인(민법 제777조의 친족 관계의 자)는 인건비 지급 불가하므로 참고 바란다. 이러한 부분에 문제가 될 경우 선정평가 및 적정성 여부에서 사업비가 삭감될 수 있다.

사업비 집행계획 작성 시 금액의 적정성을 판단할 수 있도록 각 비목에 대하여 산출근거를 구체적이고 명확하게 작성하는 것이 좋다. 비목별 사업비 금액이 통상적인 비용보다 높게 책정되어 있으면 선정평가 및 적정성 여부 검토를 통해 차감될 수 있다.

예비창업패키지의 사업비는 최대 1억 원까지 지원되며, 선정 시 평균 0.5억 원 내외로 지원받는다. 창업자는 이를 감안하여 0.5억 원~1억 원 한도 내에서 협약 기간 내 필요한 사업비만큼 사업비 집행계획을 수립하면 된다. 다만 창업자가 신청한 금액을 초과하여 지급할 수 없다는 점을 감안하여 필요한 사업화 자금을 꼼꼼하게 체크하여 작성하는 것이 좋다.

다음은 3-3-4. 기타 자금 필요성 및 조달계획이다. 본 지원사업으로 지원되는 정부지원금 이외에 창업아이템 사업화 또는 회사 설립에 필요한 소요자금을 도출하고 이에 대한 자금 조달계획을 수립하여 작성해야 한다. 아래 <그림 81>은 3-3-4. 기타 자금 조달 필요성 및 조달계획 양식이다.

그림 81 ▎3-3. 사업추진 일정 및 자금운용 계획의 3-3-4. 기타 자금 조달 필요성 및 조달계획

3-3-4. 기타 자금 필요성 및 조달계획

> ※ 본 지원사업 정부지원금 이외 회사 설립 등 소요 비용, 투자유치 등 추가 자본금 조달에
> 대한 구체적 목표와 전략 기재

    ○

    -

3-3-4. 기타 자금 필요성 및 조달계획에서는 먼저 예비창업패키지에서 지원 받는 정부지원금 이외에 창업아이템 사업화 또는 회사 설립, 운영에 필요한 소요자금을 산출하고 이에 대한 필요성을 작성해야 한다. 그리고 산출된 소요 자금에 대하여 조달계획과 전략을 작성한다.

자금 조달 방법은 여러 가지가 있으며, 대표적인 자금 조달 방법은 ① 자기자본 조달, ② 투자유치, ③ 사업화 자금 융자, ④ 타 정부지원사업 지원금 활용 등이 있다. 첫 번째는 자기자본 조달이다. 창업자의 자금이 넉넉하면 자기자본으로 조달할 수 있으며, 이에 대한 계획을 작성한다. 소요자금 중 일부만 자기자본으로 조달할 경우에도 어떤 자금으로 활용할 계획인지에 대해 작성하면 된다. 간혹 창업자 중 사업계획서 작성 시 자기자본 조달에 대하여 구체적으로 작성하지 않는 경우가 있다. 사업계획서에서 중요한 것은 소요자금에 대한 자금조달 계획을 통해 사업화 실현가능성 및 회사의 지속 운영가능성에 대해 평가하는 것이므로 자기자본 조달계획 역시 구체적으로 작성하는 것이 좋다.

두 번째는 투자유치이며, 협약 기간 이후 투자유치에 대한 계획과 IR전략 수립 후 작성해야 한다. 스타트업 투자 시리즈별 구분과 내용은 앞서 설명한 3-2. 생존률 제고를 위한 노력에서 [표2] 스타트업 투자 시리즈별 구분과 투자 목표 선정 부분을 참고하기 바란다. 시드(Seed) 단계 투자유치의 경우 엔젤투자자, 엑셀러레이터, 마이크로 VC 등에게 투자를 유치할 수 있지만 가족이나 지인에게 투자 받기도 한다. 창업자의

사업화 계획과 창업아이템의 기술성, 시장성, 사업성, 구현 정도 등에 따라 시리즈 A, B까지 유치할 수도 있다. 투자유치 계획 작성 시 이미 협약 또는 계약된 투자처가 있다면 협약서나 계약서를 제시하는 것이 좋으며, 확정된 투자처가 없더라도 투자유치를 위한 구체적인 전략을 수립하여 작성해야 한다. 투자유치에 대한 전략을 수립하기 위해서는 창업자가 투자에 대한 지식과 이해가 필요하며, 창조경제혁신센터 등 창업지원기관에서 스타트업의 투자유치를 위한 IR전략 수립 컨설팅 및 교육 등을 진행하므로 적극적인 참여를 통해 투자 전략과 계획 수립이 가능하니 참고 바란다.

세 번째는 사업화 자금 융자이다. 정책자금 융자를 활용할 수 있으며, 중소벤처기업진흥공단(www.kosmes.or.kr)이나 소상공인시장진흥공단(www.semas.or.kr)에서 시행한다. 해당 기관 사이트나 중소벤처기업부 홈페이지(www.mss.go.kr) 등에서 공고를 확인할 수 있다. 정부지원사업과 유사한 형태로 공고되며, 공고문 확인 및 신청·접수 후 평가를 통해 선정되면 지원을 받을 수 있다. 정책자금 융자는 비교적 장기간 동안 매우 저렴한 금리로 자금을 빌릴 수 있으므로 융자로 자금을 확보할 계획이 있는 창업자라면 적극적으로 활용하는 것이 좋다. 또한 우수한 특허 기술 등을 보유하고 있는 창업자라면 기술보증기금의 R&D융자 연계 프로그램 등을 통해서 자금을 지원받을 수 있다. 일반적으로 은행 등 금융기관을 통한 융자는 담보가 있어야 하며 담보가 있는 창업자는 대출이 가능하지만, 담보가 없는 경우 대출이 어렵다. 따라서 담보가 없는 경우 특정 조건을 갖춘 기업을 대상으로 기술보증기금(www.kibo.or.kr)이나 신용보증기금(www.kodit.co.kr)의 평가를 통해 담보 문제를 해소하고 보증을 받을 수 있으니 참고 바란다.

네 번째는 타 정부지원사업 지원금 활용이다. 앞서 설명한 융자의 경우 상환기간이 도래하면 융자금액을 상환해야 할 뿐만 아니라 융자 기간 동안 이자 비용이 발생한다. 하지만 정부지원사업을 통해 사업화 자금 또는 R&D 자금 및 경영 자금을 확보하면 상환하지 않아도 되고 이자 비용 또한 발생하지 않는다. 물론 과제에 따라 일정 금액만큼 기업부담금 및 기술료를 부담해야 하는 경우가 있으나 융자에 비해 부담하는 금액은 매우 적은 편이다. 따라서 정부지원사업의 지원금을 적극적으로 활용할 것을 권장한다.

정부지원사업 지원금 활용에 대한 계획을 수립하기 위해서는 단기적으로 창업아이템 사업화 로드맵과 장기적으로 기업 성장 로드맵을 수립하고 이에 대한 창업아이템의 사업화 단계 또는 고도화 계획에 따라 정부지원금 활용 계획을 수립할 수 있다. 정부지원사업을 활용하기 위해 가장 먼저 해야 할 것은 정부지원사업 공고에 대한 정보를 얻는 것이다. 정부지원사업 공고에 대한 정보를 얻기 위해서는 정부지원사업을 운영하고 관리하는 지원기관에 대해 알아야 한다.

그림 82 ▎사업화 단계별 정부 사업지원 내용 및 지원기관 예시

위 <그림 82>는 사업화 단계별 정부 지원사업 내용 및 지원기관의 예시이다. 정부지원사업을 지원해주는 기관은 중소벤처기업부, 산업통상자원부 등과 같은 중앙부처부터 테크노파크, 디자인진흥원, 지식재산센터 등 지역 내 연계 지원기관과 출연연, 대학까지 매우 다양하다. 특히, 스타트업이라면 창업진흥원, K-Startup, 창조경세혁신센터 등에서 스타트업 또는 초기창업기업을 대상으로 다양한 사업을 지원해준다. 또한 아이템에 따라 중소벤처기업부 등에서 지원하는 사업과 성격이 다를 수 있다. 예를 들어 관

광 콘텐츠와 관련된 아이템은 한국관광공사의 관광벤처지원사업에 신청할 수 있으며, 농산물 관련 식품 창업아이템의 경우 한국농업기술원의 농식품창업지원사업에 신청할 수 있다. 따라서 지원기관의 설립 취지와 목적을 이해하고 지원 범위와 분야를 파악할 필요가 있다. 정부지원사업의 정보를 습득하기 위해서는 지원 기관의 홈페이지나 관련 사이트 또는 플랫폼에 자주 접속하여 사업공고를 확인해야 한다.

다시 한번 말하지만 "역사는 반복된다." 정부지원사업은 해마다 동일한 기관에서 비슷한 시기에 같거나 유사한 정부지원 사업이 공고되기 때문에 정보 획득은 경험이 많은 사람이 유리하다. 이미 신청 시기가 지나간 사업이라도 향후 필요한 사업이라면 눈여겨보았다가 향후 활용 계획을 세우는 것이 좋다.

아래 <그림 83>은 창업기업 단계별 자금 확보를 위한 창업지원사업 활용 로드맵으로 정부지원을 통한 창업기업의 자금 조달계획 수립 시 참고하기 바란다.

그림 83 ▎창업지원사업 활용 로드맵

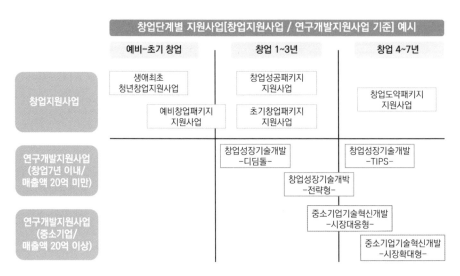

위 <그림 83>의 창업지원사업 로드맵은 중소벤처기업부, 창업진흥원의 지원사업 기준이다. 예비－초기 창업 단계기업은 창업을 준비하고 있으며 사업자등록 이전 단계로 생애최초청년창업지원사업과 예비창업패키지지원사업을 신청할 수 있다. 물론 각 사업의 신청 자격 요건을 충족해야 하며, 예비－초기 창업단계에서 초기 아이템의 사업화를 위하여 활용할 수 있다. 창업 1~3년 단계의 기업은 창업성공패키지지원사업과 초기창업패키지지원사업을 신청할 수 있으며 기존 창업아이템의 고도화 또는 신제품의 사업화 단계에서 활용할 수 있다. 창업 4~7년 단계의 기업은 창업도약패키지지원사업을 신청할 수 있으며 보다 적극적인 시장 진입 및 확대를 위한 아이템 사업화를 위해 활용할 수 있다. 또한 타 기관이나 지자체 등에서도 다양한 창업지원 또는 사업화 지원사업들이 있으니 자격 요건 충족과 중복수혜 여부 등을 확인 후 신청할 수 있다.

연구개발지원사업 또한 중소벤처기업부 지원사업 기준이며, 창업 7년 이내 매출액 20억 미만일 경우 창업성장기술개발사업 디딤돌, 전략형, TIPS사업을 활용할 수 있다. 예비－초기 창업단계에서는 디딤돌 사업부터 신청하는 것을 권장하며, TIPS의 경우 투자요건 등을 충족해야 하므로 사전 준비가 필요하다. 창업기업 중에서 중소기업으로 매출액 20억 이상일 경우 중소기업기술혁신개발사업의 시장대응형과 시장확대형 사업을 신청할 수 있다. 아이템 또는 타깃 시장에 따라 수출지향형이나 소부장(소재·부품·장비)일반 과제로 신청할 수도 있다. 연구개발지원사업 역시 타 기관이나 지자체 등에서 지원하는 사업에 참여 가능하니 자격 요건 충족과 중복수혜 여부 등을 확인 후 신청할 수 있다. 연구개발지원사업의 경우 창업 지원 또는 사업화 과제와 다른 부분이 많으므로 추후 별도의 책을 통해 자세히 설명하도록 하겠다.

5. Team(팀 구성) 작성 팁

팀 구성은 누가(Who) 스타트업을 설립하여 창업아이템을 사업화하고 비즈니스 모델을 실현할 것인가, 그리고 어떠한 역량과 인프라를 보유하고 있으며 어떻게 활용할 수 있는가에 대하여 작성하는 것이다. 좋은 창업아이템과 훌륭한 비즈니스 모델이 있더라도 이를 실현할 수 있는 인력과 역량이 없다면 성공할 수 없다.

4. 팀 구성은 4-1. 대표자(팀) 현황 및 보유역량과 4-2. 외부 협력기관 및 활용계획, 4-3. 중장기 사회적 가치 도입계획으로 구성되어 있다. 4. 팀 구성 작성 시 유의해야 할 사항은 공정한 평가를 위해 창업자 또는 팀원의 성명, 성별, 생년월일, 출신학교, 소재지 등의 개인 유추 가능한 정보는 삭제하거나 마스킹 처리해야 한다. 따라서 대표자나 팀원의 역량을 나타낼 수 있는 학력, 전공, 직장, 직업, 경력, 주요 수행업무 등에 대해서만 작성할 수 있다. 작성자의 실수로 마스킹해야 할 부분을 처리하지 않으면 평가 시 불이익을 당할 수 있으니 유의하기 바란다.

그림 84 ┃ 4. 팀 구성의 4-1. 대표자(팀) 현황 및 보유역량

4. 팀 구성 (Team)

※ 성명, 성별, 생년월일, 출신학교, 소재지 등의 개인정보(유추가능한 정보)는 삭제 또는 마스킹
[학력] (전문)학·석·박사, 학과·전공 등, [직장] 직업, 주요 수행업무 등만 작성 가능

4-1. 대표자(팀) 현황 및 보유역량

※ 대표자 보유 역량(경영 능력, 경력·학력, 기술력, 노하우, 인적 네트워크 등) 기재
  * 역량 : 창업 아이템을 개발 또는 구체화 할 수 있는 능력
  * 유사 경험, 정부 지원사업 수행 이력, 관련 교육 이수 현황, 관련 수상 실적 등 포함
※ 팀에서 보유 또는 보유할 예정인 장비·시설, 직원 역량(경력·학력, 기술력, 노하우 등) 기재
※ 현재 시점에서 채용 완료했거나 협약기간 내 채용 예정인 인력에 대해서만 기재
※ 채용 예정이 없는 1인 (예비)창업팀의 경우, 대표자 역량, 보유 장비·시설 등을 중심 기재

　　○

　　　-

　　　-

< (예비)창업팀 구성 예정(안) >

순번	직위	담당 업무	보유역량(경력 및 학력 등)	구성 상태
1	공동대표	S/W 개발 총괄	OO학 박사, OO학과 교수 재직(00년)	완료('00.00)
2	대리	홍보 및 마케팅	OO학 학사, OO 관련 경력(00년 이상)	예정('00.00)
...				

위 <그림 84>는 4-1. 대표자(팀) 현황 및 보유역량 작성 양식이다. 스타트업에서 가장 중요한 것이 바로 대표자의 보유역량으로 창업아이템 개발, 비즈니스 모델 구체화 및 실현에 초점을 맞추어 대표자의 역량을 작성하는 것이 좋다. 따라서 창업아이템 개발 역량과 경영 역량을 구분하여 작성할 것을 권장한다.

창업아이템 개발 역량은 관련 분야의 경력, 학력, 기술력, 노하우 등을 작성할 수 있으며 보유하고 있는 창업아이템 개발 역량을 활용하여 창업아이템 개발과 사업화에 어떻게 활용할 수 있는지 어필하는 것이 중요하다. 경영 역량은 창업자의 경영 능력과 관련한 경력, 학력, 노하우 등을 작성할 수 있고 보유하고 있는 경영 역량을 활용하여 비즈니스 모델 실현과 회사 설립, 운영에 어떻게 활용할 수 있는지 어필하는 것이 중요하다. 또한 유사 경험이나 관련 정부지원사업 수행 또는 참여 이력, 교육 이수 현황, 수상 실적 등이 있으면 작성하는 것이 좋다.

다음은 창업 팀에서 채용이 완료된 인력과 역량 또는 협약 기간 내 채용 예정인 인력과 채용 예정 인력의 역량 수준을 작성해야 한다. 팀원의 역량 또한 경력, 학력, 기술력, 노하우 등을 바탕으로 창업아이템 개발과 사업화에 어떻게 활용할 수 있는지 어필하는 것이 중요하다.

협약 기간 내 팀원 채용은 앞서 작성한 3-2. 생존율 제고를 위한 노력에서 협약 기간 내 고용 목표의 채용 인원과 채용 분야가 일치해야 한다. 앞서 설명한 대로 팀원의 채용은 협약 기간 내 창업아이템의 사업화 실현 계획과 비즈니스 모델 구체화에 필요한 인력을 바탕으로 우선순위를 세우고 채용 시점을 정하여 목표를 설정해야 하며, 팀을 구성하는 인력의 직무가 창업 아이템 개발 및 사업화의 핵심 직무인지, 지속적/정기적으로 발생하는 직무인지, 채용했을 때 외주 의뢰 비용 대비 저렴하거나 장점이 있는지 등을 종합적으로 고려하여 채용 계획 수립 후 작성해야 한다.

또한 창업팀에서 보유 또는 보유 예정인 장비·시설에 대하여 작성해야 한다. 장비·시설은 창업아이템의 개발, 시험, 생산 등과 관련되거나 서비스 구현, 비즈니스 모델 실현 등과 관련된 장비·시설이어야 한다.

채용 예정이 없는 1인 창업팀일 경우 대표자의 역량과 보유 또는 보유 예정인 장비·시설 등을 중심으로 기재해야 한다. 이때 대표자의 역량이 창업아이템 개발부터 비즈니스 모델 실현까지 사업화의 전반적인 부분에 대한 역량을 보유하고 있으면 좋으나 모든 역량을 모두 다 보유하고 있는 창업자는 흔하지 않다. 창업아이템 사업화 실현에 있어 부족한 역량이 있을 경우, 다음에 작성하게 될 4-2. 외부 협력 기관 현황 및 활용 계획을 통해 부족한 역량을 어떻게 보완할 것인지 작성해야 한다.

다음은 4-2. 외부 협력기관 현황 및 활용 계획이다. 창업아이템의 개발 및 사업화와 관련하여 대표자나 팀원 이외 본 사업을 수행하기 위해서 협력 또는 협력 예정인 외부 기업, 기관, 교수, 전문가 등을 작성하고 외부 협력기관이 보유하고 있는 역량과 세부 협력 사항을 기재해야 한다. 즉, 어떤 외부 협력기관과 언제, 어떻게 협력할 것인가에 대한 전략과 계획을 수립해야 한다. 아래 <그림 85>는 4-2. 외부 협력기관 현황 및 활용 계획 양식이다.

그림 85 ▌4. 팀 구성의 4-2. 외부 협력기관 현황 및 활용 계획

4-2. 외부 협력기관 현황 및 활용 계획

> ※ 제품·서비스 개발 및 구체화 등과 관련하여 협력(또는 예정)인 파트너, 협력 기관(기업) 등 역량과 주요 협업(협력)내용 등 기재

○

  -

  -

○

  -

  -

순번	파트너명	보유역량	협업방안	협력 시기
1	○○전자	시제품 관련 H/W 제작·개발	테스트 장비 지원	00.00
2	○○기업	S/W 제작·개발	웹사이트 제작 용역	00.00
...				

    외부 협력기관에 대한 인프라나 Pool이 잘 형성되어 있고 각 사업화 단계에서 대표자와 창업팀 역량의 부족한 부분에 대하여 협력 계획이 수립되어 있다면 쉽게 작성할 수 있다. 하지만 외부 협력기관에 대한 인프라나 Pool이 형성되어 있지 않고 협력 계획이 수립되지 않은 창업자라면 창업아이템의 각 사업화 단계에서 자체적으로 실현하기 어려운 부분을 도출하고 이를 해결하기 위해 협업 또는 협력할 수 있는 파트너, 외부 기관, 기업 등과 인프라를 구성하고 계획을 수립해야 한다. 아래 <그림 86>은 외부 협력기관 현황 및 활용 계획에 대한 예시이다.

그림 86 ▎외부 협력기관 활용 계획에 대한 예시

기획	시장/기술동향 조사	한국00기술정보연구원
기획	R&BD 기획	0000컨설팅
연구	무선전력전송 기술 공동연구개발	한국0000연구원
연구	인공지능/IoI 위탁 개발	00대학교 전자공학부
연구	디자인 개발 자문	㈜00디자인
시험/검증	시험 및 인증	한국0000시험연구원
시험/검증	사용성 평가	000 미래사용성평가센터
지식재산권	특허 / 디자인권 출원	00특허법인
마케팅/홍보	마케팅 머터리얼 제작	000미디어
마케팅/홍보	온라인 마케팅 외주 진행	000미디어

4-1. 대표자(팀) 현황 및 보유역량과 4-2. 외부 협력기관 현황 및 활용 계획의 작성에서 가장 중요한 것은 "누가, 보유역량"을 언제, 어떻게 활용하여 창업아이템의 사업화를 실현해 나아갈 것인가에 대해 초점을 맞추고 작성해야 한다.

다음은 4-3. 중장기 사회적 가치 도입계획이다. 최근 사업계획서 양식이 개정되면서 환경, 사회, 지배구조에 대한 사회적 가치를 통한 지속가능한 경영을 실현하기 위해 새롭게 도입된 내용이다. 아래 <그림 87>은 4-3. 중장기 사회적 가치 도입계획 양식이다.

그림 87 ▌ 4. 팀 구성의 4-3. 중장기 사회적 가치 도입계획

4-3. 중장기 사회적 가치 도입계획

> ※ 기업 설립 이후 지속가능한 경영 등을 위한 중장기적 사회적가치 도입 계획
> - 환경 : 폐기물 배출 감소, 재활용 확대, 친환경 원료 개발, 에너지 절감 등 환경보호 노력
> - 사회 : 지역사회 교류, 사회 환원, 인권, 평등, 다양성 존중 등 사회적 책임경영 노력
> - 지배구조 : 윤리경영, 상호 존중 조직문화 구축, 근로 환경 개선 등의 투명 경영 노력

     ○

     -

기업의 1차원적 목적은 이윤 창출이다. 하지만 지속가능한 경영을 위해서 비재무적인 요인들을 고려해야 한다. 4－3. 중장기 사회적 가치 도입계획은 환경(Environment), 사회(Social), 지배구조(Governance)의 관점, 즉, ESG경영을 의미하며, 이는 환경, 사회, 지배구조 이슈를 통합적으로 고려하여 기업의 의사결정과 조직 운영을 수행하는 것이다.

ESG경영에서 환경(Environment)은 기업 경영활동에서 주변 환경에 미치는 영향을 의미하며 에너지소비, 폐기물처리, 자원의 사용 등에 대하여 환경적 영향을 고려하고 대책을 마련하여 환경적 책임을 다함으로써 경제발전과 환경보호의 균형을 이루어내고자 하는 것이다.

사회(Social)는 기업의 사회적 책임에 대한 것을 의미하며 근로환경과 복지, 다양성 존중, 공정한 노동 조건, 포용, 고객 및 공급망의 안전, 지역사회 기여, 지역기관과 관계 등 사회적 요소를 고려해야 한다. 사회적으로 윤리적이고 공정한 기업 문화 구축과 지속가능한 사회적 발전과 공공이익을 위한 기여를 목표로 삼아야 한다.

지배구조(Governance)는 기업 경영의 투명성을 의미한다. 기업의 의사결정과정, 기업의 구조와 정책 등이 민주적이고 책임 있는 방식으로 운영되는지 평가한다. 기업의

경영방침과 결정에 대한 투명성, 경영진의 윤리적 행동, 이사회의 역할 및 책임 등이 지배구조의 영역에 해당한다. 좋은 지배구조는 기업의 지속가능성과 신뢰도를 높이고, 이해관계자들에게 신뢰와 안정성을 제공하며, 지속가능한 경영을 위한 전략과 목표를 수립하고 추진하게 한다.

예비 창업단계에서 ESG경영에 대한 전략가 계획을 수립히기린 쉽지 않다. 하시만 지속가능한 경영을 위해 중장기적인 전략을 세우고 실행해야 한다. 기업의 재무적인 요소뿐만 아니라 환경, 사회, 지배구조 이슈를 통합적으로 고려하여 경영전략을 수립하고 수행해야 한다.

4-3. 중장기 사회적 가치 도입계획의 작성은 창업아이템 및 비즈니스 모델, 기업 성장전략, 경영전략과 방침, 조직문화 등에서 환경, 사회, 지배구조 측면에서 무엇을 적용하고 어떻게 성장할 것인지에 대한 계획을 수립하여 지속가능한 기업을 이루어 가는 것에 중점을 두고 작성해야 한다. 예비창업기업이므로 처음부터 거창하고 완벽할 필요는 없다. 실제 실현이 가능하고 효과를 달성할 수 있는 것부터 계획하는 것이 좋다.

지금까지 책의 본문을 통해 예비창업패키지 공고문 분석과 사업계획서 작성 방법에 대한 노하우를 알려주었다. 사업계획서 작성 방법에서 알려준 모든 것을 완벽하게 적용할 필요는 없다. 사업계획서의 제출 분량이 15페이지 내외로 정해져 있고 모든 것을 자세하게 작성하기에는 공간이 부족하다. 또한 사업계획서 분량을 많이 작성한다고 좋은 것도 아니다. 중요한 것은 창업아이템의 사업화 전략과 비즈니스 모델의 방향성을 사업계획서 구조와 목차에 대한 이해를 바탕으로, 명확하게 표현하고, 평가위원을 설득할 수 있는 논리구조를 통해 창업아이템의 기술성, 시장성, 사업성을 표현하는 것이다.

그림 88 ▎예비창업패키지 증빙서류 제출 목록

별 첨	증빙서류 제출목록 안내

※ '공통서류', '기타 참고자료'와 '가점관련 증빙서류', '부동산 임대업 보유자 증빙서류'는 신청 시 제출하고, '창업사실 확인서류', '창업여부 확인서'는 서류평가 통과자에 한하여 주관기관 안내에 따라 제출

구 분	목 록	비고
공통서류	• 대표자 신분증 사본(주민등록증·운전면허증·여권 중 1개) - 학생증 불가	신청 시 제출
기타 참고자료 (해당시)	• 본인의 아이템을 설명하기 위해 필요한 그림 또는 문서 등	
가점관련 증빙서류 (해당시)	• 창업프리스쿨 최우수 판정자 – 최우수 판정 상장 사본 - 최우수 판정을 받은 아이템과 핵심요소가 동일한 경우에 한함 • 공고일 기준 최근 2년 이내('21.2.24~'23.2.23) 정부 주관 전국규모 창업경진대회 장관급 이상 훈격 수상자 – 입상실적 증명원 또는 상장 사본 - 다수의 수상 증빙을 제출하더라도 가점은 최대 1점	
부동산 임대업 보유자 (해당시)	• 신청자 명의 사업자등록증 사본 - 공고일(2023.2.23) 이후 발급서류에 한함 • 4대 사회보험 가입자 명부 - 공고일(2023.2.23) 이후 발급서류에 한함	
창업사실 확인서류	• 사업자등록 이력이 없는 자 - 사실증명(사업자등록사실여부) - 공고일(2023.2.23) 이후 발급서류에 한함 - 주소지 관할세무서 민원실에 방문하여, '사업증명(사업자등록사실여부, 5년 이전증명 포함)'을 발급 • 사업자등록 이력이 있는 자 – 폐업사실증명(기폐업 모든 사업장) - 공고일(2023.2.23) 이후 발급서류분에 한함 (폐업관련 증빙 요청 예정)	서류평가 통과 시 제출
창업여부 확인서	• 창업여부 확인서(서류평가 통과자 대상으로 양식 제공) - 사업자 등록이력이 1회 이상 있는 경우, '폐업사업자'와 '창업계획'한 사업자의 한국표준산업분류코드(제10차 분류표 참조) 동일여부 등을 확인	

* 본 사업계획서 작성 내용과 증빙자료 상의 상이한 부분이 발견되거나 누락 또는 허위 기재 등의 사실이 확인될 경우 선정 취소, 중기부 창업지원사업 참여제한 및 사업화 자금 환수 등의 불이익이 발생될 수 있음

위 <그림 88>은 증빙서류 제출 목록이다. 사업계획서 작성이 완료되면 증빙서류 제출 목록을 참고하고 준비하여 시스템(k-Startup 누리집)에 파일 업로드 후 신청을 완료하면 된다. 증빙서류는 제출 목록에 제시된 모든 서류를 빠짐없이 꼼꼼히 준비하여 제출해야 한다. 아래 <그림 89>는 사업계획서 마지막 부분에 첨부하는 증빙서류 제출 양식이다. 증빙서류는 사업계획서 제출 시 아래 양식에 이미지화하여 삽입 후 제출하면 된다.

그림 89 ▎증빙서류 제출 양식

지금까지 P−S−S−T 기반의 예비창업패키지 사업계획서 실전 작성 팁에 대해 알아보았다. 다음 절에서는 지금까지 책에서 설명한 사업계획서의 실무 작성 능력을 높이기 위해 생성형 인공지능인 ChatGPT, New Bing, Bard 등을 활용하여 실제 사업계획서 작성을 위한 프롬프트와 이를 활용한 사업계획서 작성 방법에 대해 알려준다.

III

생성형 인공지능을 활용해
사업계획서 초안 만들기

생성형 인공지능을 활용해
사업계획서 초안 만들기

1. '생성형 인공지능(AI)'이란 무엇인가?

인공지능은 그 범위와 활용도가 광대하며, 그중에서도 최근 주목받는 기술 영역이 생성형 인공지능이다. 그렇다면 생성형 인공지능은 구체적으로 어떤 것인지, 그리고 왜 이러한 기술이 현대 사회에서 중요한지를 알아보겠다.

생성형 인공지능은, 이름에서도 알 수 있듯이, 특정 입력에 기반하여 새로운 콘텐츠를 '생성'하는 인공지능을 말한다. 이는 텍스트, 이미지, 음악, 비디오 등 다양한 형태의 콘텐츠를 포함하며, 이러한 생성 과정은 비정형 딥러닝 아키텍처를 바탕으로 한다. 이 아키텍처는 대량의 데이터에서 복잡한 패턴과 구조를 학습하며, 그 결과로 사용자의 요구에 맞춰 유사한 특성을 가진 콘텐츠를 실시간으로 제작해낸다.

존 설리(John Searle)가 '중국어 방 논증'에서 '약 인공지능'과 '강 인공지능'을 언급한 이후 인간을 뛰어넘는 수준의 '초 인공지능'까지 포함해서 인공지능을 크게 세 개로 분류한다. 생성형 AI는 '약 인공지능'에서 '강 인공지능'으로 넘어가는 과도기적 상황에서 다양한 시도 중 하나로 볼 있다. <그림 90>에서 볼 수 있듯이, 머신러닝은 인공지능을 구현하는 방법 중 기계 즉, 컴퓨터에게 학습을 시키는 방법이며 딥러닝은 머신러닝의 한 유형으로 인공 신경망 알고리즘을 기반으로 하는 방법이다. 현재 다양한 딥러닝 알고리즘이 존재하며, 생성형 인공지능은 이 중 GAN(Generative Adversarial Network)이나 VAE(Variational AutoEncoder)와 같은 모델을 활용하여 콘텐츠를 생성한다.

그림 90 ▮ 인공지능과 생성형 AI의 관계도

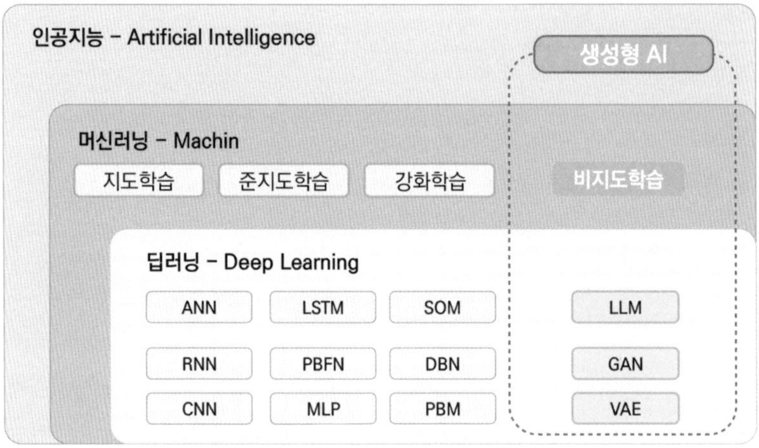

OpenAI의 ChatGPT는 생성형 인공지능의 대표적인 사례로, GPT−3.5 모델을 기반으로 텍스트 응답 능력을 지니고 있다. 이러한 기술의 인기와 중요성은 서비스 시작 후 단 2개월 만에 1억 명의 사용자를 확보한 것에서도 확인할 수 있다. 또한, GPT−4 모델은 이미지 인식과 처리, 자연어 처리 능력을 포함하여 다양한 태스크를 수행할 수 있으며, 이를 통해 인간 수준의 능력을 지닌 것으로 평가받았다.

결론적으로, 생성형 인공지능은 딥러닝 기술을 활용하여 다양한 콘텐츠를 동적으로 생성하는 혁신적인 기술이다. 이 기술은 빠르게 발전하고 있으며, OpenAI와 같은 기업들의 연구와 서비스를 통해 더욱 다양한 분야에서 그 가치와 가능성이 확인되고 있다.

2. 생성형 인공지능 회원가입 및 작업환경 구성

사업계획서 작성에는 생성형 AI 중 ChatGPT, Bing, Bard 등 세 개 솔루션을 활용하였으며, 본격적인 사용에 앞서 각각의 서비스에 먼저 가입해야 한다. ChatGPT의 경우 크롬 등의 인터넷 브라우저에서 openai.com으로 접속한 후, 우측 상단의 'Get started'를 클릭한다.

그림 91 ▌OpenAI 사이트 접속 화면

계정 생성 화면으로 이동하면 계정으로 사용할 이메일을 등록할 수 있는데, 구글, 마이크로소프트, 애플 계정이 있으면 연동하여 바로 등록할 수 있다. 저자는 구글 계정으로 등록을 진행하였다. (만약 독자 중에 구들 계정이 아직 없다면 이번 기회에 만들 것을 추천한다. 나중에 ChatGPT Add-in 앱을 사용할 경우에도 구글 계정을 이용하면 편리한 경우가 많다.)

책 분량 관계상 생성형 AI 회원가입 설명은 동영상으로 대체하니 <표 6>의 QR코드를 활용하기를 바란다.

https://youtu.bc/dAΓOXlı_WkPw

3. 생성형 인공지능 프롬프트 작성 기초

생성형 인공지능으로부터 내가 원하는 답을 잘 얻으려면 두 가지를 입력물로 주어야 한다. 하나는 내가 이미 아는 내용이고 다른 하나는 내가 알고 싶은 내용을 내가 원하는 형태와 구성으로 작성케 하는 질문 또는 가이드이다. 내가 원하는 답이 무엇이냐에 따라 프롬프트의 형태 또한 천차만별로 달라질 수 있지만, 그 본질은 앞에서 말한 두 개가 전부이다. 본서에서 제시하는 사업계획서 작성 프롬프트 항목은 기본적으로 다섯 개로 구성되며 사업계획서 해당 목차에 따라 세부 차이는 있을 수 있지만, 기본적인 특성은 <표 7>과 같다.

┃표 7 ChatGPT 프롬프트 기본 구성 항목

항목	특징
페르소나 (Persona)	ChatGPT가 작성자로서 어떤 인격 또는 자세를 가져야 하는지를 설정
목표 (Goal)	작성 목적으로 기본적으로는 사업계획서의 목차 작성이라고 간단하게 언급 가능하며 기본 구성 정도를 제시
작성 가이드 (Guide)	작성 양식에 제시되어 있는 파란색 글자 부분이 기본적으로 해당하며, 부가적으로 문장 형태(개조식), 글자수, 페이지 수 등을 지정할 수 있음.
맥락 (Context)	질문자가 이미 아는 내용에 해당되며, ChatGPT가 작성에 사용하는 주요 내용으로 작성자가 많은 내용을 알려줄수록 chatGPT의 생성 결과 또한 풍성해질뿐더러 사람이 직접 작성한 듯한 고유한 느낌을 줌.
참조 (Reference)	출력물의 목차 및 제목 등

저자가 제시하는 방법 외에 자신만의 프롬프트를 만들어보고 싶은 독자는 프롬프트 작성에 도움이 되는 자료로 두 개를 추천하니 참고하면 좋을 것이다.

① 유튜브 채널 MoneyFlow의 2023.10.26. 영상(프롬프트사용법: 가장 완벽한 GPT **프롬프트 만드는 법**): 프롬프트 구성요소를 작업(Task), 맥락(Context), 예시(Example), 페르소나(Persona), 형식(Form), 어조(Tone) 등 6개로 구분하고 작성 방법과 예시 설명
② White, Jules, et al.(2023) 논문(A Prompt Pattern Catalog to Enhance Prompt Engineering with ChatGPT): 프롬프트 범주를 Input Semantics, Output Customization, Error Identification, Prompt Improvement, Interaction, Context Control 등 6개로 구분하였으며, 세부 패턴은 16개를 제시

자, 이제 예비창업패지키 사업계획서 목차별로 프롬프트 작성 방법을 살펴보자.

4. 예비창업패키지 사업계획서 목차별 프롬프트 작성 예시

1-1. 창업아이템 배경 및 필요성

'1-1. 창업아이템 배경 및 필요성' 작성을 위해 ChatGPT에 입력할 프롬프트 예시를 <표 8>에 제시하였다. 이 파트에서의 [Persona]는 창업자로서, 창업자의 경력, 신념, 창업 목표 및 비전 등을 간단하게 작성하면 된다.

▍표 8 프롬프트 예시 (1-1. 창업아이템 배경 및 필요성)

> [Persona] 본인은 OO대학교 OO대학원 초대 원장으로서 지역혁신역량 강화에 대한 사명감을 느끼고 있으며, 혁신과 협력이 경제 성장과 사회 발전을 견인하는 열쇠이며, 차세대 혁신 기업가를 육성하고 지원하는 것이 이 목표를 달성하는 데 중요하다는 믿음이 있음.
>
> [Goal] 창업아이템 배경 및 필요성에 대해 '외적인 배경 및 동기'와 '내적인 배경 및 동

기'를 구분하여 작성하려고 함.

[Guide] 문장은 개조식 형태로 1페이지 이내로 작성하며, 작성 기준은 다음과 같음.
※ 창업 아이템(제품, 서비스 등)을 개발(구체화) 배경과 이를 뒷받침할 근거, 동기 등
   을 제시 ① 외부적 배경 및 동기(예: 사회·경제·기술적 관점, 국내·외 시장의 문
   제점·기회 등), ② 내부적 배경 및 동기(예: 대표자 경험, 가치관, 비전 등의 관점)
※ 배경 및 필요성에서 발견한 문제점과 해결방안, 필요성, 개발(구체화)하려는 목적 기재
※ 제품·서비스의 필요성에 대한 문제를 인식하고, 해당 제품·서비스 개발을 위해 본
   사업에 신청하기 전 기획, 추진한 경과(이력) 추진 목적(해결방안) 등에 대해 기재

[Context] 본인은 과학기술인협동조합을 설립하고 창업 아이템으로는 혁신경영체계의
이해를 도울 수 있는 교재로 보드게임을 개발하려고 함.

□ 설립이유
지역인재 유출로 부산 중소기업의 혁신역량이 저하되고 있음. 이에 인재 유출 문제로
야기되는 부산 기업의 혁신역량 강화를 체계적으로 지원할 수 있는 연구개발 및 혁신경
영 지원 서비스 전문 기업이 필요성이 대두됨.

□ 설립 배경
OO대학교 OO대학원은 현장 밀착형 기술경영 지역 전문가를 배출하고 기업의 R&D
전략기획과 기술사업화에 필요한 인력 수요에 부응한다는 계획으로 2016년 설립되었음.
현재 박사 9명, 석사 98명을 배출하였으며, 이들은 연구개발, 마케팅, 투자, 인사 등 다
양한 분야의 실무 경험을 겸비한 인재들로서 졸업 이후에도 그 경험과 역량을 지역사회
에 기여하면서 경제적 성취를 이룰 수 있는 수익모델에 대한 수요를 가지고 있음.

□ 설립 목적
이들 졸업생은 부산 과학기술 분야 지역기업의 혁신역량 강화를 위한 협동조합의 노력
에 귀중한 자원이자 기여자가 될 것이며, 협동조합은 졸업생들의 다양한 지식, 경험 및
역량을 다양한 형태로 활용하면서 동남권 기업의 혁신에 이바지하는 것을 목표로 함.

□ 혁신경영시스템에 주목한 이유
Peter Drucker, Clayton Christensen 등은 혁신 없이는 기업이 급변하는 환경과 경쟁
에서 뒤처질 위험이 있으며, 결국 생존 자체가 어려울 수 있다고 지적하고 있음. 한편,

21세기 들어 기술의 빠른 발전, 글로벌 경쟁화, 소비자 요구의 다양화, 지속가능성의 중요성 증대 등 기업 환경이 급박하고 복잡하게 변화하면서 기업의 혁신 또한 천재적 리더의 영감, 천재일우와 같은 기연이 아니라 전사적, 체계적으로 혁신을 관리할 경영 방법의 필요성이 높아졌음. 이러한 기업의 혁신경영에 대한 요구 때문에 국제표준기구(ISO)에서는 2019년 혁신경영시스템 표준을 발표하였고 현재에도 계속 관련된 일련의 표준을 개발 중임.

□ **혁신 경영 솔루션 시장 개요**

혁신 경영 솔루션 및 코칭 시장은 기업과 개인이 혁신적인 아이디어를 개발하고 구현하는 데 도움이 되는 광범위한 제품과 서비스를 포함하는 성장하고 역동적인 산업으로 이 시장에는 컨설팅 서비스, 코칭 및 교육 프로그램, 소프트웨어 솔루션 등을 포함.

□ **준비 사항**

전문대학원을 졸업한 박사 2명과 팀을 구성할 예정이며, 과거 부산 보드게임 작가 모임에서도 활동했던 제1호 박사는 국내에서 혁신경영체계 관련 최초의 논문을 쓴 연구자로서 현재 혁신경영체계 표준을 개발하는 ISO/TC 279 한국 측 기술위원으로 활동하면서 표준 제정 단계부터 참여하고 있으며, 제2호 박사는 1호 박사와 함께 '사단법인 이노베이션 포럼'에서 활동하며 혁신경영체계 지식체계 구축을 위한 원서 번역 및 스터디 모임에 참여함.

[Reference]

1. 외적인 배경 및 동기
- 규제 및 정책적 상황
- 시장 및 산업 동향

2. 내적인 배경 및 동기
- (창업자 배경)
- (문제 인식)
- (창업 동기)
- (해결 방안)
- (핌요성)
- (개발목적)
- (준비사항)

그림 92 ┃ ChatGPT 응답 결과 (1-1 창업아이템 배경 및 필요성)

⑤ ChatGPT

외적인 배경 및 동기:

1. **규제 및 정책적 상황:**
   - 지역인재 유출로 인한 부산 중소기업의 혁신역량 저하에 대한 대응 필요성이 대두되어 있음. 이에 따라 연구개발 및 혁신경영 지원 서비스 전문 기업의 필요성이 대두됨.
   - 국제표준기구(ISO)에서는 2019년 혁신경영시스템 표준을 발표, 현재도 일련의 표준 개발을 지속하고 있음.
2. **시장 및 산업 동향:**
   - 21세기 들어 기업 환경 변화(기술의 빠른 발전, 글로벌 경쟁화, 소비자 요구의 다양화, 지속가능성의 중요성 증대)로 기업의 체계적인 혁신 경영의 필요성이 높아짐.
   - 혁신 경영 솔루션 및 코칭 시장은 성장하고 역동적인 산업으로, 컨설팅 서비스, 코칭 및 교육 프로그램, 소프트웨어 솔루션 등을 포함하고 있음.

내적인 배경 및 동기:

1. **창업자 배경:**
   - 본인은 부경대학교 기술경영전문대학원 초대 원장으로 지역혁신역량 강화에 대한 사명감을 가짐.
   - 전문대학원을 졸업한 박사 2명과 함께 팀을 구성. 제1호 박사는 혁신경영체계 표준을 개발하는 ISO/TC 279 한국 측 기술위원으로 활동. 제2호 박사는 '사단법인 이노베이션 포럼'에서 활동하며 혁신경영체계 지식체계 구축을 위한 원서 번역 및 스터디 모임에 참여.
2. **문제 인식:**
   - 지역 인재의 유출로 인해 부산 중소기업의 혁신 역량이 저하되고 있으며, 이에 따른 체계적 지원 필요성 인식.
3. **창업 동기:**
   - 부산 기업의 혁신역량 강화를 위한 협동조합의 노력을 지원하고 싶어서.
4. **해결 방안:**
   - 혁신경영체계의 이해를 도울 수 있는 교재로 보드게임 개발.
5. **필요성:**
   - 혁신 없이는 기업의 생존이 어려울 수 있으며, 전사적, 체계적으로 혁신을 관리할 경영 방법의 필요성이 대두됨.
6. **개발목적:**
   - 혁신경영 체계의 이해와 지속적인 경영 혁신을 도모하기 위해 보드게임을 통한 교육 도구 제공.
7. **준비사항:**
   - 전문대학원을 졸업한 박사 2명과 팀 구성, 과거 부산 보드게임 작가 모임에서 활동했던 경험을 바탕으로 보드게임 개발 계획 진행.

ChatGPT 응답 결과를 토대로 작성자가 사업계획서를 수정 보완한다. 먼저 전체적으로 목차별 내용의 배치가 적절한지 살펴보고 삭제하거나 배치를 수정할 문단을 결정한다. 먼저 저자는 '외적인 배경 및 동기 – 규제 및 정책적 상황'의 두 번째 문단인 '국제표준기구(ISO)에서는 2019년 혁신경영시스템 표준을 발표, 현재도 일련의 표준 개발을 지속하고 있음.'을 '외적인 배경 및 동기 – 시장 및 산업 동향'으로 옮기는 것이 더 적절하다고 판단하여 배치를 옮겼다(<표 9> 수정 1단계 참조). 이때 작성자는 문장을 그냥 '복사하기–붙여넣기' 할 것이 아니라 문장의 연결이 자연스러울 수 있도록 접속사를 사용해야 하고 필요하다면 문구의 순서를 바꾸는 등 다양한 윤문 작업을 해야 한다. 또 하나 작성자가 고려해야 할 것은 최근에는 주관기관에서 사업계획서의 유사도 검사를 수행하는 때도 있으니 유사도 때문에 낙방의 고배를 마시지 않으려면 인공지능이 생성한 텍스트를 자신의 문체로 바꾸는 노력이 필요하다(<표 9> 수정 2단계 참조).

한편, 최근 논문 표절 검사 시 AI 사용 여부 검사도 도입되었듯이 조만간 사업계획서 검토에도 AI 사용 여부 검사도 도입될 가능성이 크다고 저자는 본다. 만약 이 책이 인기도서가 된다면, 이 책을 보고 많은 예비창업자가 사업계획서를 작성할 텐데 저자의 충고대로 자신만의 문체로 바꾸는 노력을 하지 않은 사업계획서는 서로 비슷하게 만들어져 그 아이템이 아무리 좋아도 평가자나 검사 프로그램이 형태 유사성만 보고 제외할 위험도 있다. 반드시 자신의 문체로 바꾸는 노력을 하자. 그리고 프롬프트 [Reference] 목차를 자신만의 목차로 변경하는 것도 유사도 문제를 피해갈 방법이다.

▌표 9 ChatGPT 생성 문구 수정 예시 (1-1. 창업아이템 배경 및 필요성 – 외적인 배경 및 동기)

구분	내용
Chat GPT 생성 문구	◦ 외적인 배경 및 동기 1. 규제 및 정책적 상황 • 지역인재 유출로 인한 부산 중소기업의 혁신역량 저하에 대한 대응 필요성이 대두되어 있음. 이에 따라 연구개발 및 혁신경영 지원 서비스 전문 기업의 필요성이 대두됨. • 국제표준기구(ISO)에서는 2019년 혁신경영시스템 표준을 발표, 현재도 일련의 표준 개발을 지속하고 있음.

<table>
<tr><td></td><td>

2. 시장 및 산업 동향
- 21세기 들어 기업 환경 변화(기술의 빠른 발전, 글로벌 경쟁화, 소비자 요구의 다양화, 지속가능성의 중요성 증대)로 기업의 체계적인 혁신 경영의 필요성이 높아짐.
- 혁신 경영 솔루션 및 코칭 시장은 성장하고 역동적인 산업으로, 컨설팅 서비스, 코칭 및 교육 프로그램, 소프트웨어 솔루션 등을 포함하고 있음.
</td></tr>
<tr><td>

수정
1단계
</td><td>

○ 외적인 배경 및 동기

1. 규제 및 정책적 상황
지역인재 유출로 인한 부산 중소기업의 혁신역량 저하에 대한 대응 필요성이 대두되어 있음. 이에 따라 연구개발 및 혁신경영 지원 서비스 전문 기업의 필요성이 대두됨.
- ~~국제표준기구(ISO)에서는 2019년 혁신경영시스템 표준을 발표, 현재도 일련의 표준 개발을 지속하고 있음.~~

2. 시장 및 산업 동향
- 21세기 들어 기업 환경 변화(기술의 빠른 발전, 글로벌 경쟁화, 소비자 요구의 다양화, 지속가능성의 중요성 증대)로 기업의 체계적인 혁신경영의 필요성이 높아짐.
- 국제표준기구(ISO)에서는 2019년 혁신경영시스템 표준을 발표, 현재도 일련의 표준 개발을 지속하고 있음.
- 혁신 경영 솔루션 및 코칭 시장은 성장하고 역동적인 산업으로, 컨설팅 서비스, 코칭 및 교육 프로그램, 소프트웨어 솔루션 등을 포함하고 있음.
</td></tr>
<tr><td>

수정
2단계
</td><td>

○ 외적인 배경 및 동기
- (규제 및 정책적 상황) 지역인재 유출로 인한 부산 중소기업의 혁신역량 저하에 대한 대응 필요성이 대두되어 있음. 이에 따라 연구개발 및 혁신경영 지원 서비스 전문 기업의 필요성이 대두됨.
- (시장 및 산업 동향) 21세기 들어 기술의 빠른 발전, 글로벌 경쟁화, 소비자 요구의 다양화, 지속가능성의 중요성 증대와 같은 기업 환경 변화로 기업의 체계적인 혁신 경영의 필요성이 높아짐. 이에 따라, 2019년, 국제표준기구(ISO)에서는 혁신경영시스템 표준을 발표하였으며, 계속해서 관련 표준을 개발하고 있음. 한편, 혁신 경영 솔루션 및 코칭 시장은 역동적으로 성장하는 산업으로, 세부 시장으로 컨설팅 서비스, 코칭 및 교육 프로그램, 소프트웨어 솔루션 등을 포함하고 있음.
</td></tr>
</table>

'내적인 배경 및 동기' 부분도 같은 방식으로 수정해 보자. 저자는 '내적인 배경 및 동기 – 1. 창업자 배경'의 두 번째 문단인 '○○대학원을 졸업한 ~~ 스터디 모임에 참여'를 '7. 준비사항'으로 옮기고 기존 '7. 준비사항' 문구를 삭제하는 것이 적당하다고 판단하였다(수정 1단계). 그리고 1~7의 내용이 자연스러운 스토리텔링이 되도록 문장을 첨삭 수정하였다(수정 2단계).

부디 ChatGPT가 생성한 내용을 그대로 사용하는 어리석음은 범하지 말자. 엄연히 글의 작성 주체는 사람이고 생성형 AI는 작성의 실마리를 열어주는 도구에 불가하다는 것을 명심해야 한다.

한편, 부연해서 설명할 것은 개조식 문장의 마침표 사용 여부이다. 저자가 젊은 시절에 배운 국문법 지식으로는 개조식 문장에서 마침표는 '~임, ~함' 등과 같이 '명사형 종결 어미(−ㅁ)'가 붙는 경우(용언의 명사형)에만 사용할 수 있고 그냥 명사가 마지막에 나오는 문장은 완결된 문장이 아니라고 보아 마침표를 찍지 않았다. 하지만 세월이 흐르면 말도 바뀌듯이 문법도 바뀌었다. 현재 국립국어원의 자료를 보면 "용언의 명사형이나 명사로 끝나는 문장의 구두점은 마침표를 쓰는 것을 원칙으로 하되, 쓰지 않는 것을 허용한다."라고 되어 있다. 따라서 써도 되고 안 써도 된다. 과거 문법을 따라도 틀린 것이 아니며, 문서 내에서 마침표를 모두 빼든 넣든 통일해서 사용해도 틀린 것은 아니다. 따라서 독자 여러분들은 자신의 취향에 따라 하나를 선택하면 될 것이다. 저자는 옛날 사람이라 옛날에 배운 대로 용언형 명사에는 마침표를 찍고 명사는 찍지 않는 방식으로 이 책을 썼다. 용언형 명사와 명사를 구분하기 힘든 분들은 그냥 통일해서 일관되게 마침표를 사용하면 좋을 것이다.

▌표 10 ChatGPT 생성 문구 수정 예시(1-1 창업아이템 배경 및 필요성 − 내적인 배경 및 동기)

구분	내용
Chat GPT 생성 문구	◦ 내적인 배경 및 동기 1. 창업자 배경 • 본인은 ○○대학교 ○○대학원 초대 원장으로 지역혁신역량 강화에 대한 사명감을 가짐. • ○○대학원을 졸업한 박사 2명과 함께 팀을 구성. 제1호 박사는 혁신경영체계 표준을 개발하는 ISO/TC 279 한국 측 기술위원으로 활동. 제2호 박사는 '사단법인 이노베이션 포럼'에서 활동하며 혁신경영체계 지식체계 구축을 위한 원서 번역 및 스터디 모임에 참여. 2. 문제 인식 지역 인재의 유출로 인해 부산 중소기업의 혁신 역량이 저하되고 있으며, 이에 따른 체계적 지원 필요성 인식. 3. 창업 동기 부산 기업의 혁신역량 강화를 위한 협동조합의 노력을 지원하고 싶어서.

4. 해결 방안
혁신경영체계의 이해를 도울 수 있는 교재로 보드게임 개발.

5. 필요성
혁신 없이는 기업의 생존이 어려울 수 있으며, 전사적, 체계적으로 혁신을 관리할 경영 방법의 필요성이 대두됨.

6. 개발목적
혁신경영 체계의 이해와 지속적인 성영 혁신을 도모하기 위해 보드게임을 통한 교육 도구 제공.

7. 준비사항
전문대학원을 졸업한 박사 2명과 팀 구성, 과거 부산 보드게임 작가 모임에서 활동했던 경험을 바탕으로 보드게임 개발 계획 진행.

수정 1단계	○ 내적인 배경 및 동기 **1. 창업자 배경** 본인은 ○○대학교 ○○대학원 초대 원장으로 지역혁신역량 강화에 대한 사명감을 가짐. **2. 문제 인식** 지역 인재의 유출로 인해 부산 중소기업의 혁신 역량이 저하되고 있으며, 이에 따른 체계적 지원 필요성 인식. **3. 창업 동기** 부산 기업의 혁신역량 강화를 위한 협동조합의 노력을 지원하고 싶어서. **4. 해결 방안** 혁신경영체계의 이해를 도울 수 있는 교재로 보드게임 개발. **5. 필요성** 혁신 없이는 기업의 생존이 어려울 수 있으며, 전사적, 체계적으로 혁신을 관리할 경영 방법의 필요성이 대두됨. **6. 개발목적** 혁신경영 체계의 이해와 지속적인 경영 혁신을 도모하기 위해 보드게임을 통한 교육 도구 제공. **7. 준비사항** • ~~○○대학원을 졸업한 박사 2명과 팀 구성, 과거 부산 보드게임 작가 모임에서 활동했던 경험을 바탕으로 보드게임 개발 계획 진행.~~ • ○○대학원을 졸업한 박사 2명과 함께 팀을 구성. 제1호 박사는 혁신경영체계 표준을 개발하는 ISO/TC 279 한국 측 기술위원으로 활동. 제2호 박사는 '사단법인 이노베이션 포럼'에서 활동하며 혁신경영체계 지식체계 구축을 위한 원서 번역 및 스터디 모임에 참여.

	○ 내적인 배경 및 동기
수정 2단계	– (창업자 배경) 본인은 ○○대학교 ○○공학 교수로서 지역혁신역량 강화에 대한 사명감을 느끼고 있으며, 혁신과 협력이 경제 성장과 사회 발전을 견인하는 열쇠이며, 차세대 혁신 기업가를 육성하고 지원하는 것이 이 목표를 달성하는 데 중요하다는 믿음이 있음. – (문제 인식) 그러나 기업의 지속적인 혁신이 가능하게 하는 혁신경영체계의 구축은 결코 쉬운 일이 아님. 이는 '혁신' 또는 '혁신 경영'이란 용어가 산업계에서 광범위하게 사용되고 있는 것에 비해 그 정의를 정확하게 이해하는 사람은 적으며, 특히 그것을 체계적으로 운영 및 관리하는 것의 이해는 더욱더 부족한 실정. – (창업 동기) 한편, ○○○○전문대학원 졸업생들과 함께 연구와 프로젝트를 하면서, 본인은 그들의 창의성, 열정 및 성공에 대한 추진력에 지속해서 영감을 받았으며, 졸업생 중 다수가 지역 기업의 혁신 경영을 지원할 수 있는 혁신적인 지식 서비스를 창출할 수 있는 잠재력을 가지고 있다는 믿음과 함께 그러한 노력을 지원하고자 창업을 결심. – (해결방안) 기술과 혁신경영에 대한 본인과 졸업생들의 배경과 전문성을 바탕으로 본인은 과학기술인협동조합 기반 비즈니스 모델이 졸업생들이 지속해서 자신의 능력을 발휘하고 지역 혁신에 기여할 수 있는 강력한 방법이라고 확신. – (필요성) 협동조합은 조합원과 직원 등이 함께 일하고 자원, 지식 및 전문지식을 공유함으로써 목표를 보다 효율적이고 효과적으로 달성할 수 있는 시너지 효과를 창출할 수 있으며, 민주적 운영과 사회적 책임을 촉진함과 동시에, 지속 가능한 비즈니스 협력 모델을 제시함으로써 혁신경영 관련 새로운 아이디어를 가진 신규 졸업생들이 계속해서 조합원으로 유입될 수 있기 때문임. – (창업 아이템 개발 목적) 이에 협동조합의 첫 번째 혁신경영 관련 아이템으로 ○○대학원 제1, 2호 박사 졸업생과 팀을 이뤄, 혁신경영과 혁신경영체계에 대한 이해를 쉽게 전파하기 위한 수단으로 보드게임 형태의 교재를 우선 개발하고자 함. – (준비 사항) 과거 부산 보드게임 작가 모임에서도 활동했던 ○○대학원 제1호 박사는 국내에서 혁신경영체계 관련 최초의 논문을 쓴 연구자로서 현재 혁신경영체계 표준을 개발하는 ISO/TC 279 한국 측 기술위원으로 활동하면서 표준 제정 단계부터 참여하고 있으며, 제2호 박사는 제1호 박사와 함께 '사단법인 이노베이션 포럼'에서 회원으로 활동하며 혁신경영체계 지식체계 구축을 위한 원서 번역 및 스터디 모임에 참여.

1-2. 창업아이템 목표시장(고객) 현황 분석

'1-2. 창업아이템 목표시장(고객) 현황 분석' 작성을 위해 ChatGPT에 입력할 프롬프트 예시를 <표 11>에 제시하였다. 이 파트에서의 [Persona]는 시장분석가 또는 마케팅 전문가가 적당하며, 가공의 시장/마케팅 전문가 약력을 만들면 된다.

| 표 11 프롬프트 예시 (1-2 창업아이템 목표시장 현황 분석)

[Persona] 넌 혁신 경영 솔루션 및 코칭 시장 전문가야. [Markets and Markets, Frost & Sullivan, Technavio, Grand View Research, IBISWorld, BCC Research, Transparency Market Research, Research and Markets, Allied Market Research, Zion Market Research, Hexa Research] 등의 회사에서 근무를 해서 관련 시장 분석 경험이 풍부하며, 국내외 많은 기업을 대상으로 시장 전략 수립 자문을 수행하였어.

[Goal] 인터넷에 공개된 시장 조사 분석 자료를 활용해서 [혁신 경영 솔루션 및 코칭 시장에 대한 시장] 분석 보고서를 작성해줘. 이때 자료의 출처도 표시해줘.

[Guide] 문장은 개조식 형태이고 분량은 2페이지 정도로 작성하며, 작성 기준은 다음과 같음.
※ 창업 아이템 개발 배경 및 필요성에 따라 정의된 시장(고객)에 대해 제공할 혜택(가치)와 그 행위(가치)를 제공할 세부 시장(고객)을 구체화
※ 진출하려는 시장의 규모·상황 및 특성, 경쟁 강도, 향후 전망(성장성), 고객 특성 등 기재
※ 제품·서비스 개발 및 구체화 등을 통해 기대할 수 있는 효과

[Context] 주요 타겟고객은 [혁신 경영 솔루션 및 코칭 수요 기업]이야.

[Reference]
1. 목표시장
— 시장 개요
— 시장 규모 및 예상 성장률
— 시장 및 고객 특성
- 시장 구분
2. 국내외 주요 경쟁업체
— 글로벌 주요 경쟁사
— 국내 주요 경쟁사
— 국내 고객 현황

시장 분석 자료는 ChatGPT 외에도 MS Bing과 구글 Bard로 활용하여 그 결과를 비교해서 정리해 보자. 출력 중간에 말이 끊어지는 경우가 있다. 그러면 프롬프트 입

력 창에 "계속해줘"라고 입력하면 이어서 보고서가 생성된다.

▌표 12 시장 분석 결과 (ChatGPT)

혁신 경영 솔루션 및 코칭 시장 분석 보고서

1. 목표시장
시장 개요

현대의 급변하는 경영 환경에서 혁신 경영 솔루션 및 코칭의 중요성이 더욱 부각되고 있다. 기업들은 빠르게 변화하는 시장에 대응하기 위해 자신들의 경영 전략을 지속적으로 혁신하고, 이를 위해 코칭 서비스를 필요로 한다. (출처: Frost & Sullivan)

시장 규모 및 예상 성장률

현재 글로벌 혁신 경영 솔루션 및 코칭 시장의 규모는 약 15억 달러로, 연평균 7%의 성장률을 보이고 있다. 특히 아시아−태평양 지역의 시장이 성장세를 주도하고 있다. (출처: Markets and Markets)

시장 및 고객 특성

주요 고객은 중대형 기업, 스타트업, 그리고 정부 및 공공기관이다. 이들은 혁신적인 사고 방식과 전략을 통해 시장에서 경쟁력을 유지하고자 하는 수요가 크다. (출처: Technavio)

시장 구분

혁신 경영 솔루션은 대게 전략 수립, 리더십 개발, 조직 문화 변화 등의 서브 카테고리로 나눌 수 있다. 코칭은 개인 코칭, 팀 코칭, 경영진 코칭 등으로 구분된다. (출처: Grand View Research)

2. 국내외 주요 경쟁업체
글로벌 주요 경쟁사

McKinsey & Company

Boston Consulting Group

Bain & Company

Accenture

Deloitte

(출처: Zion Market Research)

국내 주요 경쟁사

삼성 경영 연구소

LG 경영개발원

SK 매니지먼트컨설팅

(출처: Hexa Research)

국내 고객 현황

국내에서는 주로 대기업 및 그 계열사들이 혁신 경영 솔루션 및 코칭 서비스의 주요 수요처로 나타나며, 최근에는 중소기업 및 스타트업도 이러한 서비스를 찾는 추세다. (출처: IBISWorld)

제품·서비스 개발 및 구체화 통한 기대 효과

혁신 경영 솔루션 및 코칭 서비스를 통해 기업들은 더욱 유연하고 효과적인 경영 전략을 수립할 수 있다. 이를 통해 기업은 빠르게 변화하는 시장 환경에 대응할 능력을 키울 수 있으며, 이로 인해 시장 점유율 및 수익성 개선이 기대된다. (출처: BCC Research)

이 보고서는 인터넷에 공개된 자료를 바탕으로 작성되었으며, 상세한 분석 및 조언을 원하시면 전문가와의 상담을 추천드린다.

이 보고서는 예시로 작성된 것이며, 실제 데이터를 기반으로 하지 않았음을 밝힌다.

혁신 경영 컨설팅 및 코칭 시장 분석 보고서

1. 목표시장
1.1 시장 개요
혁신 경영 컨설팅 및 코칭 시장은 기업들이 혁신을 통해 경쟁 우위를 확보하기 위해 도입하는 컨설팅 및 코칭 서비스의 시장을 말합니다. 이 시장은 혁신에 대한 기업들의 관심 증가, 정부의 혁신 지원 정책, 기술 발전 등의 요인으로 인해 성장하고 있습니다.

1.2 시장 규모 및 예상 성장률
글로벌 혁신 경영 컨설팅 및 코칭 시장 규모는 2022년 149억 달러에서 2027년 244억 달러로 연평균 10.1% 성장할 것으로 예상됩니다. (출처: Markets and Markets)

1.3 시장 및 고객 특성
혁신 경영 컨설팅 및 코칭 시장의 주요 고객은 대기업, 중견기업, 중소기업 등 다양한 규모의 기업입니다. 특히, 기술 혁신에 대한 수요가 높은 IT, 제조, 바이오, 의료, 에너지 등의 산업에서 수요가 많습니다.

1.4 시장 구분
혁신 경영 컨설팅 및 코칭 시장은 서비스 유형, 산업, 지역별로 구분됩니다. 서비스 유형별로는 컨설팅, 교육, 기술 및 소프트웨어로 분류됩니다. 컨설팅은 혁신 전략 수립, 혁신 프로세스 개선, 혁신 문화 구축 등 다양한 분야에서 제공됩니다. 교육은 혁신에 대한 이해와 역량을 향상시키기 위한 프로그램입니다. 기술 및 소프트웨어는 혁신 프로젝트 관리, 아이디어 발굴 및 평가, 혁신 프로토타입 개발 등에 사용됩니다.

2. 국내외 주요 경쟁업체
2.1 글로벌 주요 경쟁사
글로벌 혁신 경영 컨설팅 및 코칭 시장의 주요 경쟁업체로는 Accenture, IBM, McKinsey & Company, Deloitte, PwC, Bain & Company, EY, KPMG, Boston Consulting Group 등이 있습니다.

2.2 국내 주요 경쟁사

국내 혁신 경영 컨설팅 및 코칭 시장의 주요 경쟁업체로는 LG CNS, 삼성SDS, SK C&C, KT, 코오롱, 포스코, 현대자동차, 롯데, 신세계 등이 있습니다.

2.3 국내 고객 현황

국내 혁신 경영 컨설팅 및 코칭 시장은 대기업을 중심으로 성장히고 있습니다. 중소기업의 혁신 역량 강화를 위한 정부의 지원 정책이 확대됨에 따라 중소기업의 수요도 증가할 것으로 예상됩니다.

3. 제품 및 서비스 개발 및 구체화
3.1 기대 효과

혁신 경영 컨설팅 및 코칭 서비스는 기업의 혁신 역량 강화에 기여하여 기업 경쟁력 향상에 도움이 됩니다. 구체적인 기대 효과는 다음과 같습니다.

혁신 전략 수립 및 실행 지원
혁신 프로세스 개선
혁신 문화 구축
혁신 아이디어 발굴 및 평가
혁신 프로젝트 관리
혁신 프로토타입 개발

4. 결론

혁신 경영 컨설팅 및 코칭 시장은 기업의 혁신 역량 강화에 대한 수요 증가로 인해 지속적으로 성장할 것으로 예상됩니다. 따라서, 혁신 경영 컨설팅 및 코칭 서비스 분야에 진출하려는 기업은 다음과 같은 요소를 고려하여 시장 진출 전략을 수립해야 합니다.

기업의 혁신 전문성 및 역량
고객의 니즈 및 요구 사항
경쟁 환경
시장의 성장 가능성
경쟁우위

혁신 경영 컨설팅 및 코칭 서비스 시장은 이미 경쟁이 치열한 시장입니다. 따라서, 새로운 경쟁자가 성공하기 위해서는 다음과 같은 경쟁우위를 확보해야 합니다.

혁신에 대한 전문성과 역량

혁신 경영 컨설팅 및 코칭 서비스는 혁신에 대한 전문성과 역량이 필수적입니다. 따라서, 기업은 혁신에 대한 풍부한 경험과 노하우를 갖춘 컨설턴트를 확보해야 합니다. 또한, 혁신에 대한 최신 트렌드를 파악하고 고객의 요구 사항을 충족시킬 수 있는 서비스를 제공할 수 있어야 합니다.

고객 중심의 서비스

혁신 경영 컨설팅 및 코칭 서비스는 고객의 니즈와 요구 사항에 맞춰 제공되어야 합니다. 따라서, 기업은 고객의 혁신에 대한 이해를 높이고, 고객의 혁신 역량을 강화할 수 있는 서비스를 제공해야 합니다. 또한, 고객의 만족도를 높이기 위해 지속적으로 피드백을 받고 개선해 나갈 수 있어야 합니다.

차별화된 서비스

경쟁이 치열한 시장에서 성공하기 위해서는 차별화된 서비스를 제공해야 합니다. 기업은 기존 경쟁사와 차별화된 서비스를 제공하기 위해 다음과 같은 방안을 고려할 수 있습니다.

* 특정 산업이나 분야에 특화된 서비스를 제공
* 새로운 기술이나 혁신적인 솔루션을 도입
* 고객의 혁신 프로세스를 혁신

결론

혁신 경영 컨설팅 및 코칭 서비스 시장은 기업의 혁신 역량 강화에 대한 수요 증가로 인해 지속적으로 성장할 것으로 예상됩니다. 따라서, 혁신 경영 컨설팅 및 코칭 서비스 분야에 진출하려는 기업은 경쟁우위를 확보하기 위해 노력해야 합니다.

그림 93 ▮ 시장 분석 결과 (Bing)

혁신 경영 솔루션 및 코칭 시장은 지속적으로 변화하고 발전하는 시장입니다. 이 시장은 기업들이 경쟁력을 유지하고 성장하기 위해 필요로 하는 서비스를 제공합니다. 혁신 경영 솔루션은 기업의 경영 전략을 개선하고, 새로운 비즈니스 모델을 개발하는 데 도움을 주는 도구입니다. 코칭 서비스는 기업의 리더십 개발, 팀워크 향상, 직원들의 역량 개발 등을 지원합니다.

1. **시장 개요** 혁신 경영 솔루션 및 코칭 시장은 기업의 경영 전략, 조직 문화, 업무 프로세스 등을 혁신하는 데 초점을 맞추고 있습니다 [1]. 딜로이트 컨설팅은 고객이 가진 가장 복잡한 문제들을 해결하기 위한 능력을 갖추고 있으며, 비즈니스와 기술적 관점으로 최상의 전략과 실행을 제공해 고객이 시장에서 선두를 유지할 수 있도록 지원하고 있습니다 [2].

2. **시장 규모 및 예상 성장률** 현재 이 시장의 정확한 규모와 성장률에 대한 정보를 찾기 어렵습니다. 하지만 기업들이 지속적으로 혁신과 변화를 추구하면서 이 시장의 수요는 계속해서 증가할 것으로 예상됩니다.

3. **시장 및 고객 특성** 이 시장의 주요 고객은 혁신 경영 솔루션 및 코칭 서비스를 필요로 하는 기업들입니다. 이들 기업들은 자신들의 비즈니스 모델을 개선하고, 직원들의 역량을 향상시키기 위해 이러한 서비스를 찾습니다.

4. **시장 구분** 이 시장은 크게 혁신 경영 솔루션 시장과 코칭 서비스 시장으로 구분할 수 있습니다. 혁신 경영 솔루션 시장은 기업의 경영 전략과 업무 프로세스를 개선하는 데 초점을 맞추고 있습니다. 반면, 코칭 서비스 시장은 기업의 리더십 개발과 직원들의 역량 향상에 초점을 맞추고 있습니다.

5. **국내외 주요 경쟁업체** 이 시장의 주요 경쟁업체로는 딜로이트 컨설팅 [2], PwC [3] 등이 있습니다. 이들 회사는 각각의 전문성과 능력을 바탕으로 고객에게 최적화된 서비스를 제공하고 있습니다.

이 분석은 인터넷에 공개된 자료를 바탕으로 작성되었습니다 [1] [2] [3]. 추가적인 정보나 자세한 분석이 필요한 경우, 전문적인 시장 조사 회사에 문의하시는 것이 좋습니다.

Learn more: 1. knfc.co.kr   2. www2.deloitte.com   3. pwc.com   1 of 30 ●

더 자세하게 설명해줘

✓ Searching for: **혁신 경영 솔루션 및 코칭 시장 성장률**

✓ Searching for: **혁신 경영 솔루션 및 코칭 시장 주요 플레이어**

✓ Searching for: **혁신 경영 솔루션 및 코칭 시장 트렌드**

✓ Generating answers for you...

혁신 경영 솔루션 및 코칭 시장은 기업들이 경쟁력을 유지하고 성장하기 위해 필요로 하는 서비스를 제공합니다. 혁신 경영 솔루션은 기업의 경영 전략을 개선하고, 새로운 비즈니스 모델을 개발하는 데 도움을 주는 도구입니다. 코칭 서비스는 기업의 리더십 개발, 팀워크 향상, 직원들의 역량 개발 등을 지원합니다.

1. **시장 개요** 혁신 경영 솔루션 및 코칭 시장은 기업의 경영 전략, 조직 문화, 업무 프로세스 등을 혁신하는 데 초점을 맞추고 있습니다 [1]. 딜로이트 컨설팅은 고객이 가진 가장 복잡한 문제들을 해결하기 위한 능력을 갖추고 있으며, 비즈니스와 기술적 관점으로 최상의 전략과 실행을 제공해 고객이 시장에서 선두를 유지할 수 있도록 지원하고 있습니다 [2].

2. **시장 규모 및 예상 성장률** 현재 이 시장의 정확한 규모와 성장률에 대한 정보를 찾기 어렵습니다. 하지만 기업들이 지속적으로 혁신과 변화를 추구하면서 이 시장의 수요는 계속해서 증가할 것으로 예상됩니다.

시장 분석 자료에서 최우선으로 봐야 할 정보는 시장규모와 성장률이다. ChatGPT는 "Market and Market" 제공 자료로 약 15억 달러와 연평균 7% 성장률이라고 제시하였다. Bard는 같은 "Market and Market" 자료인데 글로벌 혁신 경영 컨설팅 및 코칭 시장규모를 2022년 149억 달러에서 2027년 244억 달러로 연평균 10.1% 성장할 것으로 예상하였다. 마지막으로 Bing은 시장규모 제시 없이 연평균 성장률 5.5%만 제시하였다. 이처럼 주요 결과가 제각각일 때 어떻게 해야 할까? 고민하지 말고 출처를 찾아보자. 시장규모와 성장률 정보뿐 아니라 수치 관련 정보는 반드시 생성형 인공지능이 제시하는 자료를 그대로 사용하지 말고 출처를 확인해야 한다. 이제 하나씩 생성형 AI 결과물을 토대로 자신만의 시장분석 자료를 만들어보자.

시장분석에서 반드시 포함되어야 할 내용은 ① 목표시장의 정의 및 개요, ② 시장규모 및 성장률, ③ 경쟁사, 그리고 ④ 고객이다. 먼저, 목표시장의 정의 및 개요는 프롬프트 작성할 때 이미 결정하였다(<표 8, 9> 참조). 이를 가시성 있게 재작성하면 <표 14>와 같다.

구분	목표시장의 정의 및 개요
<표 8> 참고	□ 혁신경영 솔루션 시장 개요 혁신경영 솔루션 및 코칭 시장은 기업과 개인이 혁신적인 아이디어를 개발하고 구현하는 데 도움이 되는 광범위한 제품과 서비스를 포함하는 성장하고 역동적인 산업으로 이 시장에는 컨설팅 서비스, 코칭 및 교육 프로그램, 소프트웨어 솔루션 등을 포함
<표 9> 참고	혁신경영 솔루션 및 코칭 시장은 역동적으로 성장하는 산업으로, 세부 시장으로 컨설팅 서비스, 코칭 및 교육 프로그램, 소프트웨어 솔루션 등을 포함하고 있음.
저자 작성	1-2. 창업아이템 목표시장(고객) 현황 분석 ○ 목표시장: 혁신경영 솔루션 및 코칭 시장 - (시장 개요) 목표시장은 기업과 개인이 혁신적인 아이디어를 개발하고 구현하는 데 도움이 되는 광범위한 제품과 서비스를 포함하는 성장하고 역동적인 산업으로 ▲컨설팅 서비스, ▲코칭 및 교육 프로그램, ▲소프트웨어 솔루션 등으로 세분화 가능

앞의 <표 12, 13>, <그림 93>의 생성형 AI 결과물 중 시장규모와 성장률만 모아보면 <표 15>와 같다.

┃표 15 생성형 AI 결과물 중 '시장 규모 및 예상 성장률' 부문

생성형 AI	시장 규모 및 예상 성장률
ChatGPT	현재 글로벌 혁신 경영 솔루션 및 코칭 시장의 규모는 약 15억 달러로, 연평균 7%의 성장률을 보이고 있다. 특히 아시아-태평양 지역의 시장이 성장세를 주도하고 있다. (출처: Markets and Markets)
Bard	글로벌 혁신 경영 컨설팅 및 코칭 시장 규모는 2022년 149억 달러에서 2027년 244억 달러로 연평균 10.1% 성장할 것으로 예상됩니다. (출처: Markets and Markets)
Bing	시장 규모 및 예상 성장률 현재 이 시장의 정확한 규모와 성장률에 대한 정보를 찾기 어렵습니다. 하지만 기업들이 지속적으로 혁신과 변화를 추구하면서 이 시장의 수요는 계속해서 증가할 것으로 예상됩니다.

ChatGPT, Bard 두 개의 생성형 AI가 'Markets and Markets'의 자료를 인용하였다고 출처를 달았지만, 수치는 다르게 나왔다. 중요한 것은 두 AI 모두 'Markets and Markets'를 언급했다는 점이다. 눈치가 빠른 사람이라면 기존 방식으로 구글링을 통해

여러 사이트를 찾아다니지 않고 'Markets and Markets'를 우선 조사해야겠다는 생각이 들 것이다.

이제 직접 'Markets and Markets'의 보고서 중 '혁신경영 솔루션 및 코칭 시장' 관련 자료를 찾아보자. 참고로 Markets and Markets(마켓츠 앤 마켓츠)는 미국, 인도 등에 거점을 가지고 있는 글로벌 리서치 회사로서 시장조사 서비스를 제공하며, 시장조사 보고서도 발행/판매하고 있다. 전 세계에 7,500개 이상의 기업에 서비스를 제공하고 있으며, 이 중 80% 정도는 포춘1000에 포함된 대기업이다.

구글 검색창에서 'markets and markets'를 입력하면 보고서 홈페이지에서 <그림 94>와 같은 검색 결과가 나온다.

그림 94 ▌Markets and Markets 검색 결과

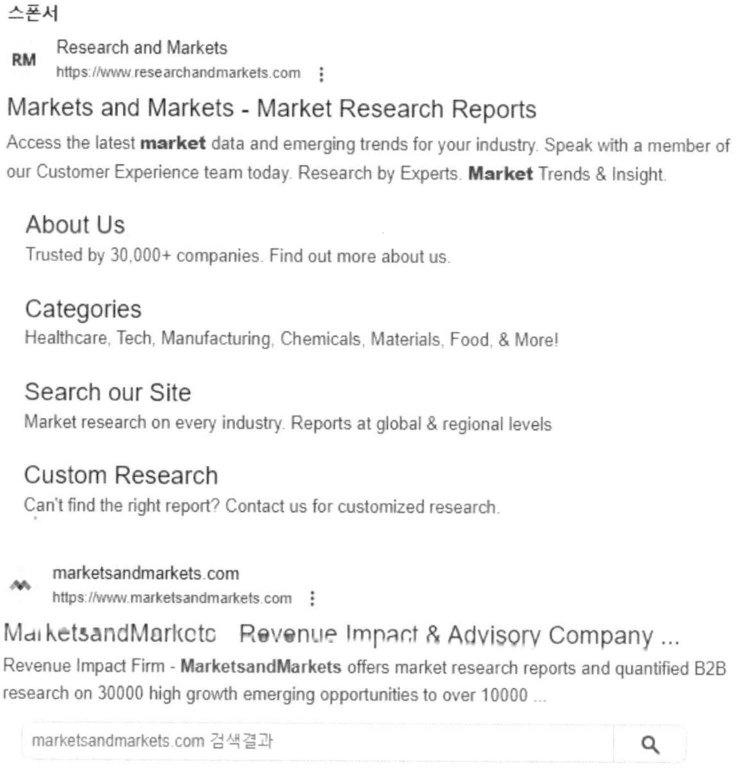

스폰서

RM   Research and Markets
https://www.researchandmarkets.com   ⋮

Markets and Markets - Market Research Reports

Access the latest **market** data and emerging trends for your industry. Speak with a member of our Customer Experience team today. Research by Experts. **Market** Trends & Insight.

About Us
Trusted by 30,000+ companies. Find out more about us.

Categories
Healthcare, Tech, Manufacturing, Chemicals, Materials, Food, & More!

Search our Site
Market research on every industry. Reports at global & regional levels

Custom Research
Can't find the right report? Contact us for customized research.

∧∧   marketsandmarkets.com
https://www.marketsandmarkets.com   ⋮

MarketsandMarkets   Revenue Impact & Advisory Company ...

Revenue Impact Firm - **MarketsandMarkets** offers market research reports and quantified B2B research on 30000 high growth emerging opportunities to over 10000 ...

> marketsandmarkets.com 검색결과   🔍

그리고 가장 위에 있는 'Markets and Markets - Market Research Reports'를 클릭하면 <그림 95>의 시장보고서 사이트로 연결된다.

그림 95 ▎Markets and Markets 시장보고서 홈페이지

이 사이트에서는 한글 검색은 지원되지 않는다. 따라서 영어로 검색을 해야 하므로 "혁신경영 컨설팅 및 코칭 시장"을 온라인 번역기를 이용하여 번역하면 "Innovative management solutions and coaching market"인데 이 구문을 그대로 넣고 검색하면 원하는 결과를 얻을 수 없다(<그림 96> 참조).

그림 96 ▎"Innovative management solutions and coaching market" 구문 검색 결과

그래서 "Innovation Management Solutions"과 "Innovation coaching"으로 구분하여 개별적으로 검색을 시도하였다. "Innovation Management Solutions"에 대해서는 <그림 97>과 같이 보고서 목록 최상단에 "Innovation Management Market by Offering (Solution and Services), Function (Product Development, Business Processes), Application (Design Platforms, Marketing Platforms), Vertical (Telecom, BFSI, Retail & eCommerce) and Region — Global Forecast to 2028(이하, 'IMM 보고서'라 한다)"라는 보고서가 눈에 들어왔다.

그림 97 ▮ "Innovation Management Solutions" 검색 결과

"Innovation coaching" 검색 결과는 참고할 만한 결과가 없었다. 그나마 IMM 보고서가 목표시장에 가깝다. 따라서 IMM 보고서 내용을 인용하기로 한다. 해당 보고서는 유료로 무려 €4,857(한화 약 700만 원)이다. 이렇게 비싼 보고서를 구매한다는 것은 쉽지 않은 일이다. 다행인 것은 상당수 글로벌 시장보고 기관은 시장 구매, 연평균 성장률, 주요 플레이어 등의 정보는 제공한다는 점이다. 물론 이조차 공개하지 않는 폐쇄적 시장조사 기관도 있다. 이런 시장을 목표로 하는 아이템으로 사업을 기획한다면 시장 조사가 무척 힘들 수 있다. 즉 아이템에 따라 사업계획서의 작성 난이도가 달라질 수 있다는 점을 명심하자.

보고서를 클릭한 후 아래로 스크롤을 내리면 방금 말한 정보를 확인할 수 있다. 사

례에서는 <그림 98>과 같이 시장규모와 연평균성장률(CAGR) 정보가 예쁘게 정리되어 있다.

그림 98 ▌시장규모 및 연평균성장률 예시

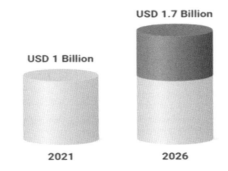

2021년 100억 달러인 시장이 2026년에는 170억 달러로 성장할 것으로 예상되었으며, 연평균성장률은 10.2%로 제시하고 있다. <그림 98>을 사업계획서에 그대로 삽입할 수도 있고, 간단하게 표로 정리할 수도 있다. 본인의 취향에 따라 선택하면 될 것이다. 표와 글로 정리한다면 <표 16>처럼 정리할 수 있다.

원래 시장 규모는 해외와 국내를 같이 보여주는 것이 좋은데, 본 예시에서는 국내시장 인용 자료가 없어서 해외시장만을 제시하였으며, 국내시장 규모는 뒤에 '국내 고객 현황' 파트에서 국내 수요 추정 자료와 함께 제시하였다.

┃표 16 시장 규모 및 예상 성장률 작성 예시

- (시장규모 및 예상 성장률) 주요 시장조사 기관인 Markets & Markets 의 보고서에 기반한 글로벌 혁신경영 시장의 2026년 규모는 17억 달러이며 연평균성장률(CAGR) 은 10.2%로 예상

조사기관	시장 규모 (단위: USD)		연평균 성장률 : CAGR(%)
	2021	2026	
Markets & Markets	10억	17억	10.2

같은 결과를 좀 더 빠르게 얻을 수 있는 Tip을 주자면, 생성형 AI로 보고서로 바로 연결할 수 있는 URL을 요청하는 프롬프트를 만들어 볼 수 있다. 해외 사이트를 대상 으로 할 때는 한글보다는 영어로 프롬프트를 입력하는 것이 더욱 좋은 결과를 얻을 수 있으니 귀찮더라도 번역기로 번역해서 입력하자.

┃표 17 시장보고서 URL 요청을 위한 추가 프롬프트

한글	영어
Markeqn ts and Markets 보고서 중 [혁신 경영 솔루션 및 코칭 시장] 관련 보고서를 url 출처와 함께 찾아줘	Find me a Markets and Markets report on the [Innovation Management Solutions and Coaching Market] with a URL source.

ChatGPT는 URL을 제시하지 못했지만, Bard와 Bing은 위에서 찾은 보고서로 바로 가는 URL을 찾아 주었다. 재밌는 점은 홈페이지에서 직접 검색할 때는 2021~2026년 의 시장정보를 제공한 것에 반해 보고서 URL로 바로 찾아간 경우는 2023~2028년의 시장정부를 제공했다는 점이다. 어느 정보를 사용할지는 작성자 취향 또는 보고서 성 격에 따라 선택하면 될 것이다. 이처럼 접근 방법에 따라 다른 결과가 나올 수 있으니 한 가지 방법에 얽매이지 말고 자신만의 다양한 생성형 AI 활용 방법을 찾아 보는 시 도를 해 보면 좋을 것이다.

그림 99 ▌Markets and Markets 보고서 URL 요청 결과 (Bard)

Find me a Markets and Markets report on the [Innovation Management Solutions and Coaching Market] with a URL source.

Sure. Here is a Markets and Markets report on the Innovation Management Solutions and Coaching Market with a URL source:

Innovation Management Solutions and Coaching Market - Global Forecast to 2027

https://www.marketsandmarkets.com/Market-Reports/innovation-management-market-238981272.html

This report provides a detailed analysis of the global innovation management solutions and coaching market, including market size and forecasts, market segmentation, competitive landscape, and key trends. The report also includes profiles of leading companies in the market.

The report segments the market by service type (consulting, education, and technology and software), industry (IT, manufacturing, healthcare, and others), and region (North America, Europe, Asia Pacific, and the Middle East and Africa).

The report forecasts that the global innovation management solutions and coaching market will grow from USD 1.3 billion in 2023 to USD 2.1 billion by 2027, at a CAGR of 10.8%. The growth of the market is attributed to the increasing demand for innovation from businesses to stay ahead of the competition. Additionally, government initiatives to promote innovation and technological advancements are driving the growth of the market.

The report concludes that the innovation management solutions and coaching market is a growing market with a lot of potential for businesses that can

그림 100 ▌Markets and Markets 보고서 URL 요청 결과 (Bing)

Find me a Markets and Markets report on the [Innovation Management Solutions and Coaching Market] with a URL source.

✓ Searching for: **Markets and Markets report Innovation Management Solutions and Coaching Market**

✓ Generating answers for you...

Sure, here is a report from Markets and Markets on the Innovation Management Market [1]. This report provides a detailed analysis of the market, including market size, share, and global market forecast. It also discusses the function of innovation management in product development and business processes, its application in design platforms and marketing platforms, and its role in various verticals such as telecom, BFSI, retail & eCommerce [1]. The global innovation management market size is projected to grow from USD 1.3 billion in 2023 to USD 2.1 billion by 2028, at a Compound Annual Growth Rate (CAGR) of 10.8% [1]. Please note that this report might not cover the coaching market specifically. For more detailed information, you might want to purchase the full report from the Markets and Markets website [1].

Learn more: 1. marketsandmarkets.com   2. futuremarketinsights.com   +2 more   7 of 30 ●

그림 101 ▮Markets and Markets 보고서 요약 정보 (2023~2028)

Innovation Management Market by Offering (Solution and Services), Function (Product Development, Business Processes), Application (Design Platforms, Marketing Platforms), Vertical (Telecom, BFSI, Retail & eCommerce) and Region - Global Forecast to 2028

| DESCRIPTION | TABLE OF CONTENTS | METHODOLOGY | DOWNLOAD PDF |

[278 Pages Report] The global innovation management market size is projected to grow from USD 1.3 billion in 2023 to USD 2.1 billion by 2028, at a Compound Annual Growth Rate (CAGR) of 10.8%. Innovation management, with its emphasis on optimizing resource allocation and minimizing operational costs, serves as a strategic catalyst for driving the growth of innovation within organizations. By systematically identifying and prioritizing projects with the highest potential ROI, it ensures that limited resources are channeled toward initiatives that align closely with the organization's overarching goals and market demands. This methodical approach leads to enhanced efficiency, cost-effectiveness, and improved decision-making as it empowers leaders to make informed choices about where to allocate resources for innovation. The reduction in operational costs and efficient allocation of resources achieved through innovation management fosters a culture of sustainable innovation fueling growth of innovation management market.

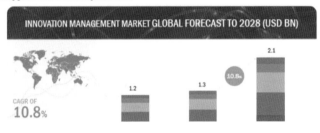

INNOVATION MANAGEMENT MARKET GLOBAL FORECAST TO 2028 (USD BN)

CAGR OF
10.8%

다음은 '시장과 고객 특성'을 정리해 보자. 시장과 고객 특성은 세부적인 경쟁사와 고객 분석에 들어가기에 앞서 개략적인 내용을 짚고 간다는 느낌으로 작성하면 된다.

▮표 18 생성형 AI 결과물 중 '시장과 고객 특성' 부문

생성형 AI	시장과 고객 특성
ChatGPT	주요 고객은 중대형 기업, 스타트업, 그리고 정부 및 공공기관이다. 이들은 혁신적인 사고 방식과 전략을 통해 시장에서 경쟁력을 유지하고자 하는 수요가 크다. (출처: Technavio)
Bard	혁신 경영 컨설팅 및 코칭 시장의 주요 고객은 대기업, 중견기업, 중소기업 등 다양한 규모의 기업이다. 특히, 기술 혁신에 대한 수요가 높은 IT, 제조, 바이오, 의료, 에너지 등의 산업에서 수요가 많다.
Bing	시장 및 고객 특성 이 시장의 주요 고객은 혁신 경영 솔루션 및 코칭 서비스를 필요로 하는 기업들이다. 이들 기업들은 자신들의 비즈니스 모델을 개선하고, 직원들의 역량을 향상시키기 위해 이러한 서비스를 찾는다.

세 개 중 어느 것도 그대로 인용하기는 마땅치 않다. 글쓰기 감이 있는 분이라면 이 정도를 참조해서 자신만의 글을 쓸 수 있을 것이다. 만약 여전히 어떻게 글을 써야 할

지 모르겠다면 다시 한번 생성형 AI를 이용하자. <그림 102>와 같이 프롬프트를 입력해서 보다 그럴듯한 '시장과 고객 특성' 초안을 얻었다.

그림 102 ▌시장과 고객 특성 관련 추가 질의 프롬프트

 다음의 3개 문장을 참고해서 '시장 및 고객 특성'을 재작성해줘.

[문장 1] 주요 고객은 중대형 기업, 스타트업, 그리고 정부 및 공공기관이다. 이들은 혁신적인 사고 방식과 전략을 통해 시장에서 경쟁력을 유지하고자 하는 수요가 크다. (출처: Technavio)
[문장 2] 혁신 경영 컨설팅 및 코칭 시장의 주요 고객은 대기업, 중견기업, 중소기업 등 다양한 규모의 기업입니다. 특히, 기술 혁신에 대한 수요가 높은 IT, 제조, 바이오, 의료, 에너지 등의 산업에서 수요가 많습니다.
[문장 3] 시장 및 고객 특성 이 시장의 주요 고객은 혁신 경영 솔루션 및 코칭 서비스를 필요로 하는 기업들입니다. 이들 기업들은 자신들의 비즈니스 모델을 개선하고, 직원들의 역량을 향상시키기 위해 이러한 서비스를 찾습니다.

 시장 및 고객 특성:
혁신 경영 컨설팅 및 코칭 시장의 주요 고객은 대기업, 중견기업, 중소기업, 스타트업, 그리고 정부 및 공공기관 등 다양한 규모와 분야의 기업들로 구성되어 있다. 이들은 경쟁력을 유지하고 시장에서의 지속 가능한 성장을 추구하기 위해 혁신적인 사고 방식과 전략을 적용하는 데 큰 관심을 가지고 있다. 특히, IT, 제조, 바이오, 의료, 에너지 등 기술 혁신에 대한 수요가 높은 산업에서는 이러한 서비스의 수요가 더욱 증가하고 있다. 주요 고객들은 자신들의 비즈니스 모델을 개선하고 직원들의 역량을 향상시키는 데 필요한 혁신 경영 솔루션 및 코칭 서비스를 찾아 나서고 있다.

이를 토대로 <표 19>처럼 최종 문구를 수정하였다. 생성형 AI가 제안한 내용을 이해가 쉽도록 순서를 변경하고 문구를 다듬었으며, 내용상으로는 고객에 관한 내용이 대부분이고 시장에 관한 내용이 없어 시장 내용을 추가하였다.

▌표 19 '시장과 고객 특성' 작성 예시

- (시장과 고객 특성) 전반적으로 성장성이 높고 경쟁이 치열한 산업이며, 급변하는 오늘날의 비즈니스 환경에서 기업들이 계속해서 혁신을 우선시함에 따라 기업의 혁신에 대한 수요 증가하고 있음.
- 이 시장의 주요 고객은 대기업, 중견기업, 중소기업 및 스타트업 등 다양한 규모의 기업뿐 아니라 정부 및 공공기관 등도 포함될 수 있음.

> – 특히, IT, 제조, 바이오, 의료, 에너지와 같이 기술 혁신에 대한 수요가 높은 산업에서 이러한 서비스에 대한 요구가 증가
> – 고객들은 혁신적인 사고방식과 전략을 통해 시장경쟁력 강화, 비즈니스 모델을 개선, 직원의 역량 향상 등을 위해 혁신경영 솔루션 및 코칭 서비스의 중요성을 인식하고 있음.

다음은 '국내외 주요 경쟁업체' 자료를 정리할 차례이다. 앞의 <표 12, 13>, <그림 93>의 생성형 AI 결과물 중 '국내외 주요 경쟁업체' 정보만 모아보면 <표 19>와 같다. 그 외에 'Markets and Markets'의 IMM 보고서에 있던 주요 플레이어 정보까지 추가해서 정리하였다.

┃표 20 생성형 AI 결과물 중 '국내외 주요 경쟁업체' 부문

생성형 AI	국내외 주요 경쟁업체
ChatGPT	글로벌 주요 경쟁사 McKinsey & Company Boston Consulting Group Bain & Company Accenture Deloitte (출처: Zion Market Research) 국내 주요 경쟁사 삼성 경영 연구소 LG 경영개발원 SK 매니지먼트컨설팅 (출처: Hexa Research)
Bard	2.1 글로벌 주요 경쟁사 글로벌 혁신 경영 컨설팅 및 코칭 시장의 주요 경쟁업체로는 Accenture, IBM, McKinsey & Company, Deloitte, PwC, Bain & Company, EY, KPMG, Boston Consulting Group 등이 있습니다. 2.2 국내 주요 경쟁사 국내 혁신 경영 컨설팅 및 코칭 시장의 주요 경쟁업체로는 LG CNS, 삼성SDS, SK C&C, KT, 코오롱, 포스코, 현대자동차, 롯데, 신세계 등이 있습니다.
Bing	국내외 주요 경쟁업체 이 시장의 주요 경쟁업체로는 딜로이트 컨설팅, PwC 등이 있습니다. 이들 회사는 각각의 전문성과 능력을 바탕으로 고객에게 최적화된 서비스를 제공하고 있습니다.

IMM 보고서	Key companies
	- Johnson & Johnson (DePuy Synthes), - Medtronic plc, Stryker Corporation, - Zimmer Biomet Holdings, Inc., - Smith & Nephew plc, - NuVasive, Inc., - Globus Medical, Inc., - Wright Medical Group N.V., - Arthrex, Inc., - DJO Global, Inc., - Össur hf., - CONMED Corporation, Breg, Inc., - Orthofix Medical Inc., and Bioventus LLC.

해외 및 국내로 구분해서 경쟁사 분석을 위한 프롬프트를 작성해보자. 해외 경쟁사의 경우 위에서 언급한 회사 중 중복되는 회사는 한 번만 명시하였다. 그리고 국내 경쟁사의 경우에는 Bard에서 제시한 기업 중 KT, 코오롱, 포스코, 현대자동차, 롯데, 신세계 등은 제외하였다.

▌표 21 국내외 경쟁사 분석을 위한 프롬프트 작성

구분	프롬프트
해외 경쟁사	[혁신경영 솔루션 및 코칭 시장]의 주요 경쟁사로 아래의 회사를 1차 주요 경쟁사로 선정하였어. 이들 중 세부 시장[컨설팅 서비스, 코칭 및 교육 프로그램, 소프트웨어 솔루션]별로 시장 지배력이 높은 기업을 1개만 추려서 주요 서비스, 시장 전략, 매출액 등을 표로 정리해줘 - McKinsey & Company - Boston Consulting Group - Bain & Company - Accenture - Deloitte - IBM, - PwC, - EY - KPMG - Johnson & Johnson (DePuy Synthes), - Medtronic plc, Stryker Corporation,

	– Zimmer Biomet Holdings, Inc., – Smith & Nephew plc, – NuVasive, Inc., – Globus Medical, Inc., – Wright Medical Group N.V., – Arthrex, Inc., – DJO Global, Inc., – Össur hf., – CONMED Corporation, Breg, Inc., – Orthofix Medical Inc., and Bioventus LLC.
국내 경쟁사	[혁신경영 솔루션 및 코칭 시장]의 주요 국내 경쟁사로 아래의 회사를 선정하였어. 이들 외에도 더 추천할 만한 회사가 있으면 추천해줘. 그리고 그들 중 세부 시장[컨설팅 서비스, 코칭 및 교육 프로그램, 소프트웨어 솔루션]별로 시장 지배력이 높은 기업을 1개만 추려서 주요 서비스, 시장 전략, 매출액 등을 표로 정리해줘 – 삼성 경영 연구소 – LG 경영개발원 – SK 매니지먼트컨설팅 – LG CNS – 삼성SDS – SK C&C

해외 경쟁사 분석 결과를 ChatGPT부터 정리해 보자. <그림 103>을 보면 너무 많은 기업이 나열되어 가시성이 떨어진다. 그래서 세부시장별로 1개씩만 보여달라고 프롬프트를 수정한 결과가 <그림 104>와 같다. 경쟁사 분석의 경우는 Bard가 더 나은 결과를 제시하였다. <그림 105>와 같이 표도 훨씬 가시성이 좋았으며, sheet로 내보내기 기능까지 제공하였다. Bing의 경우에는 해외 경쟁사는 한글 프롬프트에서는 결과를 제시하지 않았고 영어로 번역한 프롬프트에는 답변을 주었는데 표로 내용을 정리해 주진 않았다(<그림 106> 참조).

그림 103 ▮ 해외 경쟁사 1차 분석 결과 (ChatGPT)

ChatGPT

제시하신 회사 목록 중 "혁신경영 솔루션 및 코칭 시장"과 가장 밀접한 기업들을 중심으로 분석해보겠습니다. 여러 회사 중에서 대표적인 컨설팅, 코칭 및 교육 프로그램, 그리고 소프트웨어 솔루션 관련 서비스를 제공하는 기업을 선정해보겠습니다.

아래 표에 해당 정보를 정리하였습니다. (참고로, 실세 매출액은 공식 보고서나 회사 웹사이트에서 제공되는 최신 정보를 바탕으로 확인할 수 있습니다. 여기서 제공하는 매출액은 참고용이며, 최신이 아닐 수 있습니다.)

기업 이름	세부 시장	주요 서비스 & 제품	시장 전략	대략적인 매출액 (최근)
McKinsey & Company	컨설팅 서비스	전략적 조언, 기업 운영 조언	깊은 산업 지식 및 글로벌 네트워크 활용	$10.5 billion USD
Boston Consulting Group	컨설팅 서비스	전략적 조언, 디지털 변환 전략	혁신적인 접근법과 디지털 리더십 활용	$8.5 billion USD
Bain & Company	컨설팅 서비스	전략 컨설팅, M&A 컨설팅	고객 중심의 접근법과 결과 중심 컨설팅	$4.5 billion USD
Deloitte	코칭 및 교육 프로그램	리더십 개발, 전문가 교육	지속적인 교육 및 발전 프로그램 제공	$47.6 billion USD
PwC	코칭 및 교육 프로그램	리더십 및 기업 교육	글로벌 네트워크와 지식 공유 활용	$43 billion USD
EY	코칭 및 교육 프로그램	프로젝트 관리, 리더십 트레이닝	혁신과 디지털 트랜스포메이션 중심 전략	$37.2 billion USD
IBM	소프트웨어 솔루션	디지털 트랜스포메이션, AI 솔루션	클라우드 및 인공지능 기술 선도	$77.1 billion USD
Accenture	소프트웨어 솔루션	클라우드 서비스, 디지털 트랜스포메이션	기술 혁신 및 디지털 리더십	$44.33 billion USD
KPMG	소프트웨어 솔루션	디지털 변환 솔루션, 리스크 관리 솔루션	기술 혁신과 전략적 파트너십	$29.75 billion USD

그림 104 ▎해외 경쟁사 2차 분석 결과 (ChatGPT)

 "혁신경영 솔루션 및 코칭 시장"에 관한 국내 경쟁사를 살펴보면, 제시해 주신 회사 외에도 몇몇 중견 및 스타트업 기업들이 있습니다. 그러나 큰 규모의 대기업들이 대부분의 시장을 지배하고 있습니다. 제시해 주신 목록 외에 "하이퍼커넥트"나 "비즈니스 솔루션" 등의 스타트업이 있으나, 이들은 소프트웨어 솔루션을 중심으로 활동하고 있습니다.

아래 표는 제시된 회사들 중에서 세부 시장별로 시장 지배력이 높은 기업을 선정하여 주요 서비스, 시장 전략, 그리고 대략적인 매출액을 기반으로 작성하였습니다.

기업 이름	세부 시장	주요 서비스&제품	시장 전략	대략적인 매출액 (최근)
SK 매니지먼트컨설팅	컨설팅 서비스	전략 컨설팅, 조직/인재 컨설팅, 사업화 지원 서비스	다양한 산업 영역의 전문가를 통한 컨설팅 제공	정보 제공되지 않음
LG 경영개발원	코칭 및 교육 프로그램	리더십 개발 프로그램, 전문가 양성 프로그램	LG 그룹의 경영 철학 및 전략을 반영한 교육	정보 제공되지 않음
삼성SDS	소프트웨어 솔루션	클라우드, AI, 블록체인, ERP, IoT 솔루션 등	디지털 트랜스포메이션 리더십	약 10조 원 (약 8.9 billion USD)

이 표는 각 기업의 주요 서비스와 전략, 그리고 대략적인 매출액을 기반으로 작성되었습니다. 실제 매출액은 매년 회사의 연간 보고서나 공시 정보에서 확인할 수 있습니다.

그림 105 ▎해외 경쟁사 1차 분석 결과 (Bard)

세부 시장	기업	주요 서비스	시장 전략	매출액
컨설팅 서비스	Accenture, Deloitte, IBM	혁신 전략 수립, 혁신 프로세스 개선, 혁신 문화 구축 등	혁신 역량 강화에 초점을 맞춘 통합 솔루션 제공	2022년 기준: 100억 달러 이상
코칭 및 교육 프로그램	Johnson & Johnson (DePuy Synthes), Medtronic plc	혁신 리더십 개발, 혁신 문화 조성, 혁신 프로세스 개선 등	혁신에 대한 이해와 역량 강화에 초점을 맞춘 맞춤형 프로그램 제공	2022년 기준: 50억 달러 이상
소프트웨어 솔루션	Stryker Corporation, Zimmer Biomet Holdings, Inc.	혁신 프로세스 관리, 아이디어 발굴 및 평가, 혁신 프로토타입 개발 등	혁신 프로세스 자동화 및 효율성 향상에 초점을 맞춘 솔루션 제공	2022년 기준: 30억 달러 이상

⊞ Sheets로 내보내기

그림 106 ▌해외 경쟁사 분석 결과 (Bing)

I'm sorry, but I don't have the ability to provide real-time market share data or financial information for specific companies. However, I can provide a general overview of the innovation management solutions and coaching services offered by some of these companies based on the information available up to 2021.

1. **McKinsey & Company**: McKinsey offers solutions that leverage advanced technology, proprietary data, and deep expertise to help clients in new and exciting ways [1] . They also provide leadership and innovation insights [2] .

2. **Boston Consulting Group (BCG)**: BCG's innovation consulting experts help clients build an innovation engine that can succeed today and in the future [3] .

3. **Bain & Company**: Bain helps organizations define a clear future perspective for innovation, shaping a strategic lens for where to go and how to get there [4] .

4. **Accenture**: Accenture focuses on reimagining human resources with AI at the core–delivering business value, accelerating the digital agenda, unlocking workforce potential, and creating agility [5] .

5. **Deloitte**: Deloitte provides insights into how to boost innovation in a highly regulated market by leveraging an in-depth case study [6] . They also offer leadership coaching services [7] .

6. **IBM**: IBM offers talent management consulting services that focus on reimagining human resources with AI at the core [8] . They also provide AI solutions designed to increase productivity and drive efficiencies within HR [9] .

7. **PwC**: PwC provides innovation services that focus on strategy and organizational outlook, innovation management & new growth realization, and investment management & value protection [6] .

8. **EY**: EY offers comprehensive services that address innovation opportunities and support clients throughout their innovation journey [10] .

9. **KPMG**: KPMG provides innovation services that focus on strategy and organizational outlook, as well as setting up and managing an innovation track and organization [10] .

10. **Johnson & Johnson**: Johnson & Johnson uses a design sprint approach to cultivate innovation in a highly regulated market [11] .

Please note that this information might not be up-to-date or complete, and it's always a good idea to conduct further research or reach out to these companies directly for more detailed information.

Learn more:　1. mckinsey.com　2. mckinsey.com　3. bcg.com　4. bain.com　+37 more　　　11 of 30 ●

국내 경쟁사 프롬프팅 결과는 <그림 107> ~ <그림 109>와 같다. 특별히 생성형 AI에게 표 생성까지 요청한 경쟁사 분석은 Bard의 출력물이 가장 양호하게 나왔다. 그래서 Bard 결과를 중심으로 경쟁사 분석 내용을 작성할 것이며, 본 교재에서는 분량 사정상 매출액 부분을 수정 없이 그대로 차용하지만 독자들은 매출액 부분도 인터넷 공개 자료를 통해 해당 기업의 실제 재무정보를 참고해서 작성하길 바란다.

그림 107 ▮ 국내 경쟁사 분석 결과 (ChatGPT)

기업 이름	세부 시장	주요 서비스 & 제품	시장 전략	대략적인 매출액 (최근)
SK 매니지먼트컨설팅	컨설팅 서비스	전략 컨설팅, 조직/인재 컨설팅, 사업화 지원 서비스	다양한 산업 영역의 전문가를 통한 컨설팅 제공	정보 제공되지 않음
LG 경영개발원	코칭 및 교육 프로그램	리더십 개발 프로그램, 전문가 양성 프로그램	LG 그룹의 경영 철학 및 전략을 반영한 교육	정보 제공되지 않음
삼성SDS	소프트웨어 솔루션	클라우드, AI, 블록체인, ERP, IoT 솔루션 등	디지털 트랜스포메이션 리더십	약 10조 원 (약 8.9 billion USD)

그림 108 ▮ 국내 경쟁사 분석 결과 (Bard)

세부 시장	기업	주요 서비스	시장 전략	매출액
컨설팅 서비스	삼성 경영 연구소	혁신 전략 수립, 혁신 프로세스 개선, 혁신 문화 구축 등	혁신 역량 강화에 초점을 맞춘 통합 솔루션 제공	2022년 기준: 1,000억 원 이상
코칭 및 교육 프로그램	LG 경영개발원	혁신 리더십 개발, 혁신 문화 조성, 혁신 프로세스 개선 등	혁신에 대한 이해와 역량 강화에 초점을 맞춘 맞춤형 프로그램 제공	2022년 기준: 500억 원 이상
소프트웨어 솔루션	SK 매니지먼트 컨설팅	혁신 프로젝트 관리, 아이디어 발굴 및 평가, 혁신 프로토타입 개발 등	혁신 프로세스 자동화 및 효율성 향상에 초점을 맞춘 솔루션 제공	2022년 기준: 300억 원 이상

⊞ Sheets로 내보내기

그림 109 ┃ 국내 경쟁사 분석 결과 (Bing)

아래는 [혁신경영 솔루션 및 코칭 시장]에서 활동하는 주요 국내 기업들입니다:

1. **삼성 경영 연구소**: 삼성 경영 연구소는 삼성 그룹의 혁신 경영 솔루션 및 코칭 서비스를 제공합니다 [1].

2. **LG 경영개발원**: LG 경영개발원은 LG 그룹의 혁신 경영 솔루션 및 코칭 서비스를 제공합니다 [2].

3. **SK 매니지먼트컨설팅**: SK 매니지먼트컨설팅은 SK 그룹의 혁신 경영 솔루션 및 코칭 서비스를 제공합니다.

4. **LG CNS**: LG CNS는 디지털 환경에서 고객 경험을 혁신하는 데 중점을 두고 있으며, 디지털 신원 인증 및 디지털 자산 거래 등 실질적인 서비스를 통해 고객 가치를 창출합니다 [3].

5. **삼성SDS**: 삼성SDS는 비즈니스에 최적화된 클라우드 환경을 구축하고, 각 업계에서 38년간의 전문 지식을 바탕으로 일체형 관리 서비스를 제공하며, 많은 사례에서 성공적으로 입증된 SaaS 솔루션을 통해 업무 효율성과 고객 서비스를 향상시킵니다 [4].

6. **SK C&C**: SK C&C는 고급 정보 및 통신 기술(ICT) 회사로서, 혁신적인 비즈니스 관행과 선도적인 디지털 기술을 연결하는 종합적인 디지털 솔루션을 제공하는 데 전념하고 있습니다 [5].

이 외에도 추천할 만한 회사로는 **KT, 네이버, 카카오** 등이 있습니다. 이들 회사들은 모두 디지털 혁신과 관련된 다양한 서비스와 솔루션을 제공하고 있습니다.

세부 시장별로 시장 지배력이 높은 기업 중 하나를 선택하면, LG CNS가 될 수 있습니다. LG CNS는 클라우드, AI/빅데이터, 스마트 팩토리, 스마트 물류, 스마트 시티, 블록체인 등의 DX 기술에서 고객 DX 우수성을 이끌어내는 디지털 성장 파트너로서 역할을 하고 있습니다 [3]. 이 회사는 클라우드 서비스와 디지털 물류 플랫폼 기반 물류 서비스를 제공하며, 다양한 업계와 프로세스에서 특화된 기술력과 노하우를 바탕으로 최적화된 클라우드 환경을 구축합니다 [3].

기업명	주요 서비스	시장 전략	매출액	
LG CNS	클라우드 서비스, 디지털 물류 플랫폼 기반 물류 서비스	고객 DX 우수성 이끌기	정보 없음	

Learn more: 1. samsung.com   2. lgbr.co.kr   3. lgcns.com   4. samsungsds.com   +13 more   12 of 30 ●

상기 내용을 바탕으로 <표 22>처럼 '국내외 주요 경쟁사' 부문 내용을 작성하였다. 본서가 예비창업패키지 사업계획서를 대상으로 하므로 <표 22>의 내용 수준으로 정리해도 충분하지만, 부연 설명을 더 해주고 싶은 경우에는 <표 22> 내 경쟁사 정리표 아래에 회사별 세부 설명을 덧붙이는 것도 괜찮다. 만약 R&D 계획서를 작성한다면 경쟁사 분석을 보다 심도 있게 해야 한다. 이를 위한 생성형 AI 활용법은 후속 저작(R&D계획서 작성법)을 통해 다루기로 한다.

▌표 22 '국내외 주요 경쟁사' 작성 예시

◦ 국내외 주요 경쟁업체
– (글로벌 주요 경쟁사)

세부 시장	기업	주요 서비스	시장 전략	매출액
컨설팅 서비스	Accenture, Deloitte, IBM	혁신 전략 수립, 혁신 프로세스 개선, 혁신 문화 구축 등	혁신 역량 강화에 초점을 맞춘 통합 솔루션 제공	2022년 기준: 100억 달러 이상
코칭 및 교육 프로그램	Johnson & Johnson (DePuy Synthes), Medtronic plc	혁신 리더십 개발, 혁신 문화 조성, 혁신 프로세스 개선 등	혁신에 대한 이해와 역량 강화에 초점을 맞춘 맞춤형 프로그램 제공	2022년 기준: 50억 달러 이상
SW 솔루션	Stryker Corporation, Zimmer Biomet Holdings, Inc.	혁신 프로젝트 관리, 아이디어 발굴 및 평가, 혁신 프로토타입 개발 등	혁신 프로세스 자동화 및 효율성 향상에 초점을 맞춘 솔루션 제공	2022년 기준: 30억 달러 이상

– (국내 주요 경쟁사)

세부 시장	기업	주요 서비스	시장 전략	매출액
컨설팅 서비스	삼성 경영 연구소	혁신 전략 수립, 혁신 프로세스 개선, 혁신 문화 구축 등	혁신 역량 강화에 초점을 맞춘 통합 솔루션 제공	2022년 기준: 1,000억 원 이상
코칭 및 교육 프로그램	LG 경영개발원	혁신 리더십 개발, 혁신 문화 조성, 혁신 프로세스 개선 등	혁신에 대한 이해와 역량 강화에 초점을 맞춘 맞춤형 프로그램 제공	2022년 기준: 500억 원 이상
SW 솔루션	삼성SDS	혁신 프로젝트 관리, 아이디어 발굴 및 평가, 혁신 프로토타입 개발 등	혁신 프로세스 자동화 및 효율성 향상에 초점을 맞춘 솔루션 제공	2022년 기준: 300억 원 이상

목표 고객 설정은 생성형 AI를 사용하지 않고 창업자 또는 사업기획자가 스스로 판단해서 구체적으로 정해야 한다. 다만 고객 특성에 대해 부연 설명할 내용을 찾고 싶을 때 생성형 AI를 활용해 볼 수 있을 것이다. 예시 아이템의 고객 설정은 다음과 같이 작성해 볼 수 있다.

<표 19> 시장과 고객 특성 작성 예시'에서 대기업부터 공공기관까지 모든 기관을 언급하고 있는데, 이는 앞 장의 이론에서 배운 TAM−SAM−SOM 중 TAM에 해당한다. 이제 SAM과 SOM을 정해보자. 시장을 정하는 원칙은 없다. 아이템의 특성과 창업자의 배경 및 역량에 따라 정하는 기준과 방법은 천차만별이다. 다만 평가자가 보고 타당하다고 이해할 수 있으면 된다.

저자는 혁신이 필요하면서 초기 지식서비스 스타트업이 접근하기 쉬운 고객으로 창업기업과 중소 혁신형 기업으로 정하였다. 즉, SOM은 창업기업 시장, SAM은 중소 혁신형 기업 시장으로 정한 것이다. 그럼 SOM, SAM을 정의한 것으로 끝이냐? 아니다. 각각 SOM과 SAM 시장규모의 추정 데이터를 같이 제시하는 것이 좋다. 이를 위한 방법으로 다양한 정성적, 정량적 수요예측분석 방법이 있는데 예비창업자 수준에서는 이런 방법을 알 필요는 없다. 물론 경영학을 전공했거나 마케팅, 시장조사 등의 업무를 한 사람이라면 전문지식을 활용해도 좋지만, 엔지니어 출신이거나 경영학 배경이 없는 예비창업자 수준에서 쉽게 SAM−SOM을 작성하는 방법 두 가지를 보이고자 한다.

첫 번째 방법은 공개 자료를 인용하는 것이다. 앞의 예시에서 언급한 'Markets and Markets' 유료 보고서에는 상세 시장정보가 다 담겨 있다. 주머니 사정만 넉넉하다면 구매해서 참고 인용하는 것만큼 쉬운 방법이 있을까? 하지만 개인이 쉽사리 할 수 있는 방법은 아니다. 이 외에 정부 출연연이나 공공기관에서 앞의 글로벌 시장자료를 구매해서 가공 배포하는 무료 보고서 등에 나에게 맞는 시장정보가 있다면 이를 인용하는 것도 좋은 방법이다. 하지만 이 방법은 약간의 운이 따라줘야 한다. 내 입맛에 맞는 정보를 내포하는 무료 보고서를 시기적절하게 만나기란 쉽지 않기 때문이다.

두 번째 방법은 공개된 통계자료와 작성자의 해당 분야 경험에서 나오는 가정을 이용하여 직접 규모를 추정하는 방법이다. 본서의 예시에서는 이 방법으로 국내시장 규모를 추정하였다.

탐색적으로 프롬프트를 이용하여 통계자료를 수집할 수 있는지 보자. 먼저 중소 혁신형 기업의 조작적 정의로 벤처기업 인증, 이노비즈 인증, 메인비즈 인증을 가진 기업으로 정하고 <그림 110> ~ <그림 112>처럼 생성형 AI에 프롬프팅을 하였다. 그 결과 Bard만 결과를 표를 제시하였고, ChatGPT와 Bing은 결과를 제시하지 못하였다.

그림 110 ▐ 국내시장 파악을 위한 프롬프트 및 생성 결과 (ChatGPT)

2021년도 창업기업, 벤처기업, 이노비즈 인증기업, 경형혁신 인증기업 통계를 도시별로 구분해서 표로 보여줘

죄송합니다. 2021년도의 최신 통계를 제공해 드리지 못하는데, 이는 제가 2022년 1월 이전의 데이터까지만 알고 있기 때문입니다.

하지만 대한민국 중소벤처기업부의 공식 웹사이트나, 해당 도시나 지방 자치단체의 공식 웹사이트에서 해당 통계를 찾을 수 있을 것입니다.

정확한 정보를 원하신다면 중소벤처기업부의 공식 웹사이트를 방문하시거나, 해당 도시나 지방 자치단체의 기업 지원 부서나 통계 부서에 문의해보시는 것이 좋습니다.

그림 111 ▮ 국내시장 파악을 위한 프롬프트 및 생성 결과 (Bing)

2021년도 창업기업, 벤처기업, 이노비즈 인증기업, 경형혁신 인증기업 통계를 도시별로 구분해서 표로 보여줘

✓ Searching for: **2021년도 창업기업, 벤처기업, 이노비즈 인증기업, 경형혁신 인증기업 통계 도시별**

✓ Generating answers for you...

I'm sorry, but I don't have the ability to provide real-time data or specific statistics for the year 2021 on startup companies, venture companies, INNOBIZ certified companies, and lightweight innovation certified companies by city. However, INNOBIZ is a term that refers to technology innovation companies that have secured competitiveness based on technological superiority [1]. For more detailed and up-to-date information, you might want to check out official resources or reach out to relevant organizations directly.

Learn more: 1. blog.naver.com   2. innobiz.net   3. innobiz.net   4. blog.naver.com   13 of 30 ●

그림 112 ▮ 국내 시장 파악을 위한 프롬프트 및 생성 결과 (Bard)

도시	창업기업	벤처기업	이노비즈 인증기업	경형혁신 인증기업
서울	122,883	10,612	12,546	2,225
부산	20,401	2,013	2,380	477
대구	15,620	1,595	1,809	375
인천	12,526	1,193	1,396	299
광주	10,130	962	1,117	244
대전	10,029	944	1,095	238
울산	6,858	638	771	172
경기	105,103	9,237	10,211	2,017
강원	11,986	1,047	1,223	265
충북	10,863	941	1,086	242
충남	12,286	1,069	1,245	267
전북	7,971	699	832	194
전남	8,823	779	917	213
경북	13,644	1,220	1,405	280
경남	12,706	1,134	1,294	270

▦ Sheets로 내보내기

Bard의 표로 기업 수를 제시하였지만, 이 수치가 맞는지 확인해야 한다. '중소벤처기업부 통계자료(https://www.mss.go.kr/site/smba/submain/submain04.do)'를 통해 각 기업의 수는 확인할 수 있다. 거듭 강조하지만, 생성형 AI가 제시하는 수치는 참고용일 뿐 절대적으로 신뢰해선 안 된다.

그림 113 ▮ 중소벤처기업부 홈페이지

통계자료를 확인한 결과, 2021년 기준 전국의 창업기업은 1,417,973개, 벤처인증기업은 38,629개, 이노비즈 인증기업은 19,534개, 메인비즈 인증기업은 19,989개로 집계되었다. 이 자료를 바탕으로 국내시장을 추정해보자. 창업기업만을 대상으로 한 SOM과 벤처인증기업, 이노비즈 인증기업, 메인비즈 인증기업은 SAM으로 분류하였다.

이제 창업자의 경험과 역량을 가지고 각 기업의 아이템 구매율을 가정할 단계이다. 저자는 창업기업은 10%, 나머지 중소 혁신형 기업은 15%로 구매율을 가정하고 아이템 개당 판매가격은 50,000원으로 책정하였다. 왜 그렇게 정했냐고 묻지 말자. 원래는 이들 수치에 대해서도 최대한 근거를 제시해야 하는 것이 원칙이나 예비창업패키지 수준에서는 창업자의 역량과 경험이 그것을 갈음할 수 있는 정보이다. 그러므로 뒤에 작성하는 창업팀 역량 부분을 최대한 창업 아이템과 연관 지어서 충실하게 작성하는 것이 좋다. 아무튼 가정에 따른 국내시장 추정 규모는 다음과 같다.

① SOM 규모: 1,417,973(창업기업 수)×0.1(아이템 구매율)×50,000원(판매단가)
   ＝7,089,850,000원

② SAM 규모: (38,629＋19,534＋19,989)×0.1×50,000원＝586,100,000원

③ 국내시장 규모: ①＋②＝7,089,850,000원＋586,100,000원≒76억 7,600만 원

이들 기업의 혁신역량에 대해서도 간단하게 언급을 해주자. 이때는 사신이 해당 분야 경험이 많은 전문가라 하더라도 본인의 생각을 서술하는 것보다는 공신력 있는 보고서에서 인용하는 것이 좋다. 이 역시 프롬프팅을 통해 생성형 AI로부터 답변을 얻어 수정할 수 있으나, 이 경우에는 구글링이 더 효율적이다. 구글에서 '한국의 혁신 분야 기업 경쟁력'이라는 검색어로 찾은 결과 중 가장 상단에 있는 STEPI 보고서를 인용하여 작성하였다.

▌표 23 '국내 고객 현황' 작성 예시

◦ **국내 고객 현황**
- 주요 고객은 지속적인 혁신 성과를 지향하는 창업기업 및 중소 혁신형 기업으로 중소벤처기업의 2021년 통계에 따르면 다음과 같음.

창업기업	벤처기업	이노비즈 기업	메인비즈 기업	계
1,417,973	38,629	19,534	19,989	1,496,125

- (국내시장 규모) 창업기업을 SOM으로, 나머지 벤처기업, 이노비즈기업, 메인비즈 기업은 SAM으로 분류하여 추정

• **아이템 구매율(추정): SOM - 10% / SMA - 15%**

① SOM 규모: 1,417,973(창업기업 수)×0.1(아이템 구매율)×50,000원(판매단가)
   ＝7,089,850,000원

② SAM 규모: (38,629＋19,534＋19,989)×0.1×50,000원
   ＝ 586,100,000원

③ 국내시장 규모: ①＋②＝7,089,850,000원＋586,100,000원
   ≒ 76억 7,600만 원

- (국내 기업 혁신역량의 부족) 한국의 혁신 분야 기업 경쟁력은 OECD 37개국 중 19위(64.9점)로 중위권에 해당하며, 우수인력 부족, 자금 부족, 외부지식 접근 부족이 기업혁신의 주요 저해요인이며, 기업의 왕성한 혁신을 유도하기 위해서는 혁신 환경 구축이 필요(STEPI Insight Vol 278, 2021)

2-1. 창업아이템 현황(준비정도)

2장 실현가능성은 생성형 AI를 사용할 여지가 적은 부문이다. 창업자가 사전에 조사하고 준비한 내용을 일목요연하게 정리만 잘하면 된다. 작성 가이드에도 나와 있지만, 이 장에서의 작성 주안점은 크게 두 가지이다. ① 사업 신청 시점까지 진행한 정도, 그리고 ② 사업 신청 시점까지 진행한 내용이 그것이다.

사업 신청 시점까지 진행한 정도를 보여주는 가장 좋은 방법은 프로세스형 그림을 사용하는 것이다. 만약 기술 중심 창업 아이템이라서 기술 관점에서 진행을 보여주려면 기술성숙도(TRL: Technology Readiness Level)을 활용하는 것이 좋다. TRL은 미국 NASA에서 우주산업의 기술투자 위험도 관리의 목적으로 1989년 처음 도입한 이래로, 핵심 요소기술의 성숙도에 대한 객관적이고 일관성 있는 지표로 널리 활용되고 있으며, 국내에서는 ETRI에서 정리한 내용이 많이 사용되고 있다. <그림 114>는 저자가 TRL 기준으로 기술개발 진행 정도를 표현할 때 자주 사용하는 표현법이다.

그림 114 ▌아이템 개발 진행 정도 작성 사례 (TRL 관점)

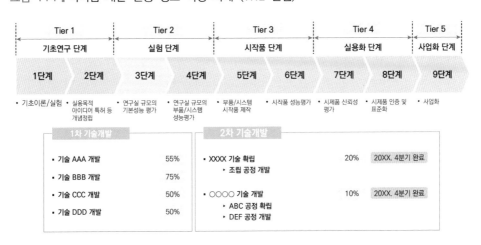

그런데 TRL은 눈으로 볼 수 있는 제품, 제조업 기반의 아이템을 표현하는데 좋은 방법이며, 모바일 혹은 온라인 앱 같은 SW 같은 경우에는 <그림 115>처럼 SW 개발단계 중심으로 표현하는 방법이 있다.

그림 115 ▎아이템 개발 진행 정도 작성 사례 (SW 개발 관점)

1단계 요구사항 정의	2단계 시스템 명세	3단계 설계	4단계 프로그래밍	5단계 테스트	6단계 서비스 제공
• 문제분석단계 • SW의 기능과 제약조건, 목표 등을 명확히 정의 • 개발방법과 필요 개발 자원 및 예산 예측 • 요구명세서 작성	• 시스템 수행 사항 정의 • 입력자료, 처리내용 및 출력 정의 • 시스템 기능 명세서 작성	• 정의산 기능 실제 수행 방법을 논리적으로 결정 • 시스템 구조 설계 • 프로그램 설계 • 사용자 인터페이스 설계	• 사용 언어 선택 • 프로그래밍 기법과 스타일, 순서 등 고려 • 실제 프로그램 작성	• 개발 시스템의 요구사항 충족여부 확인 • 예상 결과 맞는지 평가 • 1단계: 단위 테스트 • 2단계: 통합 테스트 • 3단계: 인수 테스트	• 서비스 런칭 • 사용자 이용 현황 모니터링 • 개선 및 수정

1차 기술개발

• AAA DB 구축	80%
• BBB 분류 AI 모델 개발	88%
• 진단 서비스 콘텐츠 개발	80%
• UX/UI 개발	100%

2차 기술개발

• 통합 서비스 아키텍처 설계 및 구축 　▸ 온프레미스 기방	20%	2022. 2분기 완료
• 정식버전 출시 및 앱스토어 등록 　▸ 정식버전 출시 및 앱스토어 등록	10%	2022. 3분기 완료

최근 창업 아이템이 주로 제품 아니면 온라인 서비스에 집중되어 있어, 상기 두 그림이면 ① 사업 신청 시점까지 진행한 정도를 표현하는 데 큰 무리는 없을 것이다. 하지만 예시 그림을 무작정 그대로 사용하기보다는 자신의 창업아이템 특성에 맞게 수정하여 자신 아이템만의 특성을 나타내는 것이 바람직하다. 아무튼 이 단계에서 중요한 것은 나의 준비 상황을 전체 단계에 비춰 어느 정도까지 진도가 나간 것인지 보여주는 것이 핵심이다.

앞에서 작성 예를 들고 있는 '혁신경영 솔루션 및 코칭 시장'에 출시하기 위한 '혁신경영시스템 교육용 보드게임 및 코칭 프로그램'이 예제의 창업 아이템이므로 이에 대한 개발진도 그래프를 작성하였다. 총 6단계로 개발 프로세스를 정하였고, 2단계까지 진행한 것으로 표시하였다.

다음은 ② 사업 신청 시점까지 진행한 내용을 서술해 보자. 이 부분도 작성에 생성형 AI를 활용할 여지는 적다. 실제로 창업 준비를 차근차근 준비한 예비창업자라면 작성에 무리는 없을 것이다. 이때 작성 착안점은 간단하게 핵심만 요약해서 작성하는 것이다. 준비한 내용을 다 적겠다는 생각은 버리고 '2-1. 창업아이템 현황(준비정도)'는 한 페이지 내로 작성한다고 생각해야 한다.

사례를 계속 이어서 설명하자면 현 단계가 '보드게임 컨셉 설정'인데 컨셉 설정을 위해 ▲해외사례를 조사하고 ▲관계자들과 게임 리뷰 및 컨셉을 설정하였으며, 해당 컨셉의 보드게임에 대하여 네트워킹이 되는 창업기업을 대상으로 ▲사전 수요 조사를 진행한 것으로 ② 사업 신청 시점까지 진행한 내용을 작성하였다.

▎표 24 창업아이템 현황(준비정도) 작성 예시

2-1. 창업아이템 현황(준비정도)
◦ **신청 이전까지의 기획, 추진 경과 사항**
– 혁신경영시스템 보드게임과 이를 활용한 교육 및 코칭 프로그램 개발 절차는 아래 [그림 1]과 같으며, 현재 2단계(보드게임 컨셉 설정)를 완료

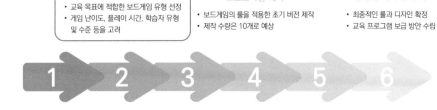

[그림 1] 혁신경영시스템 보드게임 및 코칭 프로그램 개발 절차

– (해외사례 조사) 현재 혁신경영시스템 관련 보드게임은 프랑스 Innovation-way 제품이 유일하며, 2023년 2월 온라인 설명회 참석을 통해 소개 자료 입수

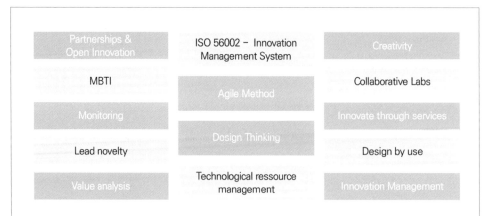

[그림 2] Innovation-way사의 혁신경영 보드게임을 통한 진단 및 교육 프로그램

- (게임 리뷰 및 컨셉 설정) 온라인 설명회에 참석했던 이노베이션 포럼 회원들과 게임 특성을 분석

Innovation-way 제품 단점	보완 및 개선점 도출
플레이어 1명당 보드게임 1개를 구매해야 함	제품 1개에 다인 플레이 가능하게 변경
플레이어가 타인과 상호작용 없이 단독으로 플레이	플레이어가 상호작용 요소 가미 필요
IMS 주요 개념 카드에 간략하게 서술, 코치 필요	코치 없어도 개념 학습 가능한 기능 제공 (QR 코드)

- (사전 수요 조사) 20개 부산시 소재 스타트업 CEO 등에게 혁신경영시스템 보드게임 에 대한 설명과 함께 구매 의향을 조사하여 6개 기업으로부터 21개 물량의 구매 의 향을 확인함 [별첨 - 기타 참고자료 참조]

2-2. 창업 아이템 실현 및 구체화 방안

이 장의 작성 주안점은 앞에서 보여 준 진행 프로세스 그림을 이용하여 협약 기간 내에 구현하고자 하는 것이 전체 단계 중 어느 단계까지 진행할 것인지 목표 지점을 찍고 그 단계까지 진행하기 위해 구체적으로 무엇을 할 것인지에 대한 계획을 보여주 면 된다.

창업자가 주관적으로 계획을 짜보는 것이기 때문에 여기서도 생성형 AI의 활용은 일차적으로는 없다. 굳이 활용한다면 초안을 작성하고 나서 문구를 다듬어 달라는 정도는 할 수 있을 것이다.

구체화 방안도 아이템에 따라 천차만별이기 때문에 세부적인 내용은 다를 수 있겠지만 이 장에서 평가위원들이 주목해서 보는 것이 두 가지 있으므로 그 두 가지는 반드시 언급해 주는 것이 좋다. 하나는 창업팀이 기존 아이템과 다른 자신만의 차별점을 어디에 두고 있느냐와 그것의 구현에 필요하지만, 창업팀이 보유하지 못하는 부분, 즉 약점을 제대로 직시하고 그 약점을 극복하려는 방안을 마련했느냐 여부이다.

상기 내용을 반영하여 작성한 예는 <표 25>과 같다.

▌표 25 창업 아이템 실현 및 구체화 방안 작성 예시

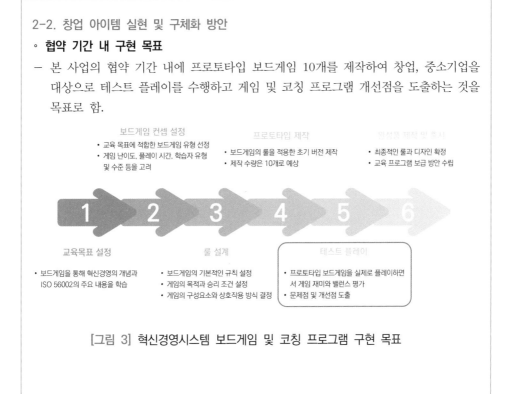

2-2. 창업 아이템 실현 및 구체화 방안
◦ **협약 기간 내 구현 목표**
– 본 사업의 협약 기간 내에 프로토타입 보드게임 10개를 제작하여 창업, 중소기업을 대상으로 테스트 플레이를 수행하고 게임 및 코칭 프로그램 개선점을 도출하는 것을 목표로 함.

보드게임 컨셉 설정
• 교육 목표에 적합한 보드게임 유형 선정
• 게임 난이도, 플레이 시간, 학습자 유형 및 수준 등을 고려

프로토타입 제작
• 보드게임의 룰을 적용한 초기 버전 제작
• 제작 수량은 10개로 예상

완성품 제작 및 출시
• 최종적인 룰과 디자인 확정
• 교육 프로그램 보급 방안 수립

1　2　3　4　5　6

교육목표 설정
• 보드게임을 통해 혁신경영의 개념과 ISO 56002의 주요 내용을 학습

룰 설계
• 보드게임의 기본적인 규칙 설정
• 게임의 목적과 승리 조건 설정
• 게임의 구성요소와 상호작용 방식 결정

테스트 플레이
• 프로토타입 보드게임을 실제로 플레이하면서 게임 재미와 밸런스 평가
• 문제점 및 개선점 도출

[그림 3] 혁신경영시스템 보드게임 및 코칭 프로그램 구현 목표

∘ **경쟁제품 벤치마킹 결과를 토대로 차별화 전략 및 개발 체계 구축**

− (차별화 전략) 한국형 혁신경영 구축 전략 보드게임의 차별화 전략은 한국의 스타트
업 및 중소기업 문화 및 특성 반영, 온오프라인 연계, 경쟁형 게임으로 전환, 플레이
어 간 전략적 요소 상호 소통임.

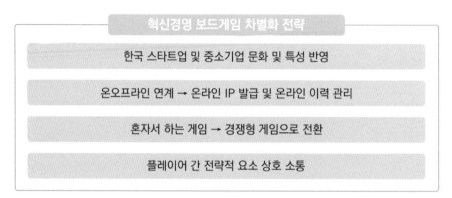

[그림 4] 한국형 혁신경영 구축 전략 보드게임 차별화 전략

− (외부 협력 그룹 및 개발 체계) 보드게임 및 코칭 프로그램 개발에 필요한 역량 중 창
업팀의 부족한 부분을 보완하기 위하여 ▲혁신경영시스템 전문가 그룹, ▲보드게임 작
가 그룹 및 제작업체, ▲스타트업 및 중소기업 혁신담당자 그룹 등이 참여하는 보드게임
개발 체계를 구축

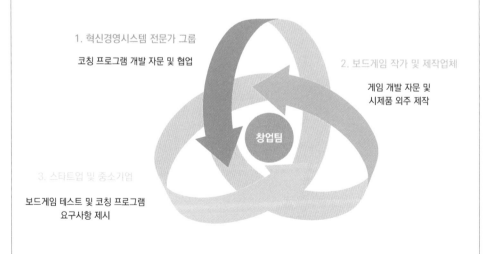

[그림 5] 보드게임 개발 체계

3-1. 창업아이템 사업화 추진전략

이 장에서는 다시 생성형 AI를 활용하는 것이 유리하다. 여기서는 두 개의 전략을 수립하는 것이 목적이다. ① 비즈니스 모델 구축 전략과 ② 수익 창출 전략이 그것인데, 각각 나눠서 프롬프트를 만들어보자.

먼저, 비즈니스 모델 구축 전략 프롬프트의 핵심은 비즈니스 모델 캔버스(BMC) 기준으로 만들 것이라는 점과 앞에서 작성한 내용을 대거 이용한다는 점이다.

▌표 26 프롬프트 예시 (비즈니스모델 구축 전략)

[Persona] 넌 혁신 경영 솔루션 및 코칭 시장 전문가야. [Markets and Markets, Frost & Sullivan, Technavio, Grand View Research, IBISWorld, BCC Research, Transparency Market Research, Research and Markets, Allied Market Research, Zion Market Research, Hexa Research] 등의 회사에서 근무를 해서 관련 시장 분석 경험이 풍부하며, 국내외 많은 기업을 대상으로 시장 전략 수립 자문을 수행하였어.

[Goal] [Context]의 내용을 활용해서 [혁신 경영 솔루션 및 코칭 시장에 대한 시장] 비즈니스 모델 구축 전략을 수립해줘.

[Guide] 비즈니스 모델 캔버스 형식을 고려해서 작성해줘.

[Context]
1-2. 창업아이템 목표시장(고객) 현황 분석
○ 목표시장: 혁신경영 솔루션 및 코칭 시장
- (시장 개요) 목표시장은 기업과 개인이 혁신적인 아이디어를 개발하고 구현하는 데 도움이 되는 광범위한 제품과 서비스를 포함하는 성장하고 역동적인 산업으로 ▲컨설팅 서비스, ▲코칭 및 교육 프로그램, ▲소프트웨어 솔루션 등으로 세분화 가능
- (시장규모 및 예상 성장률) 주요 시장조사 기관인 Markets & Markets 의 보고서에 기반한 글로벌 혁신경영 시장의 2026년 규모는 17억 달러이니니 연평균성장률(CAGR)은 10.2%로 예상

조사기관	시장 규모 (단위: USD)		연평균 성장률 : CAGR(%)
	2021	2026	
Markets & Markets	10억	17억	10.2

○ 국내외 주요 경쟁업체

— (글로벌 주요 경쟁사)

세부 시장	기업	주요 서비스	시장 전략	매출액
컨설팅 서비스	Accenture, Deloitte, IBM	혁신 전략 수립, 혁신 프로세스 개선, 혁신 문화 구축 등	혁신 역량 강화에 초점을 맞춘 통합 솔루션 제공	2022년 기준: 100억 달러 이상
코칭 및 교육 프로그램	Johnson & Johnson (DePuy Synthes), Medtronic plc	혁신 리더십 개발, 혁신 문화 조성, 혁신 프로세스 개선 등	혁신에 대한 이해와 역량 강화에 초점을 맞춘 맞춤형 프로그램 제공	2022년 기준: 50억 달러 이상
SW 솔루션	Stryker Corporation, Zimmer Biomet Holdings, Inc.	혁신 프로젝트 관리, 아이디어 발굴 및 평가, 혁신 프로토타입 개발 등	혁신 프로세스 자동화 및 효율성 향상에 초점을 맞춘 솔루션 제공	2022년 기준: 30억 달러 이상

— (국내 주요 경쟁사)

세부 시장	기업	주요 서비스	시장 전략	매출액
컨설팅 서비스	삼성 경영 연구소	혁신 전략 수립, 혁신 프로세스 개선, 혁신 문화 구축 등	혁신 역량 강화에 초점을 맞춘 통합 솔루션 제공	2022년 기준: 1,000억 원 이상
코칭 및 교육 프로그램	LG 경영개발원	혁신 리더십 개발, 혁신 문화 조성, 혁신 프로세스 개선 등	혁신에 대한 이해와 역량 강화에 초점을 맞춘 맞춤형	2022년 기준: 500억 원

			프로그램 제공	이상
SW 솔루션	삼성SDS	혁신 프로젝트 관리, 아이디어 발굴 및 평가, 혁신 프로토타입 개발 등	혁신 프로세스 자동화 및 효율성 향상에 초점을 맞춘 솔루션 제공	2022년 기준: 300억 원 이상

○ **국내 고객 현황**

- 주요 고객은 지속적인 혁신 성과를 지향하는 창업기업 및 중소 혁신형 기업으로 중소벤처기업의 2021년 통계에 따르면 다음과 같음.

창업기업	벤처기업	이노비즈 기업	메인비즈 기업	계
1,417,973	38,629	19,534	19,989	1,496,125

- (국내 시장 규모) 창업기업을 SOM으로, 나머지 벤처기업, 이노비즈기업, 메인비즈기업은 SAM으로 분류하여 추정
  - 아이템 구매율(추정): SOM - 10% / SMA - 15%
  ① SOM 규모: 1,417,973(창업기업 수)×0.1(아이템 구매율)×50,000원(판매단가)
    = 7,089,850,000원
  ② SAM 규모: (38,629 + 19,534 + 19,989)×0.1×50,000원
    = 586,100,000원
  ③ 국내시장 규모: ① + ② = 7,089,850,000원 + 586,100,000원
    ≒ 76억 7,600만 원
- (국내 기업 혁신역량의 부족) 한국의 혁신 분야 기업 경쟁력은 OECD 37개국 중 19위(64.9점)로 중위권에 해당하며, 우수인력 부족, 자금 부족, 외부지식 접근 부족이 기업혁신의 주요 저해요인이며, 기업의 왕성한 혁신을 유도하기 위해서는 혁신 환경 구축이 필요(STEPI Insight Vol 278, 2021)

2-1. 창업아이템 현황(준비정도)

○ 신청 이전까지의 기획, 추진 경과 사항

- 혁신경영시스템 보드게임과 이를 활용한 교육 및 코칭 프로그램 개발 절차는 [그림 1]과 같으며, 현재 2단계(보드게임 컨셉 설정)를 완료
- (해외사례 조사) 현재 혁신경영시스템 관련 보드게임은 프랑스 Innovation-way 제품이 유일하며, 2023년 2월 온라인 설명회 참석을 통해 소개 자료 입수
- (게임 리뷰 및 컨셉 설정) 온라인 설명회에 참석했던 이노베이션 포럼 회원들과 게임

특성을 분석

Innovation-way 제품 단점	보완 및 개선점 도출
플레이어 1명당 보드게임 1개를 구매해야 함.	제품 1개에 다인 플레이 가능하게 변경
플레이어가 타인과 상호작용 없이 단독으로 플레이	플레이어가 상호작용 요소 가미 필요
IMS 주요 개념 카드에 간략하게 서술, 코치 필요	코치 없어도 개념 학습 가능한 기능 제공 (QR 코드)

− (사전 수요 조사) 20개 부산시 소재 스타트업 CEO 등에게 혁신경영시스템 보드게임에 대한 설명과 함께 구매 의향을 조사하여 6개 기업으로부터 21개 물량의 구매 의향을 확인함. [별첨-기타 참고자료 참조]

2-2. 창업 아이템 실현 및 구체화 방안
○ 협약 기간 내 구현 목표
− 본 사업의 협약 기간 내에 프로토타입 보드게임 10개를 제작하여 창업, 중소기업을 대상으로 테스트 플레이를 수행하고 게임 및 코칭 프로그램 개선점을 도출하는 것을 목표로 함.

○ 경쟁제품 벤치마킹 결과를 토대로 차별화 전략 및 개발 체계 구축
− (차별화 전략) 한국형 혁신경영 구축 전략 보드게임의 차별화 전략은 한국의 스타트업 및 중소기업 문화 및 특성 반영, 온오프라인 연계, 경쟁형 게임으로 전환, 플레이어 간 전략적 요소 상호 소통임.
− (외부 협력 그룹 및 개발 체계) 보드게임 및 코칭 프로그램 개발에 필요한 역량 중 창업팀의 부족한 부분을 보완하기 위하여 ▲혁신경영시스템 전문가 그룹, ▲보드게임 작가 그룹 및 제작업체, ▲스타트업 및 중소기업 혁신담당자 그룹 등이 참여하는 보드게임 개발 체계를 구축

[Reference]
1. 비즈니스모델 개요
2. 가치제안 모델
− 고객
− 가치 제안

- 고객 관계
- 채널
- 핵심 활동
- 핵심 자원
- 핵심 파트너

3. 수익 모델
- 수익 항목
- 비용 항목

<표 26>의 프롬프트 중 [Context] 부분이 앞에 작성한 내용을 그대로 가져온 것이다. 입력창에 복사 후 붙여넣기를 하면 표는 형태가 깨지고 텍스트만 남는데 걱정하지 말자. 생성형 AI의 좋은 점이 서식 무시하고 입력해도 다 인식한다는 점이다. <표 26>의 프롬프트 중 [Context] 부분이 앞에 작성한 내용을 그대로 가져온 것이다. 입력창에 복사 후 붙여넣기를 하면 표는 형태가 깨지고 텍스트만 남는데 걱정하지 말자. 생성형 AI의 좋은 점이 서식을 무시하고 입력해도 다 인식한다는 점이다. 생성형 AI의 결과는 <그림 116>~<그림 118>과 같다.

그림 116 ▌창업아이템 사업화 추진전략 생성 결과 (ChatGPT)

 ChatGPT
[비즈니스 모델 캔버스]

1. 고객 세그먼트 (Customer Segments)

- 창업기업
- 중소 혁신형 기업
- 기존 경영 코칭 및 교육 프로그램을 수요하는 기업

2. 가치 제안 (Value Propositions)

- 한국 기업 문화에 맞춘 혁신경영 보드게임
- 온오프라인 연계 가능한 교육 및 코칭 프로그램
- 직관적이고 사용자 친화적인 게임 플레이 방식

3. 채널 (Channels)

- 온라인 홍보 및 판매 (웹사이트, SNS)
- 혁신 및 창업 관련 세미나 및 행사
- 협력업체 및 파트너를 통한 배포

4. 고객 관계 (Customer Relationships)

- 보드게임을 통한 혁신 경영 교육 및 코칭 서비스 제공
- 게임을 활용한 워크숍 및 교육 프로그램

5. 주요 활동 (Key Activities)

- 혁신경영 보드게임 개발
- 교육 및 코칭 프로그램 개발
- 시장 조사 및 맞춤형 솔루션 제공

6. 주요 자원 (Key Resources)

- 혁신경영 전문가 그룹
- 보드게임 개발 및 제작 업체
- 교육 및 코칭 전문가

7. 주요 파트너 (Key Partnerships)

- 혁신경영 전문가 그룹
- 보드게임 작가 그룹 및 제작업체
- 스타트업 및 중소기업 혁신담당자 그룹

8. 수익원 (Revenue Streams)

- 보드게임 판매 수익
- 교육 및 코칭 프로그램 수강료
- 기업별 맞춤형 교육 및 코칭 프로그램 수익

9. 비용 구조 (Cost Structure)

- 보드게임 제작 및 배송 비용
- 교육 및 코칭 프로그램 운영 비용
- 마케팅 및 홍보 비용

그림 117 ▌창업아이템 사업화 추진전략 생성 결과 (Bard)

✦ 혁신 경영 솔루션 및 코칭 시장 비즈니스 모델 구축 전략

목표

혁신 경영 솔루션 및 코칭 시장에서 경쟁력을 확보하고, 지속적인 성장을 달성하기 위한 비즈니스 모델을 구축한다.

전략

- 차별화 전략
  - 한국의 스타트업 및 중소기업 문화 및 특성 반영
  - 온오프라인 연계
  - 경쟁형 게임으로 전환
  - 플레이어 간 전략적 요소 상호 소통
- 외부 협력
  - 혁신경영시스템 전문가 그룹
  - 보드게임 작가 그룹 및 제작업체
  - 스타트업 및 중소기업 혁신담당자 그룹

가치제안 모델

- 고객
  - 창업기업 및 중소 혁신형 기업
- 가치 제안
  - 혁신 경영의 이해 및 역량 강화
  - 혁신 프로젝트의 성공적인 수행
- 고객 관계
  - 직접 판매
  - 파트너십
- 채널
  - 온라인 채널
  - 오프라인 채널
- 핵심 활동
  - 보드게임 및 코칭 프로그램 개발
  - 마케팅 및 영업
- 핵심 자원
  - 지식 및 노하우
  - 치적 채산권
  - 인적 자원

- 핵심 파트너
  - 혁신경영시스템 전문가 그룹
  - 보드게임 작가 그룹 및 제작업체
  - 스타트업 및 중소기업 혁신담당자 그룹

수익 모델

- 수익 항목
  - 보드게임 판매
  - 코칭 프로그램 판매
- 비용 항목
  - 보드게임 및 코칭 프로그램 개발
  - 마케팅 및 영업
  - 인건비
  - 기타 비용

구체적인 실행 방안

- 1단계(2023년 7월 ~ 12월)
  - 프로토타입 보드게임 10개 제작
  - 창업, 중소기업을 대상으로 테스트 플레이 수행
  - 게임 및 코칭 프로그램 개선점 도출
- 2단계(2024년 1월 ~ 6월)
  - 보드게임 및 코칭 프로그램 최종 개발
  - 온라인 및 오프라인 채널을 통한 마케팅 및 영업
- 3단계(2024년 7월 ~ 12월)
  - 매출 및 영업 실적 분석
  - 사업 확장 및 성장 전략 수립

그림 118 ┃ 창업아이템 사업화 추진전략 생성 결과 (Bing)

아래는 [혁신경영 솔루션 및 코칭 시장]에 대한 비즈니스 모델 구축 전략을 비즈니스 모델 캔버스 형식으로
정리한 내용입니다:

1. 비즈니스모델 개요

　○ 목표시장: 혁신경영 솔루션 및 코칭 시장

　○ 시장규모 및 예상 성장률: 2026년 글로벌 혁신경영 시장 규모 17억 달러, 연평균성장률(CAGR)은
　　10.2%

　○ 주요 경쟁업체: Accenture, Deloitte, IBM 등

　○ 국내 고객 현황: 창업기업, 벤처기업, 이노비즈 기업, 메인비즈 기업 등

　○ 창업 아이템 현황(준비정도): 혁신경영시스템 보드게임과 이를 활용한 교육 및 코칭 프로그램 개발
　　절차 진행 중

2. 가치제안 모델

　○ 고객: 창업기업 및 중소 혁신형 기업

　○ 가치 제안: 한국형 혁신경영 구축 전략 보드게임 제공

　○ 고객 관계: 온라인 설명회, 테스트 플레이 등을 통한 지속적인 소통

　○ 채널: 온라인 설명회, 테스트 플레이 등

　○ 핵심 활동: 보드게임 개발, 교육 및 코칭 프로그램 개발

　○ 핵심 자원: 혁신경영시스템 전문가 그룹, 보드게임 작가 그룹 및 제작업체, 스타트업 및 중소기업 혁
　　신담당자 그룹 등

　○ 핵심 파트너: 협력 그룹 및 개발 체계 구축

3. 수익 모델

　○ 수익 항목: 보드게임 판매 수익, 교육 및 코칭 프로그램 수익

　○ 비용 항목: 보드게임 제작 비용, 교육 및 코칭 프로그램 운영 비용

이 비즈니스 모델은 [혁신경영 솔루션 및 코칭 시장]에 대한 깊은 이해를 바탕으로 한 것이며, 시장의 변화
와 고객의 요구에 따라 유동적으로 조정될 수 있습니다. 이 모델을 통해 기업은 자신들의 비즈니스 전략을
명확하게 정의하고 실행할 수 있습니다.

14 of 30 ●

　　세 가지 AI의 생성 결과를 토대로 비즈니스 모델 구축 전략을 <표 27>과 같이 작
성하였다. BMC와 구체적인 실행 방안으로 나눠서 작성하였으며, BMC는 ChatGPT를
주로 참조하였으며, 구체적 실행 방안은 Bard를 많이 참조하였다. 이 단계에서 핵심은

BMC를 그려서 그림 파일로 저장하는 것이다. 이유는 다음 순서에서 이를 활용할 것이기 때문이다.

┃ 표 27 비즈니스 모델 구축 전략 작성 예시

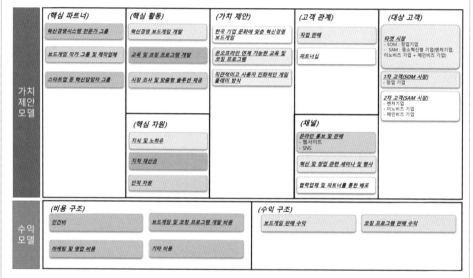

3-1. 창업아이템 사업화 추진전략
○ 비즈니스 모델 구축 전략
- (BMC) 오스터왈드 & 피그너가 제안한 비즈니스모델캔버스를 바탕으로 작성하였으며, 가치제안모델과, 수익모델로 구분하여 제시

- 1단계(2023년 7월 ~ 12월) 실행 방안
  • 프로토타입 보드게임 10개 제작
  • 창업, 중소기업을 대상으로 테스트 플레이 수행
  • 게임 및 코칭 프로그램 개선점 도출
- 2단계(2024년 1월 ~ 6월) 실행 방안
  • 보드게임 및 코칭 프로그램 최종 개발
  • 온라인 및 오프라인 채널을 통한 마케팅 및 영업
- 3단계(2024년 7월 ~ 12월) 실행 방안
  • 매출 및 영업 실적 분석
  • 사업 확장 및 성장 전략 수립

다음은 수익 창출 전략 프롬프트를 만들어 볼 텐데 간단하게 만들 수 있다. 이번에는 생성형 AI에 새롭게 추가된 기능인 그림 업로드 기능을 이용하여 질의해 보자.

먼저 생성형 AI 입력 프롬프트 창의 왼쪽 끝에 조그만한 아이콘에 마우스 커서를 올려놓으면 'Attach image', '이미지 업로드', 'Add image' 등의 메시지가 나온다.

그림 119 ▌생성형 AI 이미지 업로드

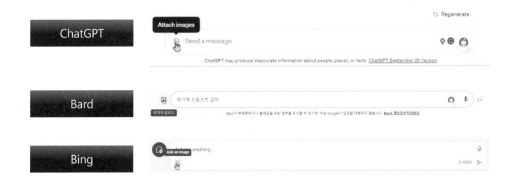

파일 탐색창이 열리면 이미지 파일이 있는 경로를 찾은 후 파일을 클릭한다. 그리고 <표 28>의 프롬프트를 입력한다.

▌표 28 프롬프트 예시(수익 창출 전략)

그림 내용을 바탕으로 ▲목표 고객 확보 전략, ▲가치제안 및 전달 전략, ▲제품 생산 및 조달 전략, ▲마케팅 및 홍보 전략, ▲판매채널 확보 전략, ▲판로개척 전략, ▲수익 창출 전략, ▲유지·보수 및 AS전략 등을 수립해줘

파일 업로드와 프롬프트 입력이 정상적으로 이뤄지면 ChatGPT 같은 경우 <그림 120>과 같은 그림이 나타난다. 그 외 나머지 생성형 AI도 유사한 형태의 출력이 나오는데 이미지 첨부는 생략한다.

그림 120 ┃ 수입 창출 전략 수립 프롬프트 정상 입력 완료 화면 (ChatGPT)

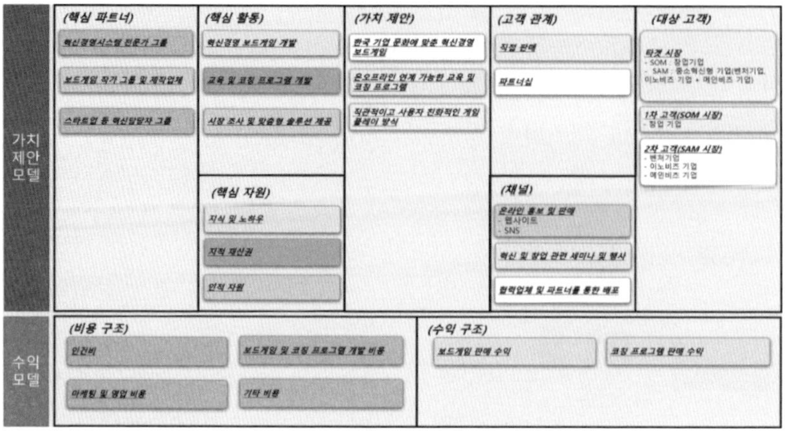

그림 내용을 바탕으로 ▲목표 고객 확보 전략, ▲가치제안 및 전달 전략, ▲제품 생산 및 조달 전략, ▲마케팅 및 홍보 전략, ▲판매채널 확보 전략, ▲판로개척 전략, ▲수익창출 전략, ▲유지·보수 및 AS전략 등을 수립해줘

이미지를 이용한 수입 창출 전략 수립 프롬프팅 결과는 <그림 121> ~ <그림 123>과 같다. 이들 내용을 종합적으로 취합하여 작성한 수입 창출 전략 수립 결과는 <표 29>와 같다. 생성형 AI가 제시한 내용은 원론적인 이야기가 많아서 참조는 하되, 실제에 부합하는 내용은 별도로 추가하여 작성하였다. 그리고 해당 내용을 표현하는 별도 사진도 추가로 구하여 삽입하였다.

이번 파트에서 독자에게 강조하고 싶은 부분은 이번에 생성형 AI가 제시한 결과물이 AI 활용 검사에 딱 걸리기 좋은 형태의 문장이나 내용이라는 점이다. 아무리 바쁘고 글쓰기가 힘들더라도 아무 생각없이 AI 생성물을 차용하지 말고 스스로 고민해서 창업 아이템에 부합하는 내용을 적도록 하자. 이번 파트의 내용을 수월하게 하고 싶으면 사업계획서 작성이나 마케팅 관련 교육을 이미 들어 두는 것도 추천한다.

그림 121 ┃ 수익 창출 전략 생성 결과 (ChatGPT)

 이미지를 기반으로 전략을 제시하겠습니다.

1. **목표 고객 확보 전략:**
   - 타깃 그룹은 "청소년 및 대학생"으로 볼 수 있습니다. SNS 및 학교 캠페인을 활용하여 고객 확보에 집중하실 수 있습니다.
2. **가치제안 및 전달 전략:**
   - 제품의 주요 특성 및 가치를 강조하는 "체험 마케팅"이나 "상품 체험 후기"를 통해 실질적인 가치를 전달하실 수 있습니다.
   - SNS 및 인플루언서 마케팅을 활용하여 가치를 전달하는 방법도 고려하실 수 있습니다.
3. **제품 생산 및 조달 전략:**
   - "신상품 출시 전략" 및 "다양한 제품 라인업"을 통해 다양한 고객의 니즈를 충족시키는 전략을 세울 수 있습니다.
4. **마케팅 및 홍보 전략:**
   - "인플루언서 마케팅"과 "학교 캠페인"을 활용하여 타겟 고객층에게 직접적으로 접근하실 수 있습니다.
   - "SNS" 활용으로 젊은 세대에게 홍보하는 것이 효과적일 것입니다.
5. **판매채널 확보 전략:**
   - "오프라인 스토어" 및 "온라인 쇼핑몰"을 통한 다채널 판매 전략을 구축하실 수 있습니다.
6. **판로개척 전략:**
   - "해외 시장 진출"을 통해 글로벌 시장의 가능성을 탐색하실 수 있습니다.
   - "학교 내 팝업 스토어"나 "대학생 및 청소년 행사"에 참여하여 새로운 판로를 개척하는 것도 고려해보세요.
7. **수익창출 전략:**
   - 다양한 "제품 라인업"을 통해 추가적인 수익 창출을 목표로 할 수 있습니다.
8. **유지·보수 및 AS전략:**
   - "고객 의견 및 피드백"을 수집하여 제품의 품질을 지속적으로 개선하며, AS 서비스를 강화하여 고객의 신뢰를 얻을 수 있습니다.

이 전략들은 제시된 이미지의 내용을 바탕으로 제안된 것이며, 실제 사업 환경과 맥락에 따라 수정 및 조정이 필요할 수 있습니다.

그림 122 ▮ 수익 창출 전략 생성 결과 (Bard)

◆ 목표 고객 확보 전략

- 주요 고객층: 창업기업 및 중소 혁신형 기업
- 고객 확보 방법:
    ○ 온라인 및 오프라인 채널을 통한 홍보 및 마케팅
    ○ 혁신 경영 관련 행사 및 세미나 참여
    ○ 창업기업 및 중소 혁신형 기업 대상 영업 및 마케팅

가치제안 및 전달 전략

- 핵심 가치: 혁신 경영의 이해 및 역량 강화
- 가치 전달 방법:
    ○ 한국의 스타트업 및 중소기업 문화 및 특성을 반영한 보드게임 및 코칭 프로그램 제공
    ○ 온오프라인 연계 및 경쟁형 게임으로 전환을 통한 몰입도 및 학습 효과 향상
    ○ 플레이어 간 상호 소통을 통한 협업 및 소통 능력 강화

제품 생산 및 조달 전략

- 제품 개발: 혁신경영시스템 전문가 그룹, 보드게임 작가 그룹 및 제작업체, 스타트업 및 중소기업 혁신담당자 그룹과의 협력을 통해 보드게임 및 코칭 프로그램을 개발
- 제품 조달: 국내외 유수의 보드게임 및 코칭 프로그램 제작업체와 협력하여 제품을 조달

마케팅 및 홍보 전략

- 온라인 마케팅: 온라인 채널을 활용한 홍보 및 마케팅 강화
    ○ 홈페이지 및 SNS를 통한 정보 제공 및 홍보
    ○ 온라인 광고 및 프로모션 진행
- 오프라인 마케팅: 오프라인 채널을 활용한 홍보 및 마케팅 강화
    ○ 혁신 경영 관련 행사 및 세미나 참여
    ○ 창업기업 및 중소 혁신형 기업 대상 영업 및 마케팅

판매채널 확보 전략

- 온라인 채널: 온라인 쇼핑몰 및 오픈마켓 입점
- 오프라인 채널: 창업 지원 기관 및 센터, 기업 및 기관 등

판로개척 전략

- 국내: 창업지원 기관 및 센터, 기업 및 기관 등과 협력하여 판로 개척
- 해외: 해외 시장 진출을 위한 전략 수립 및 추진

수익창출 전략

- 보드게임 판매
    ○ 온라인 및 오프라인 채널을 통해 판매
    ○ 보드게임의 차별화 요소를 강조하여 마케팅

- 코칭 프로그램 판매
  - 기업 및 기관을 대상으로 판매
  - 보드게임을 활용한 코칭 프로그램의 효과를 입증하는 데이터 확보

유지·보수 및 AS전략

- 보드게임: 보드게임의 품질 및 내구성을 향상시켜 유지·보수 및 AS 비용을 절감
- 코칭 프로그램: 코칭 프로그램의 효과를 지속적으로 향상시키기 위한 피드백 및 개선

그림 123 ▌수익 창출 전략 생성 결과 (Bing)

아래는 그림 내용을 바탕으로 수립한 전략입니다:

1. **목표 고객 확보 전략**: 창업기업 및 중소 혁신형 기업을 대상으로 하며, 이들 기업의 혁신 역량 강화를 위한 필요성을 인식시키는 것이 중요합니다. 이를 위해 혁신 경영 솔루션 및 코칭 서비스의 효과와 가치를 홍보하고, 기업의 혁신 역량 강화에 기여할 수 있는 구체적인 사례를 제시합니다.

2. **가치제안 및 전달 전략**: 한국형 혁신경영 구축 전략 보드게임을 제공하여 기업의 혁신 역량을 강화하는 것이 주요 가치제안입니다. 이 가치를 전달하기 위해 온라인 설명회, 테스트 플레이 등 다양한 채널을 활용하여 게임의 특징과 장점을 소개합니다.

3. **제품 생산 및 조달 전략**: 보드게임 제작은 외부 제작업체와의 협력을 통해 이루어집니다. 제작 비용과 품질을 고려하여 최적의 제작업체를 선정하며, 제품의 품질 관리와 공급 체인 관리에 중점을 둡니다.

4. **마케팅 및 홍보 전략**: 온라인 마케팅과 SNS 홍보를 주로 활용합니다. 또한, 창업 행사나 네트워킹 이벤트 등에서 보드게임을 직접 체험할 수 있는 기회를 제공하여 제품의 인지도를 높입니다.

5. **판매채널 확보 전략**: 온라인 쇼핑몰과 협력하여 보드게임을 판매합니다. 또한, 직접 온라인 설명회나 테스트 플레이를 통해 제품을 판매하는 방식도 고려합니다.

6. **판로개척 전략**: 창업기업 및 중소기업이 많이 위치한 지역을 중심으로 판로를 개척합니다. 또한, 창업 지원 센터나 비즈니스 인큐베이터 등과 협력하여 판매 기회를 확대합니다.

7. **수익창출 전략**: 보드게임 판매와 교육 및 코칭 프로그램 운영을 통해 수익을 창출합니다. 이때, 가격 책정은 제품의 가치와 고객의 결제 의향성을 고려하여 이루어집니다.

8. **유지·보수 및 AS전략**: 보드게임의 품질 문제나 고객의 불만 사항에 대응하기 위한 AS 체계를 구축합니다. 또한, 교육 및 코칭 프로그램의 내용을 지속적으로 업데이트하고 개선하여 고객 만족도를 유지합니다.

이러한 전략은 [혁신경영 솔루션 및 코칭 시장]에 대한 깊은 이해를 바탕으로 한 것이며, 시장의 변화와 고객의 요구에 따라 유동적으로 조정될 수 있습니다.

16 of 30 ●

◦ **수익 창출 전략**
- (4P 전략) 목표시장별로 유통채널 및 제품 전략을 달리하여 수립하며, 촉진 전략은 협약 기간 내 추후 수립

시장 구분	유통채널	제품 전략	가격 전략
1차 목표시장(SOM)	인적 네트워킹	보드게임 + 코칭 프로그램	보드게임: 5만 원 코칭 프로그램: 70만 원
2차 목표시장(SAM)	인적 네트워킹＋온오 프믹스	보드게임 + 코칭 프로그램	
3차 목표시장(TAM)	와디즈＋보드게 임유통사	보드게임	보드게임: 5만 원

- (초기 목표 판매량) 보드게임 제작업체의 최소 주문 수량은 500개이므로 초기 보드게임 목표 판매 수량을 500개 이상으로 설정

[그림 6] 숏폼을 활용한 보드게임 홍보 사례

- (영상 콘텐츠 활용) 혁신경영 구축 전략 보드게임을 홍보할 수 있는 다양한 컨셉의 홍보 동영상, 웹 페이지 등을 홍보 콘텐츠를 제작하여 SNS, 블로그 등을 통한 바이럴마케팅을 통해 제품의 우수성을 알리고 고객들에게 알리고자 함. 특히 최근 게임 홍보에 많이 활용되는 틱톡, 숏츠, 릴스 등 숏폼 동영상을 활용하여 혁신경영과 게임의 재미를 적극적으로 홍보하고자 함.
- (홈페이지 제작) 과제 수행 기간 내 과학기술인협동조합 홈페이지를 제작하여 대표자가 설립하고자 하는 과학기술인협동조합 및 혁신경영 서비스와 보드게임에 대해 적극적인 홍보 및 마케팅 활동을 수행할 예정임.
- (보드게임 및 디자인에 대한 지식재산권 확보) 한국형 혁신경영 구축 전략 보드게임의 핵심 기술 요소와 교육 콘텐츠를 연계한 BM 특허 및 보드게임 디자인에 대한 지식재산권을 출원하여 시장 진출 시 기술적 요소에 대한 권리 확보와 차별화 요소에 대한 진입장벽을 구축하고자 함.

3-2. 생존율 제고를 위한 노력

3-2. 생존율 제고를 위한 노력 이후 파트는 생성형 AI를 이용하여 작성하는 것의 실효성이 아직 낮은 부분이다. 저자가 테스트해 본 결과 산출물의 품질을 높이기 위해 [Context] 부분에 상세 내용을 작성하느니 그냥 본 내용을 바로 서식에 작성하는 것이 훨씬 효율적이라는 판단이 들었다. 그리고 이후 내용은 계획서의 가이드만 잘 따르기만 해도 충분히 작성이 가능한 부분이기도 하다. 그래서 이후 파트는 생성형 AI 프롬프트와 작성 예시 없이 저자가 작성한 자료만 예시로 <표 30>~<표 31>와 같이 제시한다.

▌표 30 생존율 제고를 위한 노력 작성 예시

3-2. 생존율 제고를 위한 노력
○ 협약 기간 내 달성 사업화 성과
- (매출) 혁신경영 관련 연구용역 과제 등을 수행하여 매출 5천만 원 목표로 함.
- (투자) 과학기술인협동조합 출자금 5천만 원 목표로 함.
- (고용) 직원 2인 채용을 목표로 함.
○ 협약 종료 후 사업추진 계획
- (웹 버전 보드게임 개발) 추후 웹 버전의 보드게임을 개발하여 장소에 구애받지 않고 온라인에서 게임 및 코칭을 진행할 수 있도록 함. 또한, 웹 버전의 장점으로는 게임 플레이를 전자적으로 기록하고 저장할 수 있어서 신규 서비스 기획 시 데이터로 활용 가능
- (혁신경영시스템 실행 솔루션 개발) 혁신경영시스템 구축을 희망하는 기업이 시스템 기획, 운영, 평가 등을 실행하고자 할 때 필요로 하는 문서 도구와 솔루션을 개발하여 온라인으로 판매
- (중국, 동남아 시장 개척) 대학원 내 인도네시아 및 중국 유학생들이 다수 있으며 특히 자국에서 대학교수 및 교육기관에 재직하고 있는 졸업생이 다수 있어 해외 네트워크를 활용하여 인도네시아 및 중국에 진출하고자 함.
- (후속 혁신경영 프로그램 개발) 과학기술인협동조합은 매년 배출되는 대학원 졸업생들의 전문 분야 역량 및 보유 기술을 활용하여 기술경영 및 혁신경영 분야에서 다양한 서비스를 개발할 수 있는 강점이 있음.

3-3. 사업추진 일정 및 자금운용 계획

3-3-1. 사업 전체 로드맵

○ 창업 아이템의 전체 사업 목표

－ 본 창업 아이템의 전체 사업 목표는 완성품 보드게임과 코칭 프로그램을 정식으로
출시하여 1차 500개, 2차 3,000개, 3차 10,000개를 완판하는 것이며 이를 위해 다
음과 같은 추진 일정을 수립

〈사업 추진 일정(전체 사업단계)〉

순번	추진 내용	추진 기간	세부 내용
1	시제품 설계	23.05.~23.06.	보드게임 시제품 및 코칭 과정 설계
2	시제품 제작	23.07.~23.10.	보드게임 프로토타입 외주 제작
3	시제품 테스트	23.11.	보드게임, 코칭 과정 테스트 및 개선
4	완성품 제작	24.01.~24.02.	보드게임 완성품 제조업체 외주
5	국내 홍보 및 판매	24.03.~24.06	한글판 국내 판매
6	웹 버전 보드게임 개발	24.07.~24.12.	웹 버전 보드게임 개발

3-3-2. 협약기간('23.5.1. ~ '23.12.31.) 내 목표 및 달성 방안

○ 협약 기간 내 달성 목표

－ 창업 아이템의 프로토타입 개발 및 테스트 후 와디즈 펀딩을 통한 가망고객 발굴까
지를 목표로 하며 이를 위해 다음과 같이 추진 일정 수립

〈사업 추진 일정(협약기간 내)〉

순번	추진 내용	추진 기간	세부 내용
1	시제품 및 코칭 과정 설계	23년 상반기	보드게임 시제품 및 코칭 과정 설계
2	협동조합 홈페이지 제작	23.07.~23.09.	과학기술협동조합 홈페이지 제작
3	코칭 과정 개발	23.07.~23.10.	이노베이션 포럼과 외주 및 협업
4	시제품 제작	23.07.~23.10.	시제품 설계 및 프로토타입 제작
5	시제품 및 코칭 과정 테스트	23.11.	스타트업 대상 테스트 후 개선점 도출
6	랜딩 페이지 제작	23.10.~23.11.	보드게임 및 코칭 게임 랜딩 페이지
7	와디즈 펀딩	23.11.~23.12.	와디즈 펀딩 통해 가망 고객 발굴

3-3-3. 정부지원금 집행계획

〈사업비 집행계획〉

비 목	산출근거	정부지원금(원)
외주용역비	보드게임 프로토타입 기획 자문 및 외주제작 – 프로토타입 1개 제작 단가 150만 원×10개 = 15 　백만 원	15,000,000
외주용역비	혁신경영시스템 BOK(Body of Knowledge) 구축 및 　문서화 외주용역 – 1개 챕터당 연구용역비 3백만 원×10개 챕터	30,000,000
외주용역비	보드게임 및 코칭 프로그램 랜딩 페이지 제작	3,000,000
외주용역비	회사(협동조합) 홈페이지 제작	3,000,000
외주용역비	와디즈 펀딩용 콘텐츠 제작	5,000,000
지급수수료	와디즈 홍보마케팅비 및 수수료 등	8,000,000
지급수수료	회계감사비	484,818
기계장치비	보드게임 그래픽 디자인 작업용 아이맥 프로 및 관련 SW 등	9,000,000
교육훈련비	혁신경영시스템 관련 교육 및 국내외 코칭 과정 벤치 마킹 (1인당 교육훈련비 1,500,000원×2인)	3,000,000
인건비	팀원 2인 고용 가정 – 월급여 2백만 원×2인×5개월	20,000,000
창업활동비	Σ월별창업활동비×개월수 = 500,000원×7개월 + 15,182원×1개월	3,515,182
합 계		100,000,000

3-3-4. 기타 자금 필요성 및 조달계획

○ 초기 3년 추가 필요 자금: 5억 원 예상

– (관리비) 협동조합 설립 시 회의, 정관작성, 등록 등의 제반 행정비용 외에도 사무실 임대보증금 및 월임차료 등이 발생

– (투자비) 해외 진출을 위해서는 보드게임의 웹 버전, 영문 버전 개발이 필요하므로 이를 위한 정보통신 인프라 구축 및 개발 인력 확보를 위한 투자 필요

– (운영비용) 본격적인 판매가 이뤄지게 되면 보드게임 배송을 위한 물류 체계 및 고객 응대 인력도 필요함.

○ 추가 자금 조달계획

– (협동조합출자금) 조합원 확대 유입을 통한 자본금 증대

- (협동조합 전용 사업 지원) 「기관형 과학기술인협동조합 지원사업」과 같은 협동
  조합 특화 사업 등에 지원 및 선정을 통한 자금 충원
- (매출을 통한 자금 확보) 연구용역 및 컨설팅, 자문 등 CASH COW 영역에서의 매
  출 증대를 통해 추가 투자 자금 확보

▌표 32 팀 구성 작성 예시

4-1. 대표자(팀) 현황 및 보유역량
○ 역량
- ○○공학에서 공학박사 취득 및 ○○대학원에서 원장 및 교수를 역임하여 혁신경영
  시스템에 대한 이해도가 높으면서 교육과 코칭을 할 수 있는 역량을 갖추고 있음.
- 중소기업 파견근무 2년, 중소기업과의 연구개발 및 사업화 과제 다 수, 중소기업
  과제 지원 전문가, 중소중견기업 자문 기술 코디네이터, IT 프로젝트 (학부생) 지
  도, 사회리더 지원 멘토 등으로 활동하여 중소기업을 지원하고 육성할 수 있는 역
  량을 가지고 있음.
- "엔젤 아카데미 적격엔젤 양성과정" 수료 및 기술사업화 전문코디네이터 자격 보유
  로 기업에 대한 자금 지원 및 사업화 역량을 가지고 있음.
○ 경력
- 1987.03 ~ 2016.02 ○○대학교 공과대학 ○○○○○공학부 교수
- 2016.03 ~ 현재 ○○대학교 ○○○○전문대학원 ○○○○학과 교수
- 2016.03 ~ 2020.08 ○○대학교 ○○○○전문대학원 원장
- 2016.01 ~ 2020.08 ○○대학교 ○○○○전문대학원 운영사업단장
- 2016.09 ~ 2023002 ○○대학교 과학기술정책전문인력 육성사업단장
- 2013.12 ~ 2015.12 산업통상자원부 기술코디네이터 (중소중견기업 기술지원 자문)
- 2012.03 ~ 2020.11 과학기술정보통신부 (IT여성기업인협회) 이브와 IT 멘토링 지
  원 사업 지도교수, 기업과 협력 프로젝트 지도
○ 학력
- 1984.03 ~ 1993.02 한국○○○○○ 산업공학 공학박사
- 1982.03 ~ 1984.02 한국○○○○○ 산업공학 공학석사
- 1978.03 ~ 1982.02 ○○대학교 산업공학 공학

○ 자격

- 2023.02 ~ 기술사업화 전문코디네이터, 한국기업·기술가치평가협회
  기술사업화 전문코디네이터 양성과정 23.02.04~02.18 (19.5시간) 이수
- 2014.07 – 제6기 "엔젤 아카데미 적격엔젤 양성과정" 수료, (사)한국엔젤투자협회

《(예비)창업팀 구성 예정(안)》

순번	직위	담당 업무	보유역량(경력 및 학력 등)	구성 상태
1	대표	과제 총괄 및 대외 업무	산업공학 박사, 산업공학과 교수 재직(36년)	완료
2	팀원1	보드게임 개발	기술경영학 박사, ISO 관련 경력(10년 이상) 창업자 멘토링 경력(3년 이상) 보드게임 작가 활동 (1년)	예정 ('23.08)
3	팀원2	IMS 코칭 프로그램 개발	기술경영학 박사, R&D 관련 경력(10년 이상) 교육 기관 경력(5년 이상) 스타트업 지원 및 창업자 멘토링 경력(1년)	예정 ('23.08)

4-2. 외부 협력기관 현황 및 활용 계획

○ 본 아이템의 특성상 보드게임 전문가와 혁신경영시스템 전문가가 필요
- 프로토타입 완성 이후에는 테스트에 참여할 스타트업 및 중소기업도 필요하며 이는 창업팀의 인적 네트워킹을 통해 섭외 가능
- 사전 구매의향서를 제시한 6개 스타트업 기업 이미 확보

순번	파트너명	보유역량	협업방안	협력 시기
1	보드게임 작가 모임	보드게임 룰 기획 및 아이디어 제안	브레인스토밍 및 게임 테스트	23.05. ~ 23.06.
2	던지고팩토리	보드게임 시제품 디자인 및 제작	웹사이트 제작 용역	23.07. ~ 23.10.
3	이노베이션 포럼	혁신경영시스템 BOK 구축	문서화 작업 용역	23.07. ~ 23.09.
4	OO대학교 가족기업 및 창업초기기업	혁신경영에 대한 관심	시제품 테스트	23.11.

4-3. 중장기 사회적 가치 도입계획

○ 산업통상자원부, IBK, 신용보증기금 등의 중소기업 ESG 가이드라인 등을 참고하여 ESG 경영 추진

- (환경) 온라인 버전 보드게임 개발 시 기존 물리적 보드게임 제작에 드는 자원, 에너지 등을 절약하고 폐기물 발생을 줄일 수 있음.

- (사회) 지역 인재를 역내 잔류를 견인하고 지역 기업의 혁신경영 역량 강화에 기여함으로써 지역 혁신생태계의 촉매자 역할 강조

- (지배구조) 협동조합은 투자금에 의한 의사결정이 아닌 1인 1표 방식에 의한 민주적인 기업 형태로 윤리경영 및 상호 존중 조직문화 구축에 유리

부록

—

예비창업패키지
사업계획서 /
발표 자료 사례

예비창업패키지 사업계획서 / 발표 자료 사례

본 사례는 저자(박세훈)가 2020년 예비창업패키지 전담PD로 활동할 때 인연을 맺은 창업팀 '커넥트제로'의 예비창업패키지사업 신청서와 사업 완료 보고 때 작성한 발표 자료이다. 커넥트제로는 현재 시드 1억 투자유치와 2022년 매출 1.6억 원, 고용은 6명의 실적을 보이는 기업이다.

이 사례를 통해 저자가 강조하고 싶은 점은 두 가지이다. 하나는 생성형 AI 도움을 받아서 만든 예시 사업계획서와 예비창업패키지 사업에 실제 선정된 사업계획서 작성에 소요된 시간이다. 커넥트제로 팀은 아이템선정에서 시장조사를 포함해서 총 2주의 시간이 작성에 들었다. 반면에 저자는 낮에는 본연의 업무를 보면서 저녁에 2~3시간씩 시간을 투자하여 4일 만에 생성형 AI을 활용하여 사업계획서 샘플을 작성하였다. 즉, 사업계획서 작성에 생성형 AI는 확실히 도움이 된다. 그러니 예비창업자들이여, 이 책을 빌려 보지 말고 반드시 구매해서 옆에 두고 틈날 때마다 연습하면서 사업계획서 작성에 대한 많은 팁을 가져가기를 바란다.

다른 하나는 사례의 최초 사업계획서와 최종 발표 자료의 품질을 비교해 보시기 바란다. 한글 문서와 파워포인트 자료라는 차이점 외에 사업 아이템에 대한 전달력과 내용에서 엄청난 향상이 느껴지지 않는가? 커넥트제로 대표님의 끊임없는 열정과 노력의 결실이기도 하지만 저자의 멘토링 기여도가 3.75% 정도는 된다고 살포시 숟가락을 얹어 본다. 2024년 예비창업자들이여. 예창패에 선정되면 저자들을 멘토로 많이 신청해 주길 바란다. 멘토링의 본때를 보여 드리겠다.

끝으로 본 도서를 통해 기꺼이 사업계획서 및 발표자료 공유를 허락해 주신 커넥트제로 대표님과 팀원들에게 감사의 말씀을 전하며 무궁한 발전을 기원힌다.

"대표님! 인세 받으면 삼겹살에 소주 한잔 살게요."

1. 사업계획서

□ 일반현황

신청 주관기관명	부산창조경제혁신센터				
창업아이템명	비대면 온라인 낚시대회 및 국내최초 개인 맞춤화 출조 분석 서비스				
업종	□ 제조	☑ 지식서비스		□ 융복합	
신청자 성명	이○○	**생년월일**	19XX.XX.XX	**성별**	남
직업	개발/PM	**사업장 설립 예정지**	부산광역시		
팀 구성(신청자 제외)					
순번	직급	성명	담당업무	주요경력	비고
1	팀장	문○○	앱 기획	블록체인 웹/앱 서비스 기획 경력3년 (블록체인 구인구직 플랫폼) 축제, 행사 컨벤션 기획 (서천한산모시문화제, 고성공룡엑스포 조형물 디자인 기획)	

□ 창업아이템 개요(요약)

창업아이템 소개	<레저낚시와 IT서비스의 만남! 낚시를 즐기는 방식을 바꾸다!!> 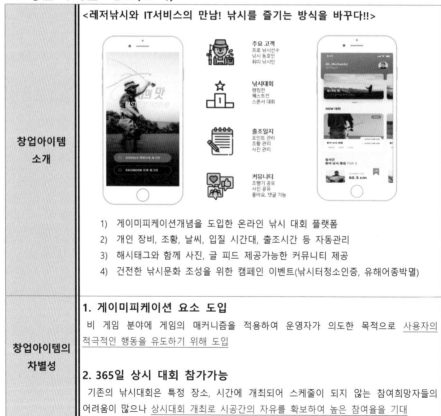 1) 게이미피케이션개념을 도입한 온라인 낚시 대회 플랫폼 2) 개인 장비, 조황, 날씨, 입질 시간대, 출조시간 등 자동관리 3) 해시태그와 함께 사진, 글 피드 제공가능한 커뮤니티 제공 4) 건전한 낚시문화 조성을 위한 캠페인 이벤트(낚시터청소인증, 유해어종박멸)
창업아이템의 차별성	**1. 게이미피케이션 요소 도입** 비 게임 분야에 게임의 매커니즘을 적용하여 운영자가 의도한 목적으로 <u>사용자의 적극적인 행동을 유도하기 위해 도입</u> **2. 365일 상시 대회 참가가능** 기존의 낚시대회은 특정 장소, 시간에 개최되어 스케줄이 되지 않는 참여희망자들의 어려움이 많으나 <u>상시대회 개최로 시공간의 자유를 확보하여 높은 참여율을 기대</u>

3. 다양한 대회 모드 도입

물고기의 길이를 측정하여 가장 큰 물고기를 잡는 랭킹전, 정해진 길이에 가장 근접한 물고기를 잡거나 특정 길이 이상+마리수를 잡는 퀘스트전 등 다양한 대회 방식으로 타 온라인 대회 플랫폼과의 차별화

4. 개발진행단계

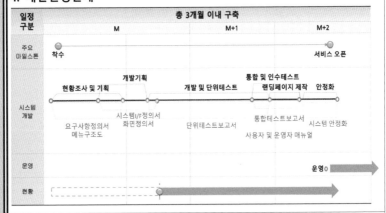

1. 국내 목표시장

국내 낚시 인구 850만명(2018년 기준), 산업규모 2조 430억
(2020년 해양수산부 자료)

2. 해외 목표시장

미국 - 낚시산업의 중요성 증대로 "낚시현대화법" 추진. 어획량 제한 등 규제완화
　　　낚시산업의 특성을 고려한 관리정책 수립 -> 산업활성화
중국 - 레저어업의 문화양성을 위한 지침발표, 레저어업과 관련된 서비스플랫폼, 테마
　　　공원, 어업특화 마을, 레저어업 인력양성 등 추진

3. 앱서비스 시장

구글플레이스토어 기준으로 현재 운영되고 있는 낚시관련 앱은 61개
앱누적다운로드수 : 4,454,160회 (낚시인구의 약52%)
6개월 기준 목표 가입자수 : 50,000명

1. 비대면 온라인 낚시 대회 서비스

<기존 낚시대회 현황>
　1) 다수의 인원이 주최측이 정한 시간과 장소에 집합하여 진행
　2) 코로나-19로 인해 수많은 낚시대회가 취소(집합금지)

오프라인 낚시대회 현장사진

국내외
목표시장

비대면
기술/서비스

<자사 온라인 낚시 플랫폼>

1) 참가, 진행, 결과발표까지 비대면 진행
2) 시간과 공간의 제약없이 유저의 개인스케줄 제약으로부터 자유로움

오프라인 낚시대회 VS 비대면 낚시대회		
오프라인 낚시대회	항목	비대면 낚시대회
온라인, 전화, 현장접수	참가 신청	온라인 접수
특정 낚시터, 포인트	대회 장소	전국 어디나
유(무료~200,000)	참가비	무
통상 1일	대회 기간	상시 오픈
10~500명	참여인원	무제한
현장 계측	순위선정방식	온라인 사진 계측
100여회	2019년 개최현황	10여회

이미지	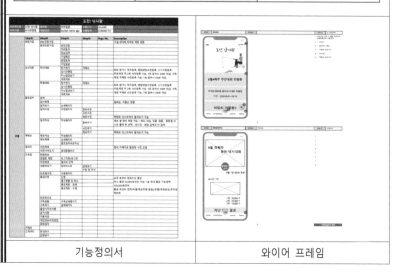	
	기능정의서	와이어 프레임

1. 문제인식(Problem)

1-1. 창업아이템의 개발동기

◦ 코로나 19로 인한 오프라인 낚시대회 취소, 성장하는 낚시산업

- 코로나-19로 인해 예정되어 있던 수많은 오프라인 낚시대회들이 취소되고 있으며 이에 따라 낚시를 즐기는 많은 동호인들이 낚시대회에 대한 갈증과 니즈를 느끼고 있으며 인터넷 동호회 카페를 중심으로 온라인 낚시대회를 자체적으로 개최하여 즐기고 있으나 그 수단과 방법이 비효율적임

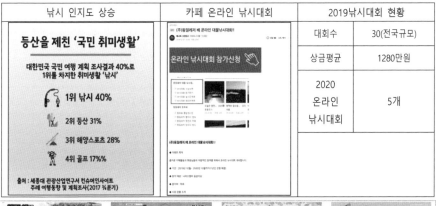

낚시 인지도 상승	카페 온라인 낚시대회	2019낚시대회 현황	
		대회수	30(전국규모)
		상금평균	1280만원
		2020 온라인 낚시대회	5개

<화천 산천어축제>   <평창 송어축제>   <단양 쏘가리축제>   <봉화 은어축제>

◦ 전문적인 출조관리, 분석서비스의 부재

- 구글 플레이스토어 기준 낚시관련앱은 약 60여개를 넘어가고 있으나 대부분 낚시터 정보제공, 낚시용품 쇼핑, 조행기(커뮤니티)에 그치고 있으며 대부분의 낚시인들은 조행기(커뮤니티)에 자신의 출조 데이터를 입력하고 관리하거나 개인 노트(수첩)에 DB를 관리하고 있는 실정

◦ 올바른 낚시문화 정착과 낚시산업의 노후화

- 낚시 사고 예방을 위한 다양한 정책과 노력에도 불구하고 인적과실 인식 부족 등으로 낚시 관련 안전사고는 오히려 승가
  낚시 어선 인명피해 및 사고건수 : ('14년) 9명, 86건 -> ('17년) 105명, 263건 *(305%증가)*
- 건전한 낚시문화 확산 및 낚시인의 자율준수를 위한 체계적인 교육, 홍보시스템 미구축으로 규제위반이 만연하고 문화교육에 한계가 있음.

1-2 창업아이템의 목적(필요성)

◦ 낚시를 즐기는 수단과 방법의 혁신적인 변화 **온라인 낚시대회**

- 기존의 낚시대회는 특정 시간과 장소에서만 진행되기 때문에 유저가 참가의사가 있다하여도
 개인적인 스케줄때문에 불참하는 경우가 매우 많으며 주최측에서 정한 낯선 장소에서 진행되어
 운에 의해 결과가 좌우되는 경우가 많지만 자사의 대회 플랫폼은 <u>언제 어느곳이든 가볍게 대회
 참가가 가능하며 다양한 게임적 요소를 적용하여 더욱 재미있는 피싱라이프가 가능</u>합니다.

〈자사 서비스 대회 특징〉

분류	세부항목	특징
온라인 낚시대회	랭킹전	가장 큰 고기를 겨루는 전통적인 낚시 대회 방식
	퀘스트전	고기의 길이, 마리수, 근사치 등 다양한 요소를 겨루는 방식 (ex 30cm 이상 마리수, 25cm에 가장 가까운 길이 순 등)
	스폰서대회	기업, 단체 등의 타이틀을 걸고 진행되는 스폰서쉽 대회 (ex 쌍용 렉스턴 칸 배 낚시대회, 강원산업배 낚시대회 등)
출조일지	일지 관리	업로드 된 사진의 위치, 시간 데이터를 바탕으로 포인트 및 날씨 정보를 자동으로 기입하고 유저의 장비, 조황 등을 기 록하여 자신만의 낚시 데이터를 구성할 수 있는 서비스
커뮤니티	커뮤니티	사진과 조행기를 바탕으로 다른 유저들과 함께 소통하고 교 류할 수 있으며 낚시환경개선과 낚시매너를 위한 다양한 캠 페인 활동 진행

〈게이미피케이션 매커니즘〉

◦ 국내 최초 낚시데이터 분석 서비스 **출조일지관리(빅데이터)**

- 낚시대회에 참가된 사진, 출조일지에 유저가 업로드한 사진과 정보를 바탕으로 포인트정보, 조황정보, 날
 씨 정보를 수집하고 수집된 정보를 바탕으로 조황예측시스템을 구축하여 사용자에게 제공

〈User Experience〉

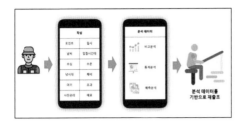

<낚시 데이터 처리 Flow>

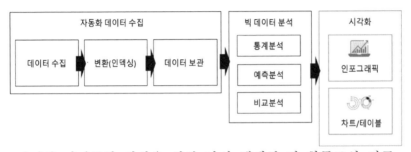

◦ 건전한 낚시문화 정착을 위한 낚시 캠페인 및 활동보상 지급

- 매년 증가하는 낚시관련 안전사고 예방을 위한 긴급조난알림 서비스를 제공하고 건전한 낚시문화형성과 산업발전을 위한 다양한 캠페인과 이벤트를 어플리케이션으로 추진 및 제공

낚시인들이 버리는 쓰레기로 인해 수많은 노지 낚시터들이 수질오염방지와 안전사고예방으로 인해 낚시금지 구역으로 묶였으며 지역 주민들과의 갈등이 심화되고 있음

낚시인들 스스로의 인식개선과 적극적인 활동이 필요

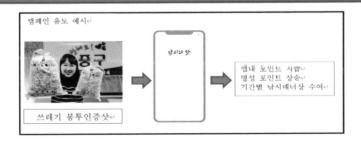

2. 실현가능성 (Solution)

2-1. 창업아이템의 개발 · 사업화 전략

◦ 주요 BM 소개

항목	내용
대회 스폰서 협찬 및 광고	기업, 협회 등과 연계된 스폰서쉽 대회 개최
인앱 광고	인앱 광고(배너, 동영상 광고)삽입

1) 대회 스폰서 협찬 및 광고

분기별 1회 이상 대회 스폰서 유치로 대회 운영비 및 광고비 수익 발생

운영비: 대회상금, 상품, 운영인건비, 기타 홍보물 제작비

광고비: 앱 활성화에 비례하여 광고단가 산출

항목	방식	예상단가
인당 노출	앱 활성화도(가입자수)	100~500원
CPM	스폰서 배너 클릭당 단가 산출	500~1000원
상품매출 수수료	스폰서 상품판매시 수수료	5~10%
기타	회원가입, 이벤트 참여 등	협의

초기 스폰서쉽 대회 1회 개최시 예상순수익 200~300만원

2) 인앱 광고

구글 AdMob 제휴 광고 삽입

하단 display 광고   전면 display 광고   video 광고   리치미디어 광고

인앱광고 예상수익 : 매달 100~300만원

3) 추가 BM
   ● 낚시의 맛 대회 플랫폼을 바탕으로 낚시용품 전문 쇼핑몰 구축
   ● 출조일지를 바탕으로 출조분석서비스 구축 이후 서비스 구독 BM 추가

◦ 외주 제작(기간 3개월)

- 현재 개발자가 있지만 단기간 내 서비스를 위해 외주제작업체와 협력하여 초기개발을 진행하고 외주 제작 기간동안 개발인력을 보충하여 자체 운영으로 전환

화면설계서, 요구사항 및 기능정의서 준비 완료되어 개발사 선별중

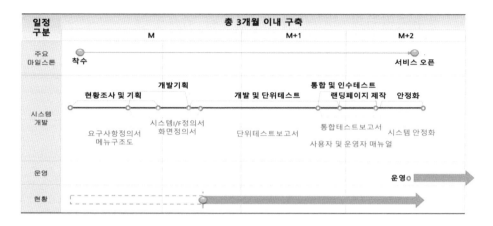

< 사업 추진일정 >

추진내용	추진기간	세부내용
어플리케이션 개발	~ 2021.03	외주 제작
홈페이지 제작	2020.09. ~ 2020.11	홍보용 홈페이지 제작
협력사 협약	2020.09 ~ 2021.02	국내 국외 조구사/쇼핑몰, 낚시협회
법인전환	2021.01	법인 전환
투자유치 IR	2020.11. ~ 2021.03	VC, AC
추가사업확장	2021.03~	월구독형 낚시용품 리스 서비스

◦ 주요 수행업무

개발	자체 개발자+외주 개발사 협력 진행
업무협약	광고, 스폰서 유치, 판로 확보
대회 운영/이벤트 기획	대회 운영 및 신규 이벤트 낚시 캠페인 기획
추가 자금확보	IR 및 정부 지원사업
추가사업기획	초기 어플리케이션 바탕으로 추가사업 기획 및 사업화

◦ 추가 사업진행(2021.03~)

- 낚시 용품 수입 판매

  자사의 어플리케이션 서비스를 성공적으로 안착시킨 후 일본 빛 중국의 조구 수입 판매업으로 사업 확장 계획

- 낚시대 월정액 리스 서비스

  월정액(구독)자에게 원하는 낚시대를 빌려주는 낚시대 리스 서비스 구축 준비중

2-2. 창업아이템의 시장분석 및 경쟁력 확보방안

◦ 우리나라 낚시인구 추이

- '18년말 기준 낚시인구 약 850만명으로 추정(연평균 3.9%증가)
- 전연령에 골고루 분포하고 있으나 40대 남성이 가장 많음
- 연평균 증가율 및 예측모형 적용결과 '24년 낚시인구는 약 1,012만명으로 전망

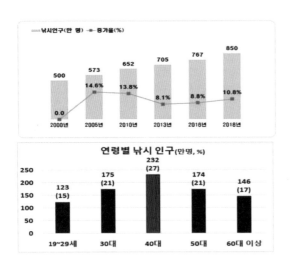

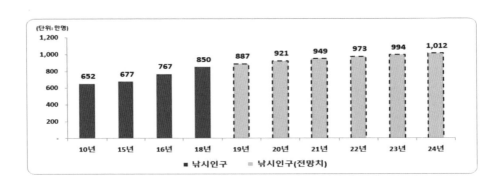

출처: 2020.2 해양수산부 제2차 낚시진흥 기본계획

◦ TAM-SAM-SOM 분석

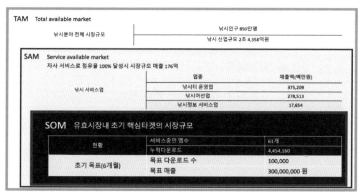

- 낚시 연령대는 30 대 이상으로 경제력과 구매력을 갖춘 구매자들이 가장 많은 비중을 차지 하고 있으며 근로시간 단축, 일과 삶의 균형을 중시하는 경향과 국민소득 향상과 낚시예능프로그램 인기 등 사회 경제적 환경이 조성되어 취미생활 순위에서 등산을 앞서 1위를 차지하며 인기가 증가하는 추세 또한 바다 강 하천 등 다양하고 풍부한 낚시 자원으로 지리적 이점이 있음

- 낚시 관련 기업중 86%가 10인 미만 영세기업이며 중국, 일본 등의 선진국과 기술, 자본 경쟁에서 밀리고 있고 산업의 특성상 분야간 유기적인 협력이 중요하나 기업의 영세성 교류 부족등으로 아직 선진국 수준의 인프라는 갖추지 못한 상태임. 낚시인구와 구매력은 증가하고 있지만 그에 따른 산업의 인프라는 따라가지 못하고 있는 현 상황은 자사 어플리케이션과 같은 IT 플랫폼을 도입하여 고객을 밀집시키고 다양한 산업군을 결합시켜 새로운 가치를 창출 시킬 수 있는 매우 적합한 기회로 볼 수 있음

◦ 경쟁/유사 서비스 비교분석

온라인 낚시대회 및 출조일지 경쟁 어플							자사 서비스	
	피싱태그		붕어일기		하라스		도전낚시왕	
구 분	제공	비고	제공	비고	제공	비고	제공	비고
대 회 기 능	O	기간한정	X		O	기간한정	O	365일
대 회 상 품 제 공	O	기프티콘	X		O	상품권	O	포인트 (출금가능)
대 회 개 설 기 능	O		X		O		O	개인, 단체
출 조 일 지 기 능	O	간편일지	O	개인장비 등록가능	O		O	어종별통계 시 이용
어 종 선 택 기 능	X		X		O	46어종	O	붕어,베스, 바다어종
주 활 동 어 종	베스		붕어		베스		붕어,베스,바다어종(예정)	
출 조 분 석	X		X		X		O	포인트별, 어종별 통계제공

◦ 자사 서비스 경쟁력

1) 365일 24시간 대회 참가가능
2) 출금가능한 상금 포인트
3) 게이미피케이션 도입으로 낚시활동에 색다른 재미를 제공
4) 올바른 낚시 문화 정착과 사회적 문제 해결 가능

3. 성장전략(Scale-up)

3-1. 자금소요 및 조달계획

<사업화자금 집행계획 >

비목/세목	보조세목	산출근거	금액(원)
외주용역비	일반용역비	어플리케이션 제작 외주 용역	25,118,182
	일반용역비	길이측정 태그 디자인 외주용역	350,000
창업활동비	창업활동비	각종 활동비(6 개월 x50 만원)	3,000,000
인건비	상용임금	팀원임금 (6 개월 x300 만원)	12,000,000
	상용임금	서비스 운영자(2 개월 x250)	5,000,000
지급수수료	일반수용비	회계감사비(필수)	481,818
	임차료	사무실 임차료(6 개월 x40 만원)	2,400,000
	법인설립비	법인등록 수수료	200,000
	회계기장비용	회계기장비(3 개월 x15 만원)	450,000
합 계			**49,000,000**

< 자금 조달 계획 >

◦ IR 진행

- 국내 스타트업 VC 대상으로 IR 및 투자 설명회 진행
  IR은 가능한 많은 투자자를 컨택하여 아이템의 장점 및 사업성을 어필
  함께 호흡하며 자사에 부족한 자금지원 및 해외 진출판로 역량을 엑셀레이트 해줄 수 있으며 뚜렷
  한 목적을 공유하고 함께 호흡할 수 있는 파트너쉽을 최우선으로 선별할 필요가 있음

컨택 예정 VC리스트

투자자	선호기술	선호 대분야	선호 소분야	선호투자단계	최소 투자집행	평균투자집행	최대 투자집행	총투자집행	투자건수	최근 투자
프라이머	리얼타임 커뮤니케이션	콘텐츠	프로그램개발	seed	2천만원	1.0억	4.4억	45억	209건	2020.4.23
카카오벤처스	게임개발	게임	RPG	pre-A	1억	8.5억	50억	1542억	204건	2020.6.8
한국투자파트너스	연구개발	바이오/의료	의료/약물	series A	5억	22억	100억	3357억	161건	2020.7.8
블루포인트파트너스	제조	바이오/의료	의료/약물	seed	3천만원	2.0억	6.5억	44억	159건	2020.7.2
컴온파트너스	전자상거래	게임	기술지원	series A	1.2억	11억	75억	1674억	158건	2020.5.20
본엔젤스벤처파트너스	리얼타임 커뮤니케이션	기업	헬스다이어트	pre-A	1억	4.5억	39억	441억	138건	2020.7.7
디캠스퀘어인베스트먼트	제조	바이오/의료	기업투자	series A	1.4억	17억	85억	2098억	131건	2020.5.18
한국산업은행	연구개발	바이오/의료	의료/약물	series B	3.3억	23억	200억	2782억	131건	2020.5.28
퓨처플레이	시설센터(B)센서	바이오/의료	기술지원	seed	5천만원	2.7억	12억	139억	129건	2020.7.7
케이비인베스트먼트	연구개발	바이오/의료	의료/약물	series B	1.3억	23억	120억	2711억	128건	2020.7.7
소프트뱅크벤처스	전자상거래	교육	수학교육	series A	3억	27억	240억	3292억	124건	2020.6.11
스톤브릿지벤처스	전자상거래	기업	기술지원	series A	1억	23억	320억	2621억	118건	2020.7.7
스파크랩	전자상거래	기업	기술지원	seed	1천만원	5천만원	25억	25억	116건	2020.7.1
미래에셋벤처투자	전자상거래	바이오/의료	의류	series A	1천만원	20억	112억	1948억	112건	2020.7.7
알토스벤처스	금융	금융/결제	series A	5.5억	36억	320억	3794억	110건	2020.6.11
롯데엑셀러레이터	전자상거래	음식	유틸리티	seed	2천만원	3.7억	29억	232억	110건	2020.6.15
스마일게이트인베스트먼트	연구개발	바이오/의료	의료/약물	series B	2억	24억	400억	2501억	107건	2020.6.2
패쉬업엔젤스	전자상거래	뷰티	쿠폰/멤버십	series A	1.6억	3.5억	38억		101건	2020.2.10
엘비인베스트먼트	연구개발	바이오/의료	의료/약물	series B	4억	29억	200억	2612억	98건	2020.6.8
스트롱벤처스	전자상거래	콘텐츠	기업투자	pre-A	4천만원	6.7억	50억	299억	93건	2020.6.11
스프링캠프	인공지능	생활	쿠폰/멤버십	seed	3천만원	6.2억	24억	229억	92건	2020.7.3
케이비네트워크	제조	바이오/의료	이미지/영상	series A	4억	21억	77억	1756억	87건	2020.7.7
삼성벤처투자	인공지능	콘텐츠	음악제작	series B	2천만원	18억	225억	1257억	85건	2020.6.2
빅뱅벤처스	전자상거래	콘텐츠	간편식/반찬	seed	5백만원	6천만원	3.5억	45억	83건	2020.5.7
아이엠엠인베스트먼트	전자상거래	게임	FPS직원	series B	4억	68억	1200억	5243억	82건	2020.6.8
포스코기술투자	제조	바이오/의료	의료/약물	series B	4억	18억	120억	1106억	82건	2020.6.23
에이티넘인베스트먼트	연구개발	바이오/의료	의료/약물	series C	1억	36억	200억	2718억	77건	2020.7.7
쿨리지코너인베스트먼트	전자상거래	기업	소화기내과	pre-A	1억	5.6억	20억	364억	76건	2020.7.1
아주아이비투자	연구개발	바이오/의료	의료/약물	series B	5억	30억	300억	2214억	76건	2020.7.1
한국벤처투자	전자상거래	바이오/의료	정신건강	seed	4천만원	3.3억	50억	190억	72건	2020.6.25

◦ 추가 정부지원 사업

- 초기 실적과 매출 자료와 함께 사업확장에 대한 신규 사업계획서를 바탕으로 창업도약 패키지에 이
  은 초기 창업 패키지 창업도약패키지 등으로 이어지는 정부지원사업 추진

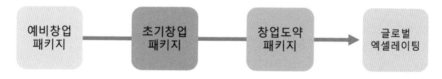

- Tips(민간주도투자형 기술창업지원사업) 추진

< TIPS(민간투자주도형 기술창업지원) 사업 구조 >

3-2. 시장진입 및 성과창출 전략

3-2-1. 내수시장 확보 방안

◦ 시장진입전략

	초기	안정기	도약기
	2020~2021.6	2021.6~2021.12	2021.12~
추진전략	초기 시장진입 인프라구축	낚시전문 플랫폼 육성	사업영역확장 글로벌 진출
추진과제	✓ 브랜드 마케팅 ✓ 컨텐츠 안정화 ✓ 가입자 확보	✓ 낚시관련 추가 컨텐츠 기획 및 개발 ✓ 협력사 확보 ✓ 재정안정성 확보	✓ 낚시용품, 의류 시장 진출 ✓ 미국, 일본, 중국 시장 진출

3-2-2. 해외시장 진출 방안

◦ 미국시장현황

- 낚시 산업의 중요성 증대로 낚시산업 진흥을 위한 "낚시현대화법" 추진
  상업적 어업과 비상업적 낚시의 차이를 구분하는 법으로 어업과 차별화된 낚시의 특성을 고려한 관리
  정책 수립
- 미국의 경우 바다낚시보다 민물낚시를 즐기는 인원이 3배이상 많고 민물낚시용품시장도 바다낚시에
  비해 2배이상 크며 이는 미국인들이 동부, 서부, 남부 등 해안지역 뿐 아니라 광대한 미국 내륙의 강,
  호수 등에서 낚시를 주요 여가생활로 즐기고 있기 때문임.
- 미국은 세계 최대의 낚시 시장으로 반드시 진출해야할 필요가 있음

◦ 현지화 전략

- 미국은 각 주별로 낚시법률이 달라 라이센스가 필요한 주가 있으며 낚시 어종이 다양하고 장비와 방
  법 또한 매우 세분화되어 있어 이러한 부분에서 충분한 자료조사와 최적화된 UX/UI를 구축하여야 함

- 자사 아이템의 카테고리는 유지하되 세부적인 내용에서 현지 어드바이저의 도움이 필요하며 미국 최
  대 낚시 구역인 플로리다를 중심으로 지사를 설립하고 현지 기획자, 어드바이저 등을 운영

●미국 낚시인구 동향

미국 인구조사(www.census.gov)에 의하면 2011년 기준, 낚시 인구는 약 3,310만 명에 달하며 매년 약 11%씩 증가하고 있다. 지역별로 낚시인구가 가장 많은 주는 플로리다가 1위로 약 300만명의 낚시인들이 있다.

2011년 기준, 낚시장비 소비 중 낚싯대 및 낚시용 릴은 약 23억 달러에 달하며, 인조미끼(루어)는 약 12억 달러, 낚싯바늘 및 싱커가 약 6억 달러를 차지하고 있다.

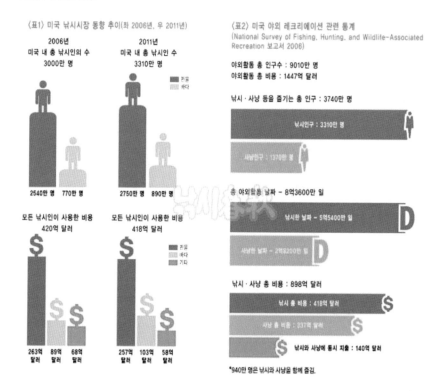

< 글로벌 시장(미국) 진출 시나리오>

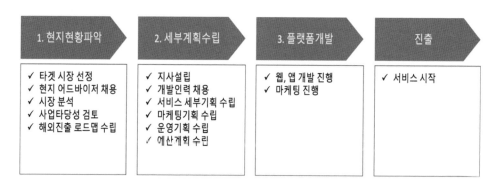

4. 팀 구성(Team)

4-1. 대표자 및 팀원의 보유역량

◦ 대표자 현황 및 역량

- 용인송담대학교, 생보부동산신탁, 남이섬 등 다수 회사 그룹웨어 개발기획 참여
- 서울시 아파트 전자결재 문서행정서비스 시범운영 사업 (서울시 시장상 수상)
- [NCS] 응용SW 엔지니어 및 DB엔지니어 양성과정 Final Project 최우수상 수상
- 블록체인을 활용한 해운운송이력 관리 프로젝트 참여

◦ 팀원현황 및 역량

순번	직급	성명	주요 담당업무	경력 및 학력 등	채용시기
1	팀장	문OO	앱 기획	블록체인 웹/앱 서비스 기획 경력3년 (블록체인 구인구직 플랫폼) 축제, 행사 컨벤션 기획 (서천한산모시문화제, 고성공룡엑스포 조형물 디자인 기획)	' 20.10

◦ 추가 인력 고용계획

순번	주요 담당업무	요구되는 경력 및 학력 등	채용시기
1	낚시 서비스 운영	낚시경력 10년이상, 앱 서비스에 대한 이해도	' 21. 2

◦ 업무파트너(협력기업 등) 현황 및 역량

순번	파트너명	주요역량	주요 협력사항	비고
1	브릭메이트	IOS, Android Native App 개발	서비스 앱 개발	계약완료
2	가자낚시	낚시용품 유통업체	광고, 낚시용품 쇼핑몰	접촉중
3	주식회사 디자인회관	시각디자인, 제품디자인	길이측정 태그 디자인	접촉중

2. 발표 자료

Page	발표 슬라이더
1	
2	

Page	발표 슬라이더
3	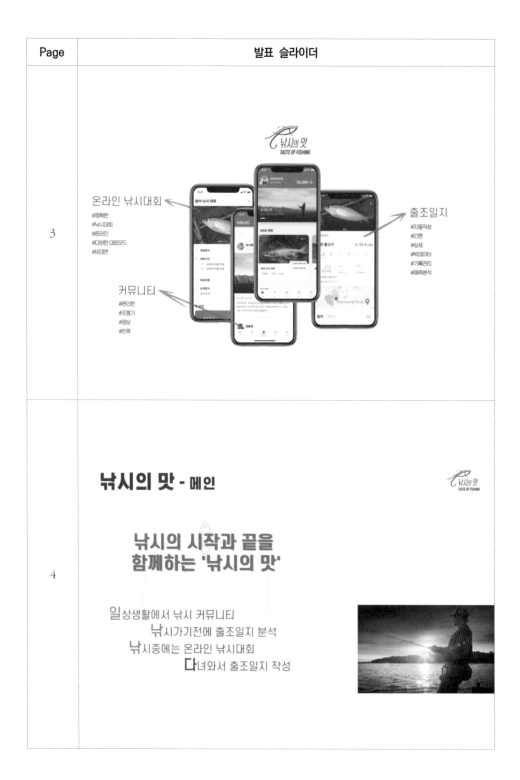
4	

Page	발표 슬라이더
5	
6	

Page	발표 슬라이더
7	**팀 소개** CEO 이 ○ ○ 커넥트페로 대표이사 프로젝트 PM, 기업 전략 기획 - 용인송담대학교, 생보부동산신탁, 남이섬 등 다수 회사 그룹웨어 개발기획 참여 - 서울시 아파트 전자결재 문서행정서비스 시범운영 사업 (서울시 시장상 수상) - [NCS] 응용SW 엔지니어 및 DB엔지니어 양성과정 Final Project 최우수상 수상 - 블록체인을 활용한 해운운송이력 관리 프로젝트 참여 CSO 신 ○ ○ 낚시의 맛 서비스 운영 - 울산대학교 컴퓨터 공학 전공, UBC(울산방송) 비디오 아카이브DB 구축 프로젝트 참여 - PC Build, 암호화폐 miner Build 3년 - 낚시 경력 15년 COO 문 ○ ○ 커넥트페로 운영기획 총괄 프로젝트 기획, 기업 전략 기획 - 서천한산모시문화제 기획, 고성공룡엑스포 조형물 디자인 기획 외 다수 축제, 행사 컨벤션 기획 - 블록체인 메인넷 설계 기획, 구인 구직 플랫폼 기획 - 블록체인을 활용한 해운운송이력 관리 프로젝트 참여 - 기타 다수 웹 서비스 디자인 기획 및 비즈니스 모델 기획 참여
8	

중소벤처기업부, 2023년도 예비창업패키지 예비창업자 모집 공고. 제2023-128호

중소벤처기업부, 2023년도 예비창업패키지 사업계획서 양식

중소벤처기업부, 2023년 창업 사업화 지원 표준사업계획서 작성 가이드

창업진흥원, 2023년 예비창업패키지 예비창업자 모집 공고 주요 질의응답

조남재(2014), "기술기획과 로드매핑," 시그마프레스.

Alexander Osterwalder, Yves Pigneur(2011), Business Model Generation(비즈니스모델의 탄생), 타임비즈

김석관(2008), "Chesbrough의 개방형 혁신 이론", 개방형 혁신의 산업별 특성과 시사점, 과학기술정책연구원, 2, SEP·OCT 2008.

홍일성·신승준·이민규(2018), "중소기업 개방형 R&D 혁신을 위한 TRIZ 및 포트폴리오기반 핵심기술 도출 방법," 한국혁신학회지, 13(4), 65-97

홍일성·신승준·이민규(2019), "중소기업의 차세대 R&D를 위한 제품로드맵 템플릿 개발," 산업경영시스템학회지, 42(1), 115-128.

올리버 가스만, 캐롤린 프랑켄버거, 마켈라 식(2016), 비즈니스 모델 네비게이터, ㈜아이큐브플랫폼연구소

가와카미 마사나오(2022), 비즈니스 수익 구조를 만들어내는 9셀, 한국경제신문

K-Startup 창업지원포털(https://www.k-startup.go.kr/)

스타트업 비즈니스 개발(4): 시장규모, 어떻게 추정해야 할까?, 백상훈, 버티컬 플랫폼(Vertical Platform, https://verticalplatform.kr/archives/4855)

스타트업 투자유치 단계별 알아보기, 시리즈ABC란?, 스타트업 개발 전문 핑퐁(https://blog.naver.com/omnmala/221602359694)

스타트업 투자 유치 단계 (시드, 시리즈 A, B, C...), 변계사 Sam의 테크 스타트업!(https://better-together.tistory.com/282)

소상공인마케팅은 STP 전략만 알아도 된다, ㈜황소장 빠른마케팅(https://blog.naver.com/cristal59/222895088936)

에릭 리스(2012), 린 스타트업, 이창수·송우일 공역, 인사이트

ESG 경영의 '핵심' 정확하게 짚어드립니다!, 중소기업경영연구소(https://blog.naver.com/gschz2/223260005520)

ESG 뜻, 경영 사례, 왜 중요한지 찾아봤어요, 길씨(https://blog.naver.com/rudgns_2/223234935204)

Searle, J. R.: 1980, 'Minds, Brains, and Programs', The Behavioral and Brain Sciences 3,

417-424, 450-457.

White, J., Fu, Q., Hays, S., Sandborn, M., Olea, C., Gilbert, H., ... & Schmidt, D. C. (2023). A prompt pattern catalog to enhance prompt engineering with chatgpt. arXiv preprint arXiv:2302.11382.

Kurzweil, Ray. "특이점이 온다: 기술이 인간을 초월하는 순간." (No Title) (2007).

Personas in Prompt Engineering: The Key to Contextual and Efficient ChatGPT Interaction, SKIM AI(https://skimai.com/personas-in-prompt-engineering/)

Using ChatGPT for innovation: User personas & focus groups, Medium(https://medium.com/@christian.graham_49279/using-chatgpt-for-innovation-user-personas-focus-groups-71916d4f1f56)

6 Steps to AI Persona Creation: Unleashing Insights with ChatGPT's Dynamic Prompts", Medium(https://medium.com/@dexwrites/6-steps-to-ai-persona-creation-unleashing-insights-with-chatgpts-dynamic-prompts-3e290638807e)

[상식] 생성형 인공지능(Generative AI): ChatGpt, Notion AI, New Bing, DALL·E 2(https://blog.naver.com/PostView.naver?blogId=rowkcn&logNo=223055875318)

https://ko.wikipedia.org/wiki/%EC%83%9D%EC%84%B1%ED%98%95_%EC%9D%B8%EA%B3%B5%EC%A7%80%EB%8A%A5

생성형 인공지능, 위키백과(https://blog.archianna.com/entry/%EC%83%9D%EC%84%B1AI-%EC%83%9D%EC%84%B1%ED%98%95-AI-Generative-AI)

AI vs. Machine Learning vs. Deep Learning vs. Neural Networks: What's the difference?, IBM (https://www.ibm.com/blog/ai-vs-machine-learning-vs-deep-learning-vs-neural-networks/)

프롬프트 엔지니어링으로 챗GPT 100% 활용하기, upstage(https://www.upstage.ai/blog/insight/prompt-engineering-guide)

ChatGPT를 비롯한 대화형 AI 서비스에서 더 좋은 결과물을 얻게 해주는 프롬프트 엔지니어링(Prompt Engineering), seonghin.me(https://seongjin.me/prompt-engineering-in-chatgpt/)

ChatGPT Prompt Engineering 요약, youngerjesus.log(https://velog.io/@youngerjesus/ChatGPT-Prompt-Engineering-%EC%9A%94%EC%95%BD)

프롬프트사용법: 가장 완벽한 GPT 프롬프트 만드는법, 머니플로우 MoneyFlow(https://www.youtube.com/watch?v=olRqEoiWy6Q&list=PLrUeRU96z_EwQ1jKIrmcUqhW9LPeKuM9q&index=1)

저자 약력

홍일성

〈약력〉

현) 소형가전 연구개발 및 기술사업화/㈜명성 연구소장

현) (협)영남기술경영정책컨설팅그룹 이사

현) 창업진흥원 평가위원

현) 대구창조경제혁신센터 창업 전문 멘토

현) 예비창업자(대학생, 청년, 창업동아리) 멘토

현) 기술창업, 기술사업화, 기술기획, R&D기획 강사

현) 중소기업 R&BD 멘토 및 컨설팅

〈학력〉

부경대학교 기술경영전문대학원 박사 졸업

경일대학교 메카트로닉스공학과 석사 졸업

박세훈

〈약력〉

현) (협)영남기술경영정책컨설팅그룹 이사

현) 국가기술표준원 전문위원(ISO 56000 혁신경영시스템)

현) 창업진흥원 평가위원 및 전문멘토

현) 부경대학교 기술혁신경영연구소 전임연구원

전) 부산창조경제혁신센터 예비창업패키지 전담PD

전) 참솔루션 대표

〈학력〉

부경대학교 기술경영전문대학원 박사 졸업

경성대학교 기후변화특성화대학원 석사 졸업

부산대학교 토목공학과 학사 졸업

초보 창업자도 쉽게 작성하는 예비창업패키지 사업계획서: 생성형 AI 활용해 작성하기

초판발행	2024년 1월 15일
초판2쇄발행	2024년 6월 25일
지은이	홍일성·박세훈
펴낸이	안종만·안상준
편 집	조영은
기획/마케팅	최동인
표지디자인	Ben Story
제 작	고철민·조영환
펴낸곳	(주) 박영사
	서울특별시 금천구 가산디지털2로 53, 210호(가산동, 한라시그마밸리)
	등록 1959. 3. 11. 제300-1959-1호(倫)
전 화	02)733-6771
f a x	02)736-4818
e-mail	pys@pybook.co.kr
homepage	www.pybook.co.kr
ISBN	979-11-303-1906-3 93320

정 가   20,000원